対馬10
平戸新田1
平戸6
五島1
長崎県
佐賀県
唐津6
小城7
佐賀36
蓮池5
鹿島2
大村3
島原7
福岡県
福岡47
柳河12
久留米21
三池1
小倉新田1
小倉15
秋月5
清末1
長府5
長州37
山口県
中津10
日出2
杵築3
大分県
森1
府内2
臼杵5
佐伯2
岡7
熊本新田4
熊本54
熊本県
宇土3
人吉2
延岡7
宮崎県
高鍋3
佐土原3
飫肥5
薩摩77
鹿児島県
津和野4
浜田6
島根県
松江19
広瀬3
母里1
鳥取県
徳山4
岩国6
広島43
広島新田3
広島県
福山11
吉田3
大洲6
新谷1
松山15
今治4
小松1
西条3
愛媛県
宇和島10
高知県
土佐24
土佐新田1
多度津1
丸亀5
香川県
高松12
徳島県
徳島26
岡山県
鹿野3
若桜2
鳥取33
松山5
浅尾1
足守3
勝山2
津山10
新見2
岡山新田2
岡田1
庭瀬2
岡山32
鴨方3
三日月2
山崎1
赤穂2
龍野5
兵庫県
豊岡2
出石3
柏原2
篠山6
三草1
安志1
姫路15
三田4
林田1
小野1
明石8
岸和田5
伯太1
狭山1
大阪府
紀州56
田辺4
和歌山県

シリーズ藩物語

重田正夫……著

川越藩

現代書館

プロローグ

川越藩物語

川越は都心から電車で小一時間、埼玉県のほぼ中央に位置する城下町である。市内には川越城の本丸御殿をはじめ、喜多院《きたいん》や東照宮などの寺社、蔵造りの街並など、藩政時代の雰囲気が濃密に保存され、「小江戸《こえど》川越」として多くの観光客を迎えている。

川越藩主は、徳川家康の関東入部から明治維新の廃藩置県までに、八家・二一人の譜代大名がかなり頻繁に交替した。

近世初頭の酒井家時代には、将軍家康や家光がしばしば鷹狩りなどで訪れた。そのことは、将軍家に信任の厚かった天海《てんかい》が住職をした喜多院や家康を祀る東照宮、家光が川越城とその周辺で鷹狩りをする様子を描いた「江戸図屏風」など、数多くの文化財により現代に伝えられている。

その後も、堀田正盛《まさもり》、松平信綱《のぶつな》、柳沢吉保《よしやす》、秋元喬知《たかとも》と、老中など幕府の要職を歴任した大名が藩主となり、まさに「老中の城」というべき存在であった。

とりわけ松平信綱の時代は、川越城の増築、城下の町割、氷川祭

藩という公国

江戸時代、日本には千に近い独立公国があった

江戸時代。徳川将軍家の下に、全国に三百諸侯《しょこう》★の大名家があった。ほかに寺領や社領、知行所《ちぎょうしょ》★をもつ旗本領《はたもとりょう》などを加えると数え切れないほどの独立公国があった。そのうち諸侯を何々家《け》家中《かちゅう》と称していた。家中は主君を中心に家臣が忠誠を誓い、強い連帯感で結びついていた。家臣の下には足軽《あしがる》層《そう》★がおり、全体の軍事力の維持と領民の統制をしていたのである。その家中を藩と後世の史家は呼んだ。

江戸時代に何々藩と公称することはまれで、明治以降の使用が多い。それは近代からみた江戸時代の大名の領域や支配機構を総称する歴史用語として使われた。その独立公国たる藩にはそれぞれ個性的な藩風《はんぷう》と自立した政治・経済・文化があった。幕藩体制とは歴史学者伊東多三郎《いとうたさぶろう》★氏の視点だが、まさに将軍家の諸侯の統制と各藩の地方分権が巧く組み合わされていた、連邦でもない奇妙な封建的国家体制であった。

今日に生き続ける藩意識

明治維新から百四十年以上経っているのに、今

礼の開始、領内の総検地、武蔵野の開発、江戸と川越を結ぶ新河岸《しんがし》川舟運の整備など、その後の藩政や経済活動の基礎となる事業が推し進められた。その様子は、同時代の城下町商人榎本弥左衛門の自伝に克明に記録されている。

柳沢吉保や秋元家の歴代は、信綱の事業を受け継ぎ、三富《さんとめ》新田の開発、絹織物の生産や各種畑作物の栽培奨励など、領内産業の育成に意を用いた。その反面、寛保の大水害や明和の伝馬《てんま》騒動など、大規模な災害や農民一揆が発生し、社会が大きく変貌していく時代でもあった。

十八世紀の後半から約百年間、川越藩主となったのは、将軍一族で御家門と呼ばれた松平大和守家であった。藩領も最高時には十七万石となり、城下町川越は経済や文化の中心として栄えた。

松平大和守家では相模国に領地をもっていたことから、幕府に沿岸警備を命じられ、藩の財政はもとより、領民にも大きな負担がかけられた。その過程で名主層のなかには、積極的に外国情報を収集し、新たな時代に対応しようとする人々も出現してきた。

こうした多様な内容をもつ川越藩の歴史を、藩の動きを軸に、城下町や周辺村落の動向をも加えながらみていくことにしよう。

でも日本人に藩意識があるのはなぜだろうか。明治四年（一八七一）七月、明治新政府は廃藩置県《はいはんちけん》★を断行した。県を置いて、支配機構を変革し、今までの藩意識を改めようとしたのである。ところが、今でも、「あの人は薩摩藩の出身だ」とか、「我らは会津藩の出身だ」と言う。それは侍出身だけでなく、藩領出身も指しており、藩意識が県民意識をうわまわっているところさえある。むしろ、今でも藩対抗の意識が地方の歴史文化を動かしている。そう考えると、江戸時代に育まれた藩民意識が現代人にどのような影響を与え続けているのかを考える必要があるだろう。それは地方に住む人々の運命共同体としての藩の理性が今でも生きている証拠ではないかと思う。

藩の理性は、藩風とか、藩是《はんぜ》とか、ひいては藩主の家風ともいうべき家訓などで表されていた。

〔稲川明雄（本シリーズ『長岡藩』筆者）〕

諸侯▼江戸時代の大名。
知行所▼江戸時代の旗本が知行として与えられた土地。
足軽層▼足軽・中間・小者など。
伊東多三郎▼近世藩政史研究家。東京大学史料編纂所所長を務めた。
廃藩置県▼藩体制を解体する明治政府の政治改革。廃藩により全国は三府三〇二県となった。同年末には統廃合により三府七二県となった。

シリーズ藩物語

川越藩

目次

第六章　幕末維新期の川越藩

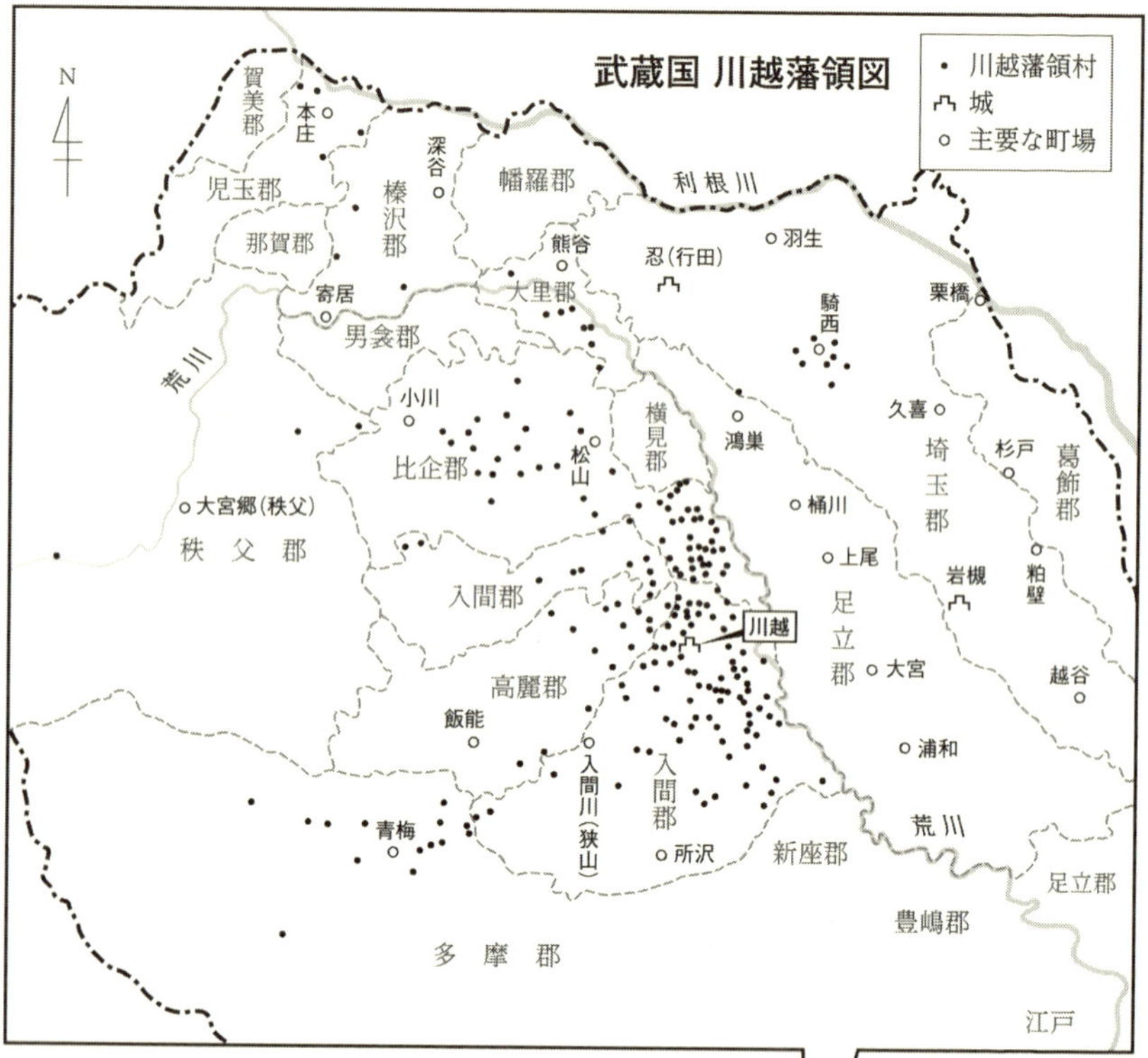

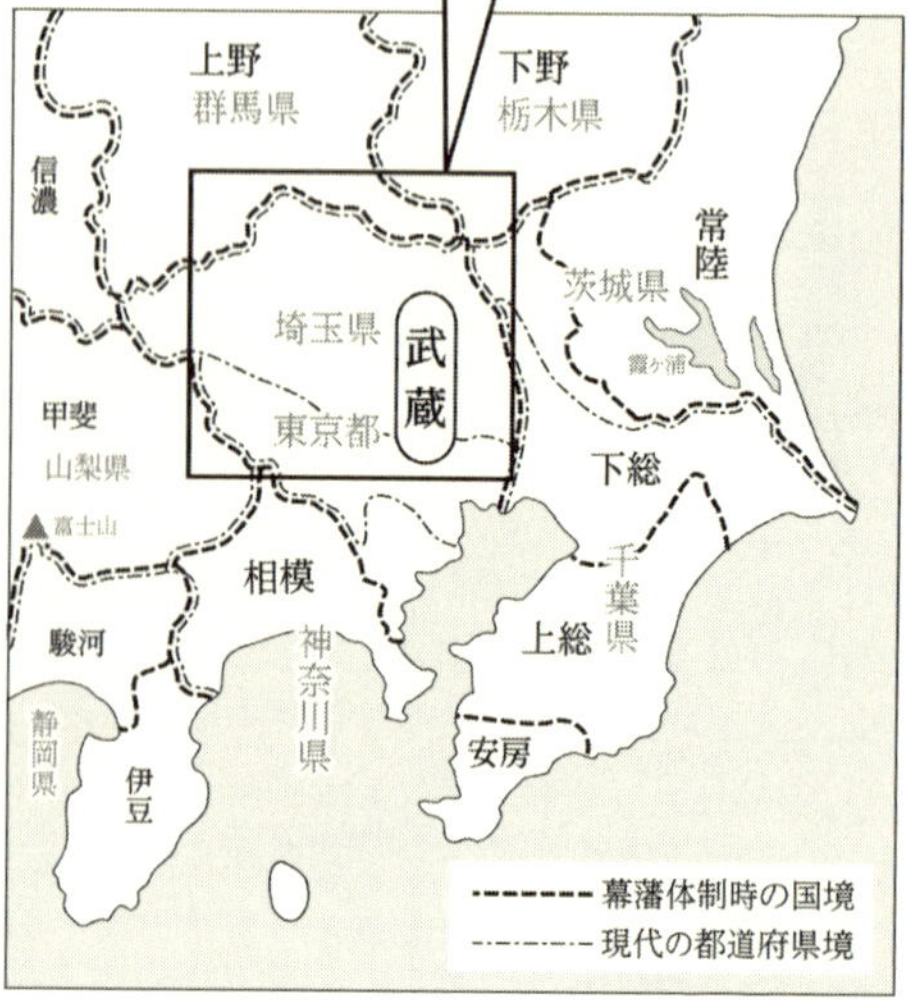

武蔵国における川越藩の領域は、藩主・時代により異なる。ここに図示したのは、松平大和守時代の後期、弘化四年（一八四七）～安政元年（一八五四）頃の状況を描いた川越藩領絵図（川越市立博物館所蔵岸伝平氏収集文書No.１１４）によるものである。詳しくは、本文一八・二三頁を参照。

製図／曽根田　栄夫

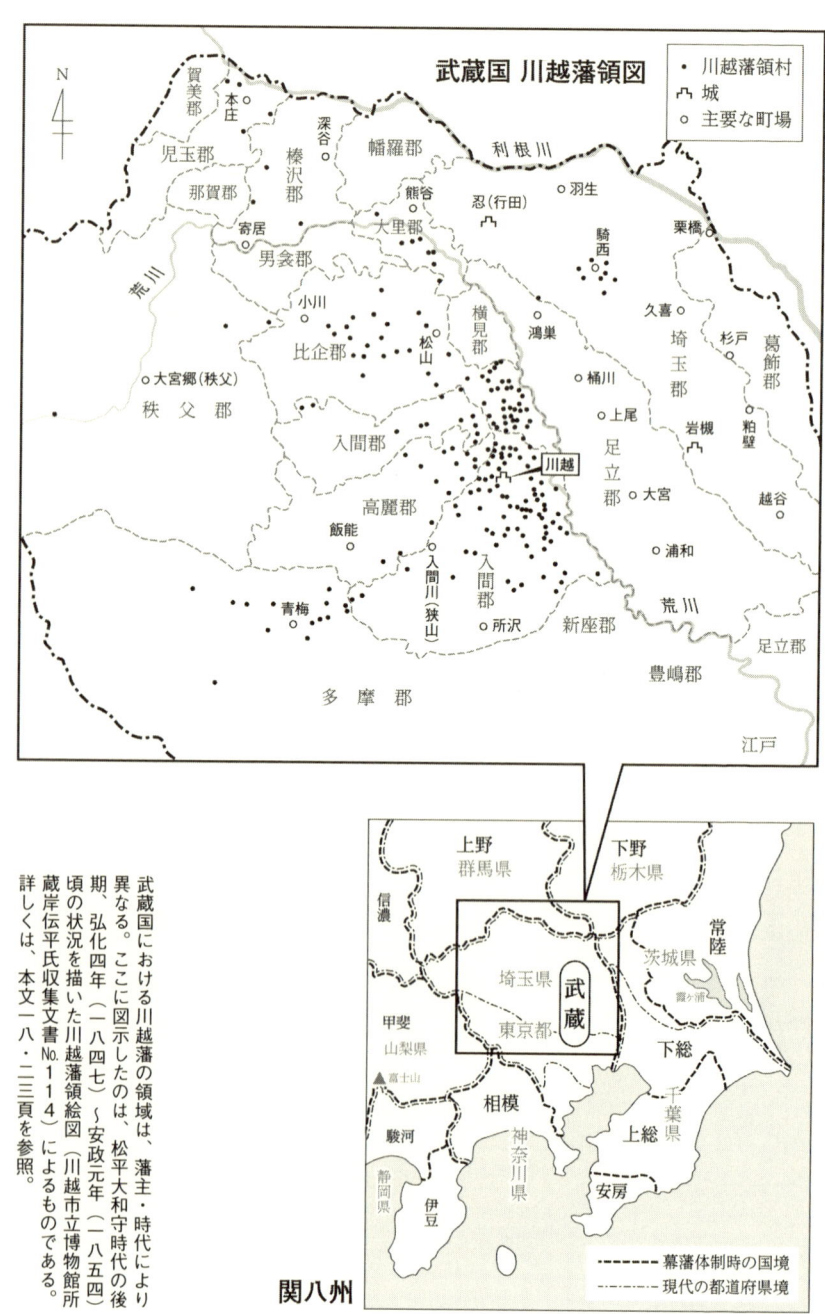

第一章 徳川将軍家と酒井家の支配

「江戸図屏風」に象徴される川越城と江戸城。

1 中世の河越館と河越城

河越荘に拠点を置いた中世武士団の河越氏が、この地を開発した。十五世紀の半ば、相模国を拠点とした扇谷上杉氏が河越城を築いた。小田原の北条氏時代には、大道寺氏が城代となり城下町も形成された。

武蔵の名族河越氏と河越館

古代末期、武蔵国の武士団は、源平二氏に代表される都の棟梁的な武士に従い、各地域に勢力を築いていった。そのひとつである秩父《ちちぶ》平氏一族の重綱《しげつな》が比企《ひき》郡の大蔵館（嵐山《らんざん》町）に進出した。その末裔の重頼《しげより》は、さらに河越《かわごえ》荘（川越市上戸《うわど》付近）に館を構え、保元《ほうげん》の乱★あたりから「河越」と名乗ったといわれる。重頼の娘は義経《よしつね》の妻となるが、義経の失脚により、その縁者として長男の家系は衰えた。

しかし、弟の重時《しげとき》が鎌倉幕府執権《しっけん》北条氏との結び付きを深め、有力な御家人《ごけにん》として活躍した。その末裔である経重《つねしげ》は、文応元年（一二六〇）に、河越荘の新日《いまひ》吉山王《えさんのう》宮へ銅鐘を寄進し、現存している。河越氏は、室町時代になっても幕府を開いた足利尊氏《あしかがたかうじ》に重用され、また近隣の平姓武士と盟約して「平一揆《へいいっき》」を結成、

河越経重が河越庄の新日吉山王宮に寄進した銅鐘（写真は複製・川越市立博物館蔵、原資料・養寿院蔵）

▼保元の乱
平安時代末期の内乱。崇徳（すとく）上皇と後白河（ごしらかわ）天皇、摂関家などの対立に、源為義（みなもとのためよし）や平清盛（たいらのきよもり）などの軍が戦い、武士の政界進出の契機となる。

鎌倉公方★足利基氏《もとうじ》に協力した。しかし、基氏の没後は鎌倉公方と対立し、応安元年（一三六八）、鎌倉府に反旗を翻したが、関東管領★上杉憲顕《うえすぎのりあき》に攻められ、河越館に立て籠もり滅亡した。なお、古代・中世では、「川越」は「河越」、「岩槻《いわつき》」は「岩付」の文字が使用されたので、以下それに従う。

河越氏については『保元物語』『源平盛衰記』などの軍記物や、鎌倉幕府の歴史書『東鑑《あずまかがみ》』などに数多くの記述がある。河越館についても、十三世紀前半の成立とされる鴨長明《かものちょうめい》の『発心集』に「武州入間河洪水の事」という説話があり、この地で領主経営を行っている人物が河越氏で、その場が河越館に比定されている。

河越氏館跡は、現在国の史跡に指定され、計画的な発掘調査が行われている。遺構としては、幅四メートル・深さ二メートルほどの堀に囲まれた南北七五メートル東西一〇〇メートルほどの区画が確認され、内部には建物や井戸の跡などがある。こうした区画がいくつか集まって河越館を構成していたものと考えられている。出土品としては、酒宴や儀式などで使用された多数の「かわらけ★」のほか、中国製の青磁や白磁などの高級陶磁器もある。また、焼けて赤く変色した軒丸《のきまる》瓦《がわら》も出土し、平一揆が滅亡するとき館に火がかけられた痕跡ではないかとされている。平一揆が滅亡したあと河越館の地は、河越氏の持仏堂から発展した時宗の常楽寺を中心とする宗教的な場になっていったものと考えられている。

▼鎌倉公方
室町幕府が関東に置いた鎌倉府の長官。関東公方ともいい、足利尊氏（あしかがたかうじ）の嫡子足利義詮（よしあきら）を初代とする。

▼関東管領
鎌倉公方を補佐する職。

▼かわらけ
儀式や酒宴で使い捨てにされた素焼の皿。

河越城の築城と上杉・北条氏の抗争

平一揆の滅亡から百年以上も経った十五世紀半ばに起きた享徳《きょうとく》の乱★は、関東における戦国争乱の幕開けとなる大きな事件であった。鎌倉公方の系譜をひく関東足利氏と関東上杉氏との抗争、上杉氏はさらに、上野《こうずけ》から北武蔵を勢力圏とする関東管領山内《やまのうち》上杉氏と、相模から南武蔵を勢力圏とする相模国守護★の扇谷《おうぎがやつ》上杉氏に分かれる。この乱が発生して三年後の長禄元年（一四五七）、扇谷上杉持朝《もちとも》は、家宰の太田道真《どうしん》・道灌《どうかん》父子に命じて河越城と江戸城を築城させた。河越城の築城の場所は、鎌倉時代の河越館の東方約四キロメートル、川越台地の東北端で、北は入間川支流の赤間《あかま》川が流れ、東は湿地帯、南方は一面の武蔵野台地が広がっていた。河越城には扇谷上杉氏の当主持朝が入り、南武蔵支配の拠点とし、以後九〇年近くにわたり扇谷上杉氏の河越城支配が続いた。

一方、これに対峙する山内上杉氏と古河公方★足利氏は、明応六年（一四九七）から八年間ほど、かつての河越館の地に陣所を築き三〇〇〇もの兵を駐留させていたと、戦国時代の戦記物語『松陰私語』に記されている。近世後期まではっきりした遺構があったようで、『新編武蔵風土記稿』の上戸村の挿図にも、常楽寺の周囲に土を盛り上げた土塁《どるい》が描かれており、近年の発掘調査でも、このときに

▼享徳の乱
享徳三年（一四五四）十二月に、足利成氏が鎌倉で関東管領上杉憲忠を誅殺したことを発端に、以後、関東管領上杉氏とくり返した一連の抗争。

▼守護
源頼朝が諸国に設置した職、応仁の乱以降、守護大名となる。

▼古河公方
康正元年（一四五五）に、鎌倉から下総国古河（茨城県古河市）に移った関東（鎌倉）公方足利成氏の末裔は、天正十一年（一五八三）義氏の没後も、その娘が天正十八年までそのあとを務めた。

改修された堀などの遺構が多数確認されている。

その後、相模国の小田原から新興の伊勢新九郎《いせしんくろう》（北条早雲《ほうじょうそううん》）が台頭し、二代目の氏綱《うじつな》が大永四年（一五二四）に江戸城を攻略、ついに天文六年（一五三七）には河越城も北条氏の手中に帰した。城代★に入ったのは、相模国玉縄《たまなわ》城主（神奈川県鎌倉市）でもあった北条為昌《ためまさ》である。北条氏の支配になったとはいえ、すぐ目と鼻の先の松山城（東松山市）は扇谷上杉氏の拠点である。扇谷上杉氏に山内上杉氏の憲政《のりまさ》も加わり、たびたび河越城を攻撃する抗争が続いた。こうしたなかで、北条氏の河越支配を決定的にしたのが、天文十四年九月からの河越合戦であった。上杉憲政が中心となり上杉朝定《ともさだ》とともに河越城を包囲、さらに古河公方の足利晴《はる》氏《うじ》も包囲に参戦したが、城代の北条綱成《つななり》らは籠城して持ちこたえた。翌天文十五年四月、小田原の北条氏康《うじやす》は和睦を結ぼうと河越に出陣し、城兵の助命を嘆願したが拒否された。さらに上杉憲政の攻撃を受けたが、それを迎撃し、籠城中の綱成も打って出て両上杉・足利軍を倒した。その後、永禄三年（一五六〇）、越後国の上杉謙信の関東侵攻で再び河越城は籠城を強いられるが、同七年までに上杉方であった松山と岩付の両城が北条方となり、河越城をめぐる攻防は一段落した。

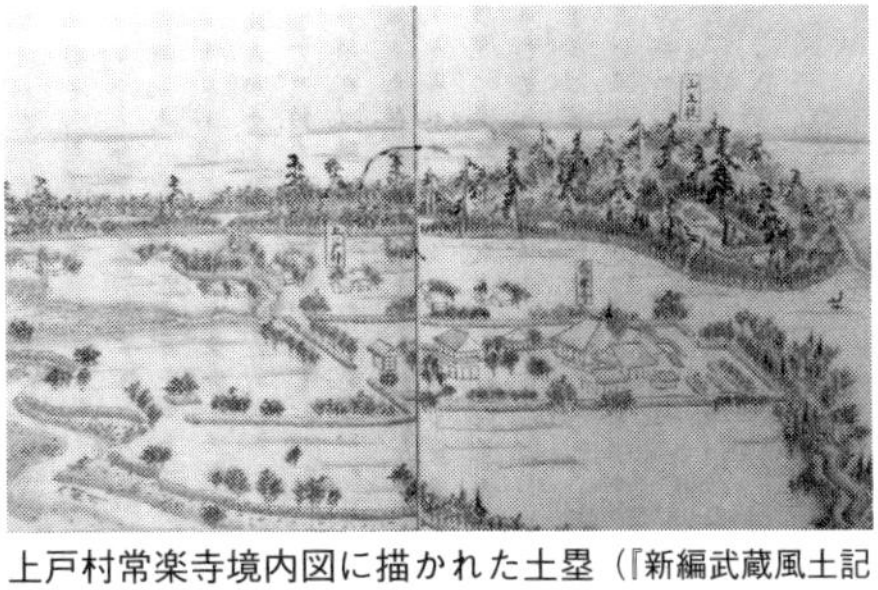
上戸村常楽寺境内図に描かれた土塁（『新編武蔵風土記稿』より、国立公文書館蔵）

▼城代
城主に代わって城を守り命令を伝える役をする者。

城代大道寺氏の河越支配

北条氏時代の河越城は、天文十五年（一五四六）に終わった河越合戦から豊臣秀吉の小田原攻めまで約五〇年、小田原を本城とする北条氏の有力な支城であった。この間、城代を勤めたのは北条氏の宿老★のひとり大道寺《だいどうじ》氏である。大道寺氏は早雲以来の家臣で、鎌倉代官となっていた二代目盛昌は、さらに河越城代を命じられ、城周辺に所領を与えられていた河越衆を統括した。河越城の位置は、北条氏の支城である江戸城や八王子城との連絡もよかった。天正十年（一五八二）頃から、北条氏はここを基点に上野国方面にまで勢力を伸ばし、大道寺氏五代目の政繁は松井田《まついだ》城（群馬県松井田町）の城代も兼ねることになった。

さて、ここで当時の城下町の様子を二、三の史料から眺めてみよう。

まず、寺院であるが、城代大道寺氏が関係したものが知られる。浄土宗の蓮《れん》馨寺《けいじ》は、永禄元年（一五五八）に大道寺政繁が母蓮馨尼の菩提を弔うために、甥の感誉存貞《かんよぞんてい》を招き建立したものである。蓮馨寺は浄土宗の学問所として発展し、存貞の門からは、鴻巣《こうのす》勝願寺や岩付浄国寺を開山した清巌、江戸増上寺の存応《ぞんおう》、熊谷熊谷寺《くまがやゆうこくじ》の幡随意《ばんずいい》など、近世関東の浄土宗で活躍する逸材を輩出している。喜多町の曹洞《そうとう》宗広済寺《こうさいじ》も、大道寺氏が青梅《おうめ》天寧寺の広庵芸長を招いて開山したと伝

▼宿老
経験を積んだ高臣。

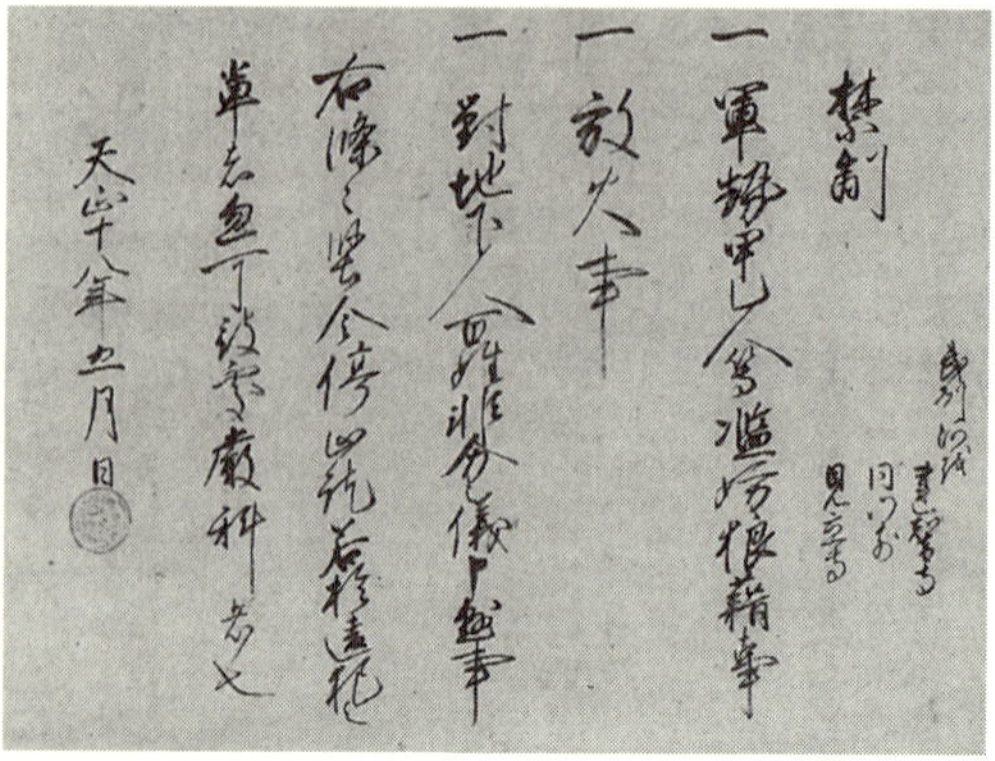

禁制
一 軍勢甲乙人等濫妨狼藉事
一 放火事
一 対地下人百姓非分之儀申懸事
右条々堅令停止訖、若於違犯之輩者忽可被処厳科者也
天正十八年五月 日

蓮馨寺に宛てた豊臣秀吉禁制（蓮馨寺蔵）

える。南町の長喜院は政繁の甥、権内長喜が開基で、寺地はその屋敷跡という。

つぎに商業である。永禄四年、城代の大道寺周勝は、河越本宿の商人や問屋などの支配を清田内蔵助に命じている。本宿は近世城下町の本町である。また、唐人小路の補修・清掃・火の用心などを、本宿の頭人と目される次原新三郎に命じている。唐人小路は市立てのある場所と考えられ、次原氏は近世になっても市の差配をしている。近世になってからの記録では、元亀・天正年間（一五七〇～一五九二）から定期市が開かれていたと伝える。職人衆では、『小田原衆所領役帳』に、河越番匠（大工）がみえ、河越の鍛冶に公用人馬の使用を許可した証文もある。また、天文・弘治年間（一五三二～一五五八）に相模国から鍛冶職人が来住し鍛冶町を取りたてたという伝承が、近世の地誌『新編武蔵風土記稿』に収録されている。このほか、本町の榎本家が天文年間に紀伊国熊野から、高沢町の井上家が天正年間に丹波国篠山から来住したと伝えるなど、城下町には各地から商人や職人が集まってきて、近世以降の発展の基礎がつくられていたのである。

天正十七年十一月、全国統一をめざす豊臣秀吉は、北条氏へ宣戦を布告し、大軍が関東に向かった。岩付城や八王子城のように激戦となったところ、また忍城《おし》（行田市）のように籠城戦となったところなどがあるが、河越城は特に大きな戦いの記録はなく、五月初めには前田利家軍に接収されている。関東においては、こうして新しい時代、近世が始まるのである。

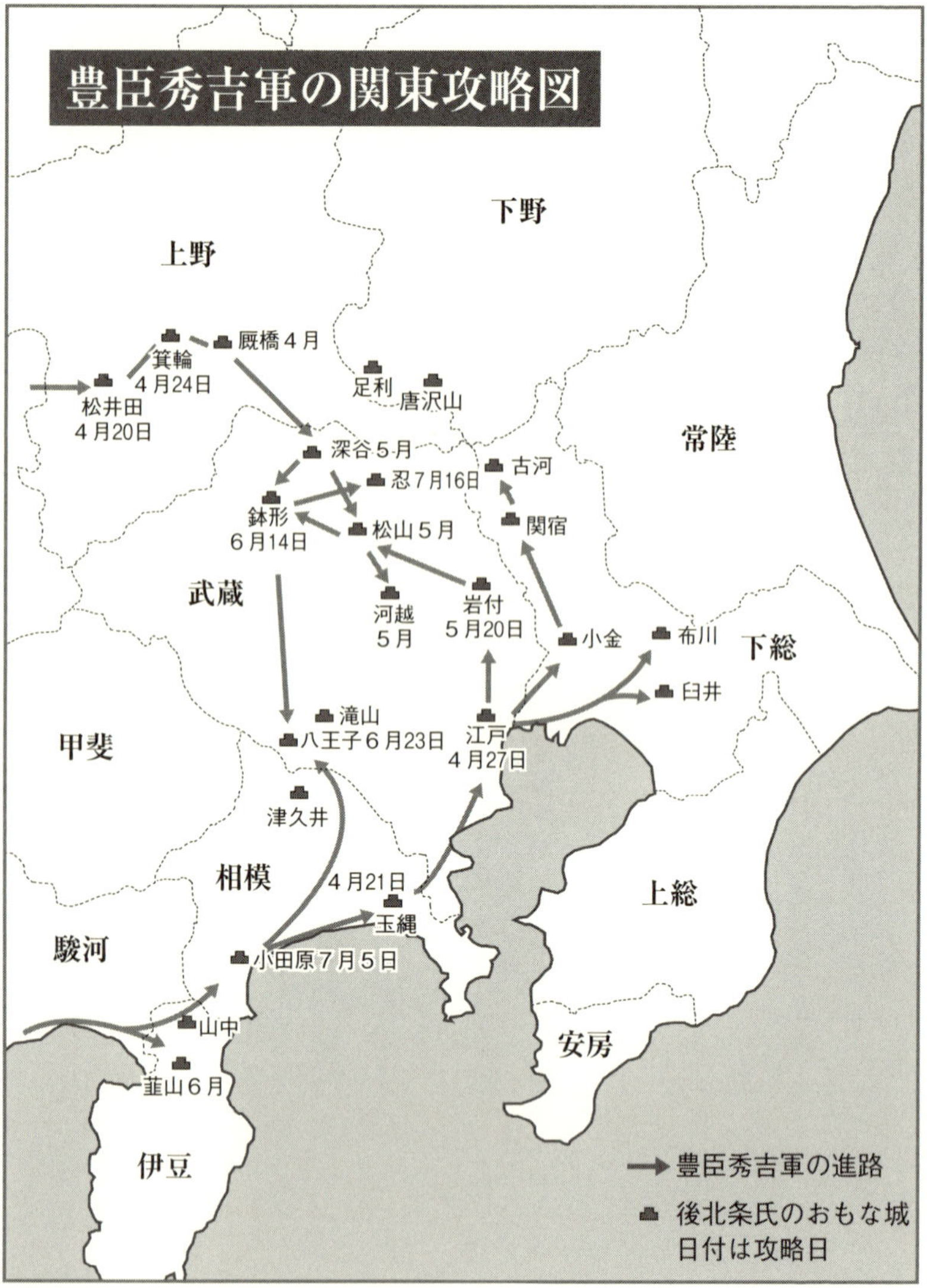

（『新編埼玉県史図録』をもとに作成）

2 近世川越藩の領域

川越藩の領域は、藩主の家格により一万石から十七万石まで大きな幅があった。藩領の中心となる城付地は、入間郡を中心に比企郡や高麗郡へ広がっていた。松平大和守家十七万石の時代には、武蔵・上野・相模三カ国を中心に各地へ分散した。

川越を中心とした城付地

「川越藩」とひとくちにいっても、藩主によりその領域は大きく異なっていた。川越に入封した大名の拝領高は、天正十八年(一五九〇)の酒井重忠《しげただ》の一万石から近世後期の松平大和守《やまとのかみ》家(越前松平)の十七万石まで大きな違いがあった。しかも、十八世紀半ばまでの約百六十年間は、六家の大名が交代する慌ただしさである。

一八・一九頁の表は幕府から歴代の川越城主(藩主)へ与えられた領知判物★や目録などをもとに、拝領した領地の所在する国郡名を示したものである。ここに記載された拝領高は、領知(地)目録に記載された公式の支配高で、大名の格式の基礎ともなる。それに対し込高《こみだか》というのは、年貢率の高い領地から低い領地へ移ったときに、その大名の収入が減らないように余分に与えられた高で、拝領高

▼領知判物
将軍から大名などに出された所領の宛行・安堵の証文。十万石以上は花押が据えられた判物、十万石未満は朱印の捺された印判状である。村名については、「領地目録」が別に渡された。

領構成

③入封・転封は『川越市史』第３巻近世編によった。④各年の左欄は村数、右欄は石高。⑤込高（こみだか）とは、年貢率の高い知行地から低いところへ移る領主に、旧来の収入が減らないよう知行高★以上に与えた高のこと。表では、拝領高＋込高が村高の合計になる。⑥石高は斗以下を四捨五入。また合計は算出したものもある。⑦新田改出とは、開発されているが村高★に繰り込まれていない高。

秋元家（6）				秋元家（7）		松平大和守家（越前分家）（8）（9）（10）						松井松平家（11）	
宝永1.12.25・甲斐国谷村→						明和4.閏9.15・上野国厩橋→						慶応2.10.27・陸奥国棚倉→	
→明和４閏9.15・出羽国山形						→慶応2.10・上野国前橋						明治4.7.14（廃藩）	
宝永2.4.29		正徳2.4.11		天明8.3.5		天明4.4.16(8)		文政8年（9）		安政7.3.5(10)		明治2.6.	
1705		1712		1788		1784		1825		1860		1868	
50000		60000		60000		150000				170000		60443	
			25646		34133		20527				24125		21120
			85646		94133		170527				194125		81563
			22998		5466		19635				18722		
			108644		99599		190162				212848		81563
148	50001	165	58531	78	30539	202		193	81766	270	114458	104	50366
		2	184	2	184	9		9	1624				
85	26434	96	33186	7	3585	95		104	51335	123	56930	104	50366
18	7255	19	7715	14	5090	6		6	3130	20	9208		
34	10622	34	10622	31	9722	8		27	11520	71	29131		
										7	1487		
						6		13	4394	9	3109		
		2	434	2	437	11		11	2405	4	823		
						2		3	724				
						5		5	2677	3	1264		
						4		4	542	4	542		
						5		5	630				
11	5690	12	6390	22	11521	49		6	2785	16	9255		
						2							
										13	2709		
						157		172	81802	166	76082		
						54		54	27607	54	26969		
						103		103	45662	97	42033		
								15	8533	13	6408		
										2	672		
						52		49	15107				
						32		36	9720				
						6		13	5387				
						3							
						4							
						2							
						5							
						64	（望陀郡）	64	6681	64	6681		
						5			（平郡、安房郡）	34	10579		
											（多珂郡）	21	7970
											（幡豆郡）	1	665
					（野洲郡、蒲生郡、栗太郡）		13	16	5046	13	5046	（近江国蒲生、高	
												嶋、野洲、甲賀郡）	
30	（未詳）	39	27121	39	27121							62	22562
			（村山郡）	34	36473								
（6）国立公文書館「領地目録書抜」、宝永2年の石高は「川越領村郷付手鏡」（『川越市史研究』第4号）但し（7）は、山形へ転封後であるが、松平大和守家と比較のため掲載						（8）『前橋市史』第2巻、郡別の数字は村数。（9）川越市立中央図書館所蔵「川越・前橋・相模・上総・近江郷村帳」。（10）『前橋市史』第2巻、原出典は領地目録、新田改出には新田代知を含む、外に新田反別139町余あり						（11）『川越市史』史料編近世Ⅰ「康載公御家譜下書」所載「領知高取調」、込高には新田・改出を含む	

▼知行高　家臣に恩給された領地の石高。

▼村高　近世において土地に上・中・下・下々などの等級を設けて収穫率を定め一村で通計した石高。年貢などの基準となる。

①各時代の藩主が将軍から与えられた「領知(地)目録」には、国郡ごとに村名を列挙し、村数と拝領高が記されているので、それを集計した。詳しい出典は下欄の典拠を参照。②酒井重忠（天正18.8・三河国西尾→川越（1万石）→慶長6.3.3・上野国厩橋）、堀田正盛（寛永12.3.1）・(城無し）→川越（3万5千石）→寛永15.3.8・信濃国松本、については、藩領の史料がないので表からは割愛した。

川越藩主（典拠）		酒井忠利(1)		酒井忠勝(2)		大河内松平家 (3) (4)				柳沢家 (5)					
入封		慶長14.9.23・駿河国田中→				寛永16.1.5・武蔵国忍→				元禄7.1.7・(城無し）→					
転封		→寛永11・閏7.6・若狭国小浜				→元禄7.1.7・下総国古河				→宝永1.12.21・甲斐国甲府					
年代		寛永2.12.11		寛永2.10.23		寛文4.4.5(3)		貞享元9.21(4)		元禄7.5.25		元禄12.2.25		元禄15.3.23	
西暦		1625		1625		1664		1684		1694		1699		1702	
拝領高		37500		30993		75000		70000		72030		92030		112030	
込高													189		1126
小計			37500		30993		75000		70000		72030		92219		12329
新田改出			592		54						16565		21030		3057
総計			38092		31047		75000		70000		88595		113249		15386
武蔵国	計	82	38092	23	12919	189	75001	178	69750	178	51855	203	71854	206	7185
	足立郡			4	1000										
	新座郡									3	745	5	2351	5	235
	入間郡	50	24394			84	30937	81	30687	94	28492	126	43879	129	4387
	高麗郡	17	6877			14	5077	14	5077	26	7034	18	7255	18	725
	比企郡	15	6821	3	4919	38	9685	38	9685	43	9429	42	12214	42	1221
	秩父郡														
	大里郡														
	榛沢郡			16	7000										
	幡羅郡														
	那賀郡														
	児玉郡														
	賀美郡														
	埼玉郡					53	29302	45	24301	12	6155	12	6155	12	615
	葛飾郡														
	多摩郡														
上野国	計														
	群馬郡														
	勢多郡														
	那波郡														
	佐位郡														
相模国	計														
	三浦郡														
	鎌倉郡														
	高座郡														
	愛甲郡														
	陶綾郡														
	大住郡														
上総国				36	15098	(海保庄、望陀郡、佐足領、刑部庄、武射郡)									
下総国				14	3000	(香取郡、南条郡)									
安房国															
常陸国															
三河国															
近江国															
和泉国								(大島郡、泉郡、南郡)		25	9122	32	13005	31	1305
河内国								(渋川郡)		1	1992	(八上郡、丹北郡、丹南郡)			
摂津国								(川辺郡、豊嶋郡、住吉郡)		14	9062	10	7361	10	736
大和国				(山辺郡、葛上郡、葛下郡、平群郡、式下郡、広瀬郡、高市郡、添上郡)										76	3429
出羽国															
典拠		(1)(2)『川越市史』史料編近世Ⅰ「系譜之内御尋之箇条御答書」所載領知朱印状、新田改出高には開発地を含む				(3)『新編埼玉県史』資料編17、多摩郡とする所沢村など3カ村を入間郡に修正、入間郡と高麗郡村の混入は修正不能、(4) 国立公文書館「領地目録書抜」				(5)『川越市史』史料編近世Ⅰ「楽只堂年録」所載領地目録					

と込高の合計が各郡村の石高の合計と一致する。新田や改出は、開発途上の不安定な耕地で正式な高には含まれないが、これが大きければ、生産力的に含み益の大きな領地といえる。

藩領は、城付地とそれ以外に分かれる。城付地は文字通りその城に付随した領地で、商工業を担う城下町とともに、そこからの年貢米や夫役《ぶやく》★の徴発などにより、城の機能が十全に発揮できるように設定されたものである。

川越城の城付地は、城を中心に南北に長く楕円形に広がっている。南方は、川越街道の西側から不老川《としとらず》流域の武蔵野新田の村々、さらに南へ三富《さんとみ》から新座《にいざ》郡の野火止《のびどめ》にいたる畑作地帯で、柳沢家時代には所沢およびその周辺にまで広がっていた。松平信綱《のぶつな》が新田開発を行い、その菩提寺平林寺《へいりんじ》が建てられた野火止宿周辺の藩領は、柳沢家の転封のとき、信綱の孫で分家の高崎藩主松平輝貞《てるさだ》に引き継がれた。川越街道と新河岸川・荒川に挟まれた古市場《ふるいちば》・今泉《いまいずみ》・水子《みずこ》・難波田《なんばた》・宗岡《むねおか》などは、柳沢家時代に川越藩領となるが、秋元家には引き継がれず、幕末期に松平大和守家の領地拡大により再び藩領に繰り入れられた。この地域の北方、すなわち城の東方は、新河岸川の五河岸から久下戸《くげと》・古谷本郷《ふるやほんごう》・伊佐沼《いさぬま》・石田本《いしだほん》郷《ごう》など、肥沃な水田地帯が広がっている。それはさらに、菅間《すがま》・府川《ふかわ》・福田など、城の北部の村々に続く城付地である。この水田地帯は、入間《いるま》川を越えて、比企《ひき》郡の川島領の村々へつながっている。大河内《おおこうち》松平家や松平大和守家時代には、この

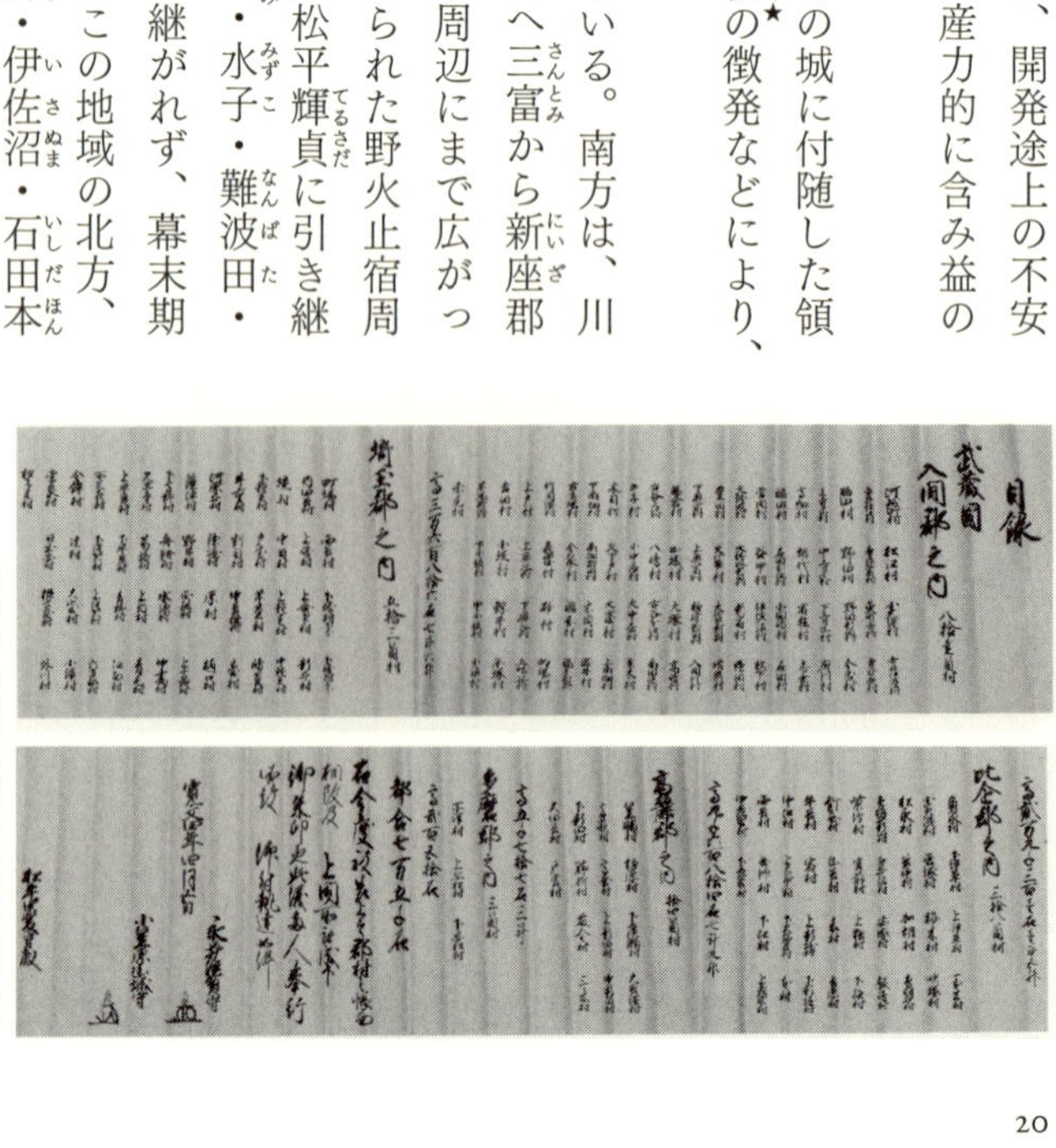

幕府から松平輝綱（大河内松平家）に与えられた領知目録（個人蔵）

▼夫役
支配者が強制的にさせる労働などのこと。

穀倉地帯を守るために大規模な治水工事が行われた。福田村付近で入間郡は大きくくびれ、入間川の対岸は坂戸から越生《おごせ》・毛呂山《もろやま》方面に至る。この地域では、坂戸村とその周辺が元禄期（一六八八〜一七〇四）、赤尾村は近世初頭から川越藩領に組み込まれ、一時はその奥の浅羽《あさば》や森戸方面まで延びていた。城の西側は、入間郡の寺山から今成《いまなり》・小ヶ谷《おがや》・豊田本村《とよだほんそん》と藩領の村々が並ぶ。さらに、入間川を挟んだ対岸の高麗《こま》郡の平塚・鯨井《くじらい》・上戸《うわど》・的場《まとば》なども終始藩領であった。この地域は、中世には河越氏の河越館があったところで、「河越」の発祥地といえる地域である。その南の入間川、奥富《おくとみ》なども古い村で、すべて城付地であった。また、柳沢家時代の初期までは、三ツ木・臑折《すねおり》・高倉・広谷なども藩領であった。

　これら城付地の村は、入間郡を中心に高麗・比企両郡にまたがる一五〇カ村前後、石高で四万石余である。現在の市町村にすると、川越市のほとんどすべてと、狭山市・三芳町・所沢市・ふじみ野市（旧上福岡市・旧大井町）・新座市・富士見市・志木市・坂戸市・川島町などにまたがる地域である。このような城付地の範囲は、すでに寛永二年（一六二五）の酒井忠利《ただとし》の領知目録に姿をみせており、松平信綱時代に武蔵野新田の開発により一層明確になった。元禄期の柳沢吉保《よしやす》時代には、南の三富新田を開発し所沢付近まで藩領を拡大、北は入間郡北部にも藩領を広げ、城付地がもっとも拡大した時期であった。つぎの秋元家は、拝領高は柳沢家の二分の一以下の六万石になってしまうが、かつての大河内松平家時代に近

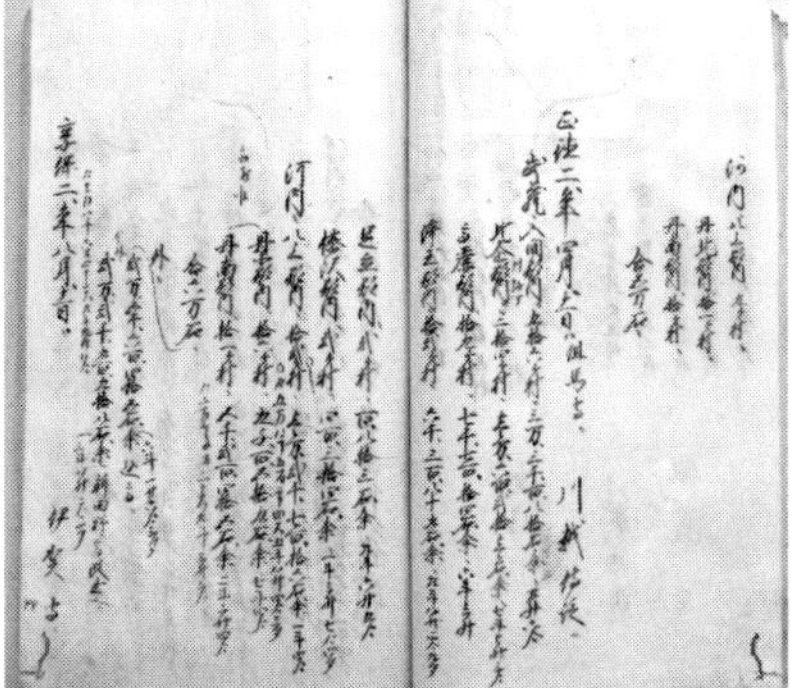

秋元喬知宛の領知目録書抜
（国立公文書館蔵「領知目録書抜」より）

い城付地を維持した。

しかし、それをうけた松平大和守家は少し事情が異なるようである。というのは、明和四年（一七六七）に川越に入封するのであるが、その事実を『前橋市史』などでは「移城」と表現している。前橋城が使用できなくなったので城を移したのだという。そのためか、高麗郡と比企郡の城付地の村々は、山形に移った秋元家領のままであった。松平大和守家の再三の要求でそれらが完全に川越藩領に組み込まれるのは、実に六十年以上のちの天保年間（一八三〇〜一八四四）のことであった。大和守家が前橋に「帰城」したあとに移ってきた松井松平家は、六万石と小規模な大名なので、武蔵国内の領地は入間郡だけであった。その他の武蔵国内の旧川越藩領は、前橋に「帰城」した松平大和守家が、松山（東松山市）に陣屋を置いて支配していた。

武蔵国の内外に拡散する藩領

近世前期から川越藩主が支配したもうひとつの地域が、埼玉郡の騎西《きさい》町場（加須市）周辺の村々である。ここは、松平信綱が正保四年（一六四七）に加増を受けたときに与えられた領地で、秋元家までは連綿と続いていた。ところが、松平大和守家は埼玉郡に領地を与えられても新田村落ばかりで、秋元家から騎西町場周

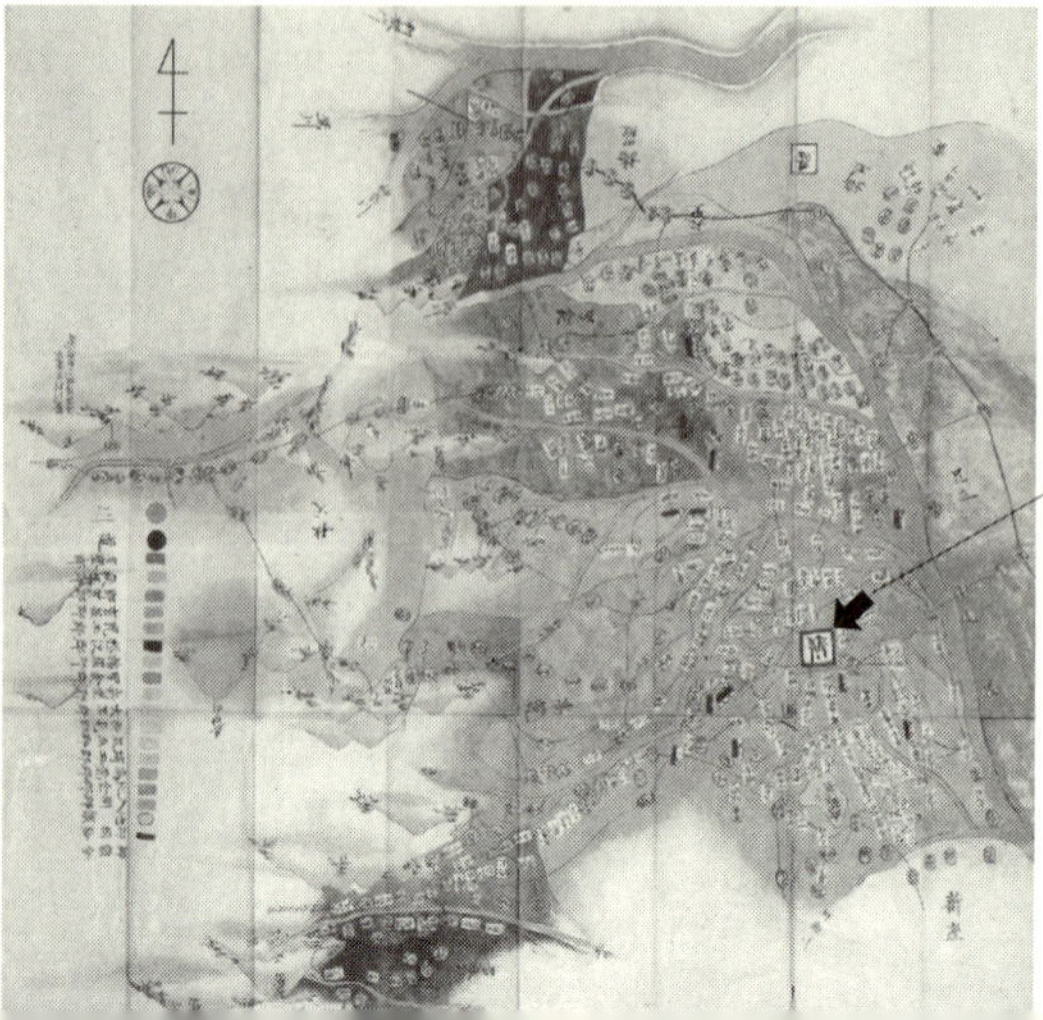

川越を中心に諸郡に広がる藩領
（「川越領中絵図」川越市立博物館蔵　岸伝平氏収集文書No.１１４）

辺を受け取ったのは天保十三年（一八四二）のこととされる。

表（一八頁）をみても、松平大和守家の領地の分散は一目瞭然である。明和四年（一七六七）の入封直後から、城付地や武蔵国内の領地の拡充をめざしてさまざまな活動をし、天保年間にはほぼ秋元家時代のレベルに回復、さらに周辺地域へ拡充していった。比企郡では、鎌形など嵐山周辺の村から小川へ、さらに外秩父の安戸《やすど》・皆谷《かいや》から秩父郡の贄川《にえがわ》や藤谷淵《ふじやぶち》にまで拡大している。一方、入間郡では木蓮寺《もくれんじ》付近から多摩郡の青梅《おうめ》周辺にまとまった領地を獲得している。また、飯《はん》能《のう》の奥、秩父郡坂石町分周辺にも領地を得ている。これらの土地を松平大和守家が拝領した事情は未詳であるが、山付きの土地に向かっているのが特徴的である。もうひとつ、松平大和守家の所領で特徴的なのは、荒川右岸の大里郡諸村から榛《はん》沢《ざわ》、幡羅《はら》、那賀《なか》、児玉、賀美《かみ》諸郡にまたがる村々である。小村で相給《あいきゅう》村★も多いが、四一カ村・一万一千石に及ぶ領地である。これらの村々は、ちょうど城付地から入間郡の赤尾、比企郡の松山町を経て中山道熊谷《くまがや》宿や深谷《ふかや》宿などに至り、前橋に向かう経路に当たっている。

関東近国でも、やはり松平大和守家に特色がみられる。ほんらいの領地である上野国の比重は当然に高く、文政八年（一八二五）でもほぼ武蔵国に匹敵する石高があり、集中性は武蔵を上回っている。相模国にも一万五千石余の分領があった。これは、前橋に入ったときに前藩主酒井家から引き継いだ領地といわれてい

▼相給村
一村が複数の領主に支配されている村。

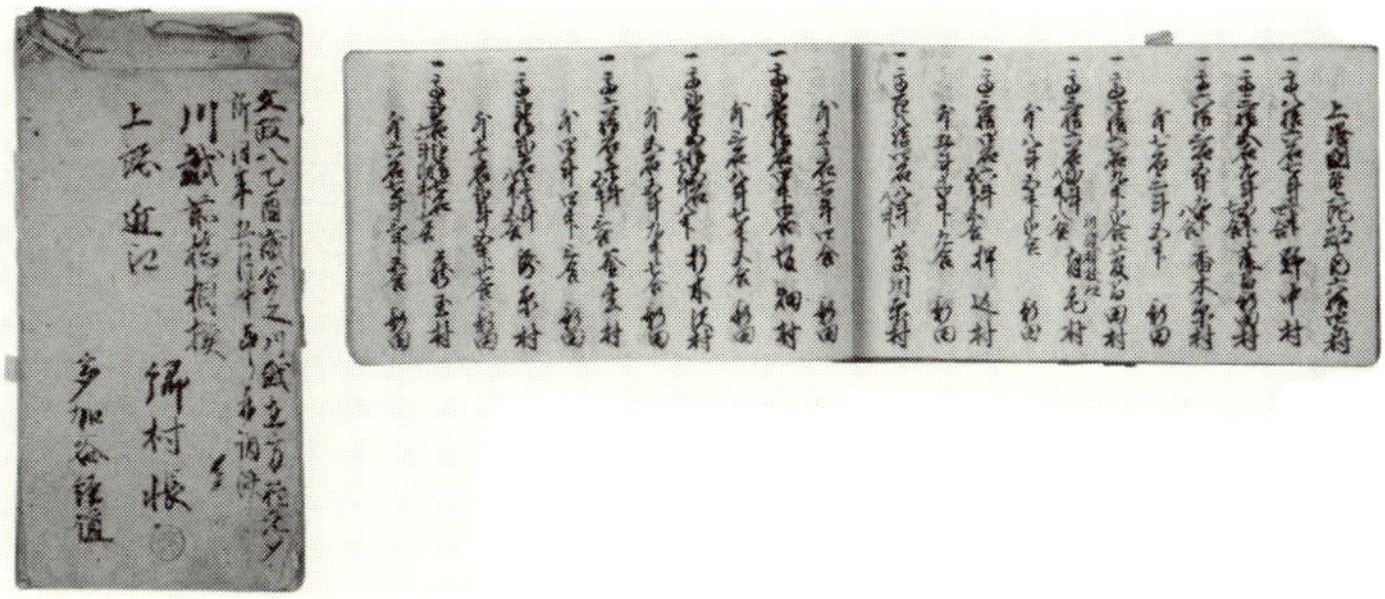

松平大和守家の家臣が持っていた文政８年（1825）「川越前橋相模上総近江郷村帳」
（川越市立中央図書館蔵岡村一郎氏収集文書No.98）

る。この領地をもっていたため、松平大和守家では文政三年から相模国沿岸の警備を命じられ、藩政の動向も強く規制されることになる。このほかの関東諸国では、酒井忠勝《ただかつ》が上総《かずさ》国と下総《しもうさ》国、松平大和守家が上総国と安房《あわ》国に領地があった。表（一九頁）には表れていないが大河内松平家は常陸《ひたち》国、松平大和守家は下野《しもつけ》国に一時領地があった。松井松平家は常陸国に領地があり、東海の三河《みかわ》国にも一村だけ領地をもっている。

柳沢家以降の歴代藩主が、常に畿内に領地をもっているのも大きな特色といえる。柳沢家は和泉国と摂津国で二万石余、大和国で三万五千石弱、あわせて実に五万五千石余にのぼる。秋元家は河内国で二万七千石余、松平大和守家は近江国で五千石余、松井松平家も近江国で二万二千石余である。いずれも、畿内の分領だけでもひとつの大名領として通用するだけの規模があり、藩政全体でも大きな機能をもっていたものと思われる。畿内は経済の中心地であり、松平大和守家では京都に留守居★を置くとともに、京坂の大商人を十分に取りたてて、藩財政の支援をさせていたという。

こうしてみると、川越藩は武蔵国の川越に城を置くが、武蔵国内はもとより関東近国、さらには畿内諸国にも大きな領地をもっており、それらの地域と緊密な関係をもって藩政が運営されていたものと考えられる。

▼留守居
諸藩が江戸や京都・大坂などに置いた役職。

③

酒井重忠の川越入封

小田原の北条氏の支城から、江戸の徳川氏の支城へと性格を変える。最初の藩主酒井重忠は、一族三人で川越周辺に一万八千石を支配した。軍事駐屯的な性格が強く、旧来の寺社勢力とも融和を図り領地を寄進した。

小田原落城と重忠の入封

徳川家康の関東移封が正式に発表されたのは、小田原落城を経た天正十八年（一五九〇）七月十三日のことであった。この当時の様子を詳しく記した史料に、三河国深溝《ふこうず》（愛知県幸田市）出身の武将、松平家忠《いえただ》の日記がある。家忠は七月五日の小田原落城のあと、いったん江戸に入るが、二十日には三河に残してきた妻子の引越し準備のため江戸を出立した。三河に着いたのは八月五日で、それを追いかけるように八月八日には川越城の支配を命じる知らせが届いた。急いで江戸に戻ったのが八月二十六日であったが、この間に知行割が変更され、家忠は忍《おし》城（行田市）へ赴くことになった。その結果、川越には酒井重忠《しげただ》が入封している。おそらく、家康の四男松平忠吉《ただよし》が十万石で入封することになっていた忍城の荒廃が

最初の川越藩主酒井重忠の画像（部分・前橋市源英寺蔵）

ひどく、土木技術に長《た》けた家忠が急遽《きゅうきょ》事前の整備にあたることになったのであろう。

こうした経過により、最初の川越藩主となったのは、三河国西尾城主の酒井重忠で、所領は一万石であった。それと合わせ、息子の忠世《ただよ》が川越領において五千石、弟の忠利《ただとし》が同じく三千石の知行を与えられ、一族三人で江戸城にもっとも近い支城である川越を防衛することになった。忠世の知行宛行が天正十八年八月十六日とされているので、おそらく重忠や忠利の宛行もその前後であろう。この日付はさきの『家忠日記』の記述と矛盾することはない。

城下町への政策

酒井重忠は天正十八年（一五九〇）八月から関ヶ原合戦直後の慶長六年（一六〇一）三月まで十一年間在城するが、いまだ江戸城をとりまく支城のひとつ川越に軍事的に駐屯する性格が強かった。そうした視点から大切なのは都市の支配であり、主たる対象となるのは、戦国時代以来城下町の主要な構成者となっていた商工業者と寺社であった。重忠は入封の翌天正十九年七月十六日、川越の連雀《れんじゃく》商人★たちに、「新宿《しんしゅく》」を取りたてれば、諸役の負担を免除する証文を出している。この証文は、城下町の商業振興政策を示すものとこれまで評価されてきたが、近

▼連雀商人
「連尺」とも書く。物を背負うか担って売り歩く商人のこと。

酒井家
剣酢漿紋

年の研究では、軍事的な視点から江戸を中心とする新たな交通網の形成を意図したものと理解されている。すなわち「新宿」は「宿駅《しゅくえき》」の「宿」であり、「新宿」の取りたてにより、連雀商人に課されている伝馬役《てんまやく》★など諸役の負担が免除されることになるのである。この証文では、もし火事になっても立ち退《の》くことなく消火に当たることも求めている。もうひとつこの証文で注目されることは、「法《はっ》度《と》は江戸次第」と但し書きがあることである。これは、川越城を支配しているのは重忠であるが、その背後には江戸の家康の意向が強く働いていたことを示している。軍事的駐屯という非常時の反映であろう。因みに、忍城下においても、入封直後の天正十八年九月二十三日に、城下に出す法度などが江戸からもたらされている。

寺社への政策

一方、寺社については、城下町に所在する浄土宗蓮馨寺の寺領交付に関する動向が知られる。天正十九年（一五八一）十一月、家康は関東の有力寺社に一斉に領地朱印状を発給し、北条氏時代の川越城代大道寺《だいどうじ》氏所縁の蓮馨寺へも二十石の朱印状が交付された。これについて、家康の寺社行政を取り仕切る全阿弥（内田正次）と酒井重忠との往復書状が現存する。全阿弥は家康の命を受けて、十二月

▼伝馬役
戦国時代から公の用のため幕府や大名が街道の各宿場に人馬の継立（つぎたて）の役目を負担させた。旅行者の休泊、川越えの準備などもする。

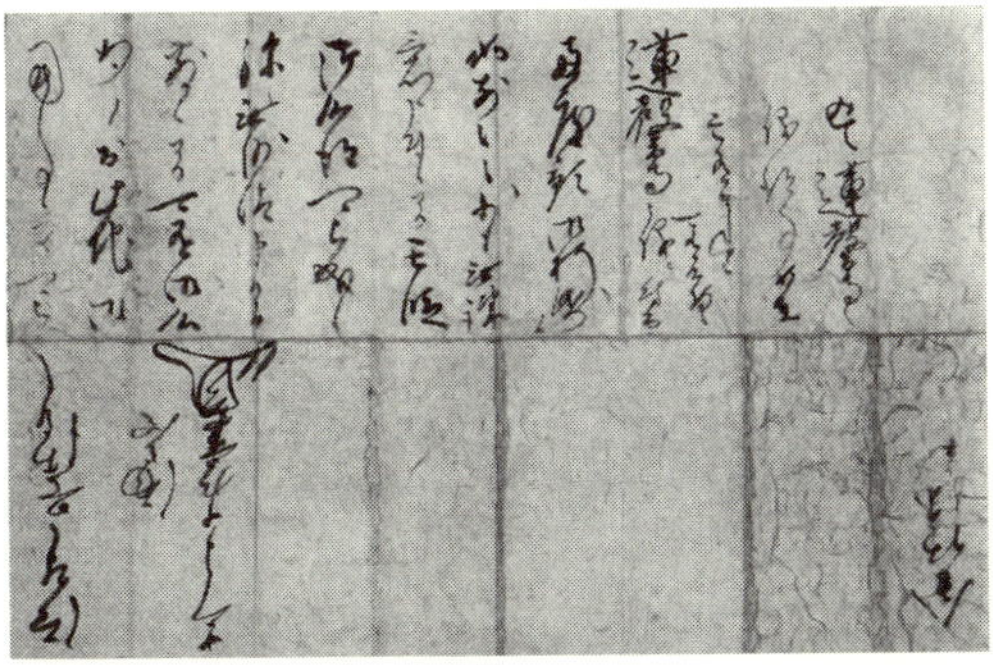
酒井重忠が蓮馨寺に宛てた書状
（蓮馨寺蔵）

九日付で蓮馨寺の寺領を従来通り安堵するように重忠へ依頼した。十一月付で交付された家康の朱印状には二十石の寄進と寺中不入しか記載されていないので、おそらく菜園場や竹木保護など旧来の諸特権の安堵について、蓮馨寺から取り成しの依頼があったのであろう。この要請に対し、重忠も同日付でその旨を確認し、さらに川越のことについて何か用事があったら申し出るよう、丁重に返答している。因みに『家忠日記』によると、家康は天正十九年十一月二十三日に岩槻に着き、二十五日に川越に入っていた。そして十二月三日には忍に来る予定になっていたが、急遽中止されている。天正十九年十一月付の朱印状交付から、全阿弥と重忠の往復書状が取り交わされた十二月九日の間に家康は川越に滞在しており、蓮馨寺から家康へ直接に取り成しの依頼があった可能性もある。

　神社については、重忠とともに川越領に入った忠利が、文禄四年（一五九五）二月二十七日に、杉下において氷川社★へ社領一反を寄進しているので、城の周辺に領地を拝領していたのであろう。

　慶長六年（一六〇一）三月三日、関ヶ原合戦後の所領替で酒井重忠は上野国厩《うまや》橋（群馬県前橋市）三万三千石、弟忠利は同日に駿河国田中（静岡県藤枝市）で一万石、息子の忠世も上野国那波《なわ》郡のうちで一万石余と、それぞれ大幅な加増を受けて新たな領地に移動していった。

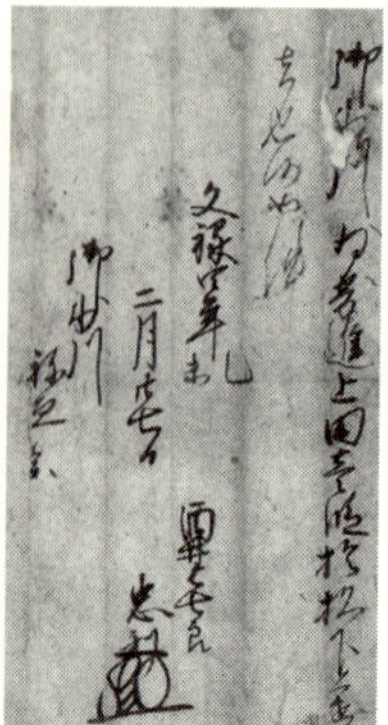
酒井忠利が氷川社へ宛てた社領寄進状（川越氷川神社蔵）

▼氷川社
川越市宮下町の氷川神社。江戸時代には「氷川社」「氷川明神」などと呼ばれているが、幕府編纂の地誌『新編武蔵風土記稿』では「氷川社」としているので、本書では原則としてそれにしたがった。

④ 川越に骨を埋めた酒井忠利

将軍の世継ぎ家光付の年寄となった酒井忠利は、家康や家光をしばしば川越城に迎えた。忠利は、地域の有力農民を懐柔しながら開発を進め、その柔軟な姿勢は家康も賞賛した。城周辺の寺院を移動させ、武家屋敷地の確保と城下町の整備に着手した。

番城から忠利の入封

酒井重忠が慶長六年（一六〇一）三月に転封されたあと、川越城は慶長十四年九月まで八年間にわたり幕府が直轄する番城《ばんじろ》となった。番城になった直後、慶長六年九月十五日付で、本田刑部左衛門という人物が、酒井家の祖正親《まさちか》、忠利、忠世という三人の名目で川越城の鎮守氷川社に土地を寄進している。差出人の本田刑部左衛門は、永禄四年（一五六一）、正親時代の与力《よりき》★としてその名があるが、同一人物ならばかなりの高齢となる。いずれにしても、川越の地を去ったはずの酒井家一族が、引き続きこの地に深い関心をもっていたことがわかる。さらに、この寄進は代官頭《だいかんがしら》★伊奈忠次《いなただつぐ》の了解のもとに行われたことも明記され、番城時代の管理に伊奈忠次もかかわっていたことを示している。その後、慶長十年に将軍職

酒井忠利着用と伝える伊予札桶側胴具足（小浜市蔵）

▼与力
時代によって意味が変わるが、戦国時代には侍大将などに従う騎馬の武士。

▼代官頭
近世初期、徳川氏の関東領国支配を担った大代官の別称。徳川氏の関東領国支配を実質的に行った伊奈忠次らを指すが、慶長末年までに消滅し、伊奈氏はのちに関東郡代となる。

を秀忠に譲った家康は、慶長十三年まで毎年十一月か十二月に、川越や同じく番城となっていた忍などを訪れている。領内の視察を兼ねた鷹狩りであろう。

慶長十四年九月、前城主酒井重忠の弟にあたり川越で三千石を知行していた酒井忠利が、駿河国田中から二万石に加増され川越に封じられた。忠利が入封した後も、毎年のように大御所★家康と将軍秀忠が川越を訪れている。慶長十四年と十五年は家康自筆の「道中宿付」（旅程覚書）が残されており、慶長十六、十七、十八年および元和元年（一六一五）は、『駿府記』に詳しい記述があり、いずれも十月から十一月にかけて鷹狩りで訪れていたことがわかる。慶長十七年からは喜多院の造営が始まり、忠利はその奉行を命じられていた。その後、元和二年（一六一六）五月、忠利は将軍家世継ぎである家光付の年寄となり、同四年十二月には、家光が鷹狩りで初めて川越城に御成《おなり》★となる。さらに、同八年七月二十五日から八月二十九日まで、家光が江戸城改築のため川越で過ごしている。このように川越城は、将軍家・江戸と直結するような存在となっていたのである。

城付地の形成と領内統治

この間、忠利は元和二年（一六一六）七月に武蔵国で七千石、同五年十月に同国で一万石を加え都合三万七千石を領する。寛永二年（一六二五）十二月十一日

▼大御所
親王、将軍家などの隠居所、またはその人を指す。江戸時代には、徳川家康などに用いられた

▼御成
皇族や摂家、将軍などが外出したり来着したりすることの尊敬語。

付の将軍秀忠朱印状によると、領地は入間《いるま》郡で五〇カ村二万四千三百九十三石五斗余、高麗《こま》郡で一七カ村六千八百七十六石九斗余、比企《ひき》郡で一五カ村六千八百二十一石の都合三万七千五百石であった。郡名や石高から判断すると、このとき拝領した村々が、その後、歴代藩主に城付地として継承されていくようである。

忠利はこれら村々の開発にも積極的に対応していた。慶長二十年(元和元・一六一五)九月、野田新田の田島隼人に対し、新田開発に伴う諸役免除の特権を認める証文を出している。有力農民の協力で新田開発を進め、長い戦乱のなかで荒廃した田地の再興をめざしていたのであろう。また『明良洪範』★には、つぎのような逸話も伝えられている。忠利の領地である備後《びんご》村に、備後と称する村長がいた。この村に巡見で来た忠利は、自分は備後守を名乗っており、自分と同名なので村長に名前を改めるよう命じた。ところが村長は、自分は代々備後を名乗っているが、殿様が当所の領主になったのは昨今のことである。だから新しい殿様の方が改名すべきであると、と反論した。忠利は、おまえの言うとおりだが、自分の備後は朝廷から拝領した名前なので変えることはできない。これからは、村長の備後と領主の備後でよかろう、と穏便に収めたという。これを伝え聞いた家康は、忠利の寛仁な態度を賞したという。同じ話が『武野燭談《ぶやしょくだん》』★にもみえるが、村長の反論に、人一倍に年貢や公役を勤めていることが加えられ、忠利がそれを評価するように論点が変わっている。ただ、近世初期の川越藩の城付地には備後村を

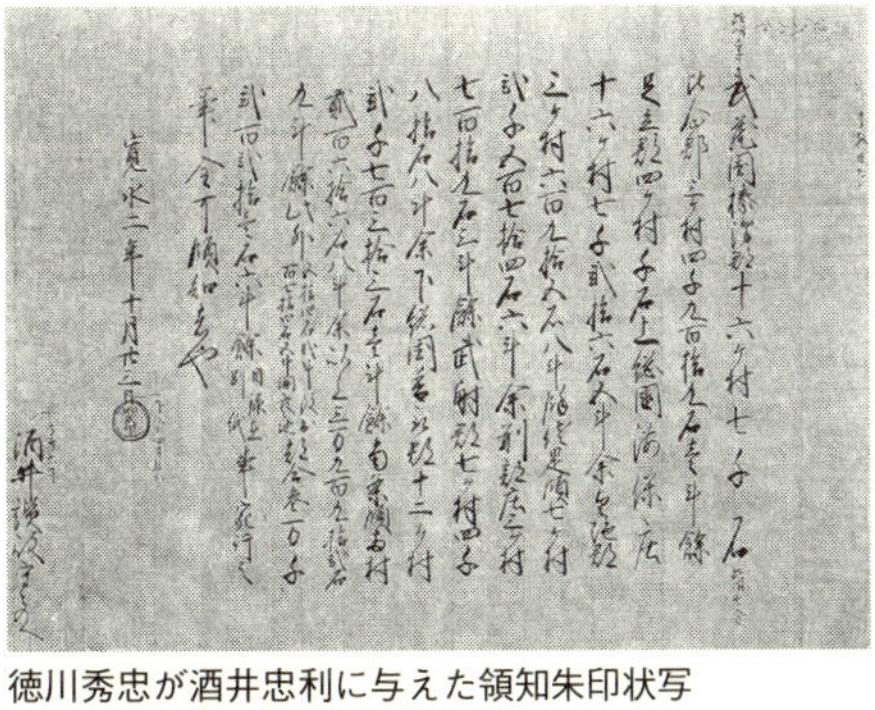
徳川秀忠が酒井忠利に与えた領知朱印状写
(小浜市立図書館酒井家文庫蔵)

▼『明良洪範』
真田増誉著。成立年不詳。慶長から正徳の頃までの、徳川家ゆかりの武将・家臣の事績や武談などを、順不同で記述している。

▼『武野燭談』
江戸時代前期、主に慶長から元禄・宝永期、徳川家康から五代将軍綱吉までの将軍家や御三家、老中、大名、旗本の言動と業績などを収めた武家物語。

確認できず、これは忠利の温和な性格を表すための創話であろう。しかし、この話には、土着の有力農民を懐柔しながら開発を進めていく忠利の姿がよく表されており、異郷から進駐してきた新たな支配者の心構えも適切に表現されている。

さらに忠利は、城下町の整備にも着手したようである。これまで城地内やその近辺にあった寺院のなかには、元和年間（一六一五〜一六二四）に城下町の西方へ移転したという伝承をもっているものが多い。それは、行伝寺《ぎょうでん》、常蓮寺《じょうれん》、妙養寺《みょうよう》、妙昌寺《みょうしょう》、十念寺《じゅうねん》などかなりの数にのぼり、たんなる偶然とはみられない。しかも、城周辺の跡地は武家屋敷地になっているところが多く、家臣団の増強に伴う屋敷地の確保が図られたものと考えられている。城下町の周辺に寺院を配置するのは、近世城下町の通例であり、城を守る戦略上の視点からも重視された。

忠利ゆかりの寺院

もうひとつ寺院に関する逸事を紹介しておこう。慶長十四年（一六〇九）、忠利が川越城主となると、すでに兄重忠とともに関東へ来ていた母が川越に定住した。元和六年（一六二〇）、忠利は母の願いにより城地内に新寺を建立した。寛永二年（一六二五）六月、母が九十六歳で没すると、生前の宿願により京都東本願寺法主の宣如上人のもとで法要を営み、須弥壇《しゅみだん》納骨★をさせた。そして、さきに建立したた

▼須弥壇納骨
真宗大谷派の分骨の形式。親鸞上人の真影を安置する東本願寺の須弥檀床下に納める。

川越の新寺に、妙玄《みょうげん》寺の寺号と宗祖の真影および妙玄尼の肖像画を賜った。戦国から近世初頭の武家の篤い仏教信仰の姿を伝えるものである。妙玄寺は酒井家の転封のとき小浜《おばま》に移され、妙玄尼の肖像画も同寺に現存する。

忠利は寛永四年十一月十四日、六十九歳で川越城において死去、菩提寺の源《げん》昌《しょう》寺に葬られた。天正十八年（一五九〇）に川越で三千石を与えられてから三十七年、途中八年ほど駿河国田中に移ることはあったが、川越の地は三河武士酒井忠利にとって第二の故郷になっていたことであろう。酒井家の菩提寺は、入国当初、兄重忠が三河から龍海院《りゅうかい》を移したが、自身の前橋転封により同地に移動した。その跡地に忠利が建てたのが源昌寺である。場所は城の北側、氷川社との間であった。寛永十一年、息子の忠勝が小浜へ転封のとき、源昌寺はその弟たちの知行地、入間郡紺屋村《こんやむら》（坂戸市）へ移されたという。忠勝の小浜転封の準備を指示した書状には、妙玄寺とともに源昌寺の移転にも言及されているが、同時代の記録『榎本弥左衛門覚書』にも紺屋村への移転が記されている。その後、源昌寺は近江国栗太《りっとう》郡浮気《ふけ》村（滋賀県守山市）に移されたという。一方、源昌寺の跡地には、慶長五年に没した忠利の伯母が開基した栄琳《えいりん》寺が一時移されたといい、忠利周辺の女性の篤い仏教信仰を伝える。なお、小浜に入った忠勝は、前藩主京極《きょうごく》氏の菩提寺泰雲寺を、忠利の法号★をとって建康《けんこう》寺と改め菩提寺とした。さらに忠勝の息子忠直《ただなお》が、忠勝の法号空印《くういん》を入れ、建康山空印寺と改称して現存する。

酒井忠利の母妙玄尼の画像
（部分・小浜市妙玄寺蔵）

▼法号
仏門に入る時に師から授かる称号だが、死者のおくり名としても使われる。戒名、法名ともいう。

⑤ 酒井忠勝の領国支配

忠利の在世中から息子忠勝は幕政で頭角をあらわし、独自に五万石の領地を拝領した。検地や「時の鐘」の建造など、領内や城下町の整備に着手したことが伝えられている。転封のときに家臣に与えた細かな指示から、忠勝の藩政への姿を垣間みることができる。

農村統治の進展

忠利の跡を継いだ忠勝は、秀忠、家光、家綱三代の将軍に仕え、寛永元年（一六二四）に老中となり、同十五年には大老にまで昇進、行政手腕に優れた吏僚派の大名として知られる。父忠利が川越を拝領した慶長十四年（一六〇九）十一月に従五位下《じゅごいのげ》讃岐守《さぬきのかみ》に叙任《じょにん》、同十九年十一月に下総国香取《かとり》郡内に三千石、元和八年（一六二二）に武蔵国榛沢《はんざわ》郡で七千石を加増され都合一万石となり、父の職務を助けることを命じられ家光付となる。寛永元年八月に上総《かずさ》などで二万石の加増をうけ、十一月に老職（老中）となる。寛永三年三月には忍領で二万石を加増され五万石、翌四年十一月に父忠利が死去すると、遺領三万七千石のうち七千石は弟四人に分与、残り三万石と自らの領地を合わせ八万石で川越に入封する。そののち、

大老となった酒井忠勝の画像
（部分・小浜市蔵）

寛永九年九月に武州のうちで二万石の加増をうけ十万石となる。

忠勝の領国支配について注目されのは、家臣が知行地を適切に管理できるよう細かな法度を作成していることである。寛永元年十月吉日付の一九箇条にわたる定書《さだめがき》が、忠勝から深谷領の有力農民杉田九左衛門と飯島六左衛門に出されている。内容は大きく分けて、農村秩序の維持や勧農に関する条項と、家臣が知行所農民に非法を働くことを禁じる条項から成り立っている。まず、農村秩序の維持についてみると、竹木植栽の奨励、五人組の管理、鷹場の管理、不審者の宿泊禁止、人身売買の禁止、堤防の修築などで、のちの五人組帳前書に相当するような内容である。家臣の恣意《しい》的な行為としては、人馬役の不法な徴収、年貢計量の不正、家臣の借金を農民に押しつけることなどがあげられている。こうした諸条項が守られれば、知行所が荒廃することもなく、年貢や諸役の負担も滞らず大名権力の安泰につながるのである。

これとほぼ同文の法度が、「空印様（酒井忠勝）御書下写」にも含まれている。異なるのは、年号が寛永十年七月十九日付であることと、末尾に年貢銭の納入などに関する四箇条が加わっていることである。追加箇条では、徴収した年貢銭は現地深谷で管理し、貯まったら川越経由で江戸へ送金するよう、具体的な役人名をあげて指示している。六人の名前がみえるが、そのうち四人は次項「酒井家の家臣団形成」で紹介する家臣由緒書に深谷在勤であることが明記されている。そ

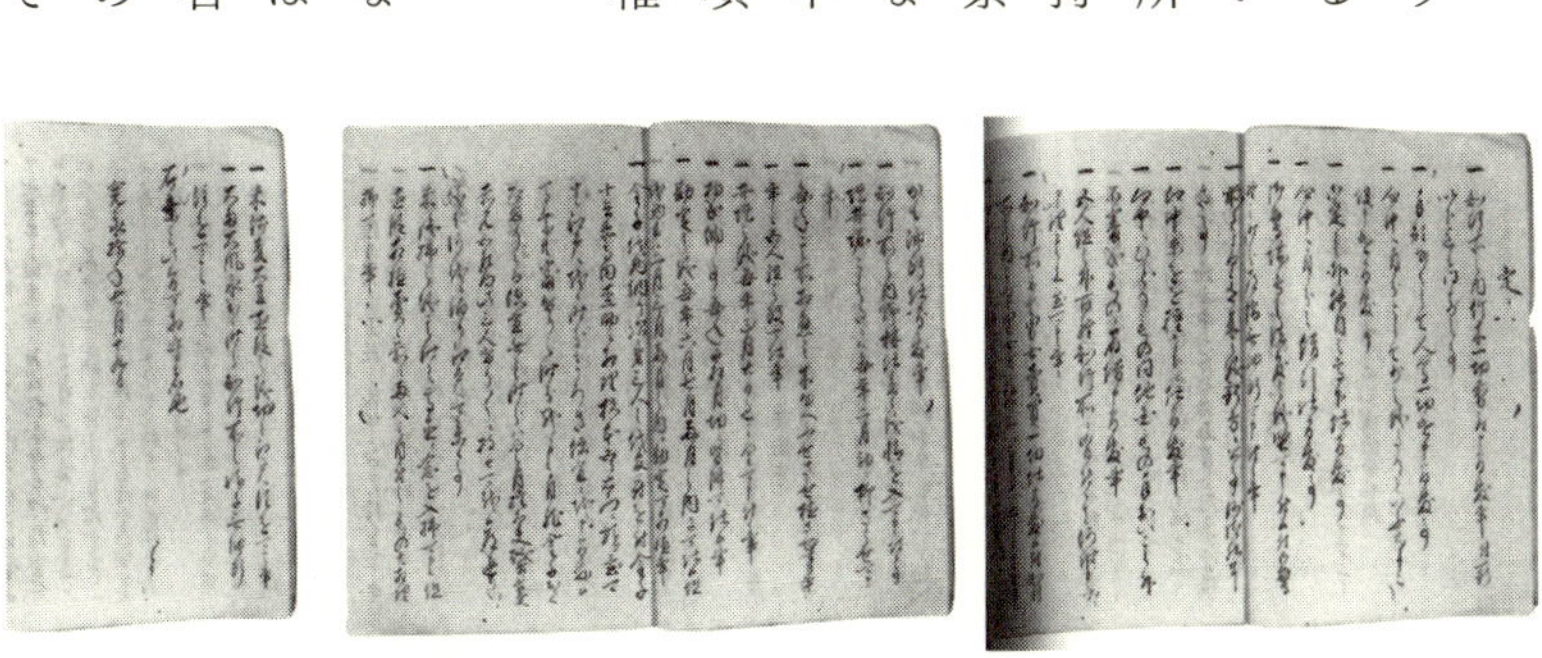

酒井忠勝が出した19箇条の法度
（小浜市立図書館蔵酒井家文庫蔵「空印様御書下写」より）

のほか、米の在払い★をするときは値段を目付★に相談してから行うこと、さらに、当地の米雑穀の値段を頻繁に江戸へ報告し、大風雨など災害状況の報告も義務づけている。追加された四箇条は、指示内容が極めて具体的である。おそらく、寛永十年七月に深谷へ出すに当たって、さきの一九箇条に書き加えたのであろう。忠勝の農村統治の方法は、深谷一万石を拝領した時点から、かなりまとまっていたことがわかる。

　また、農村支配の根幹となる検地についても、実施した形跡がみられる。十九世紀初めに幕府が編纂した『新編武蔵風土記稿』をみていくと、足立郡や比企郡など川越からかなり離れた村々に、寛永八年に酒井忠勝が検地を実施した記録が散見される。これらの村々は、その後旗本知行地となり、本格的な検地が実施されなかったので、忠勝の検地記録が後世に残ったのであろう。これに対し川越城周辺の村々では、その後慶安元年（一六四八）に松平信綱の検地が実施されたので、忠勝の検地は村の記録から消えてしまったのではなかろうか。寛永期には、岩槻《いわつき》藩阿部家、代官頭伊奈家なども一斉に領内の検地を実施している。

　町方の施策についても記録は少ないが、現在城下町のシンボルにもなっている多賀町の「時の鐘」を最初に作らせたのは忠勝と伝えられている。そのことは、幕末、文久元年（一八六一）の鐘銘に刻まれている。

▼在払い
年貢米を領主の元へ回送せず現地で売り払うこと。

▼目付
幕府や藩におかれた役職のひとつで、家中の監察を任務とした。

転封準備の詳細な指示

寛永十一年（一六三四）閏《うるう》七月、家光の上洛に供奉《ぐぶ》して滞在中の二条城で、忠勝は若狭国《わかさ》（福井県）小浜《おばま》十一万石への転封を命じられた。忠勝がそれに伴う準備を川越の重臣に命じた書状が三通あり、その内容から領内支配や家臣団の生活の実態を垣間みることができる。

まず、引越しに関する指示の伝達ルートである。城中と家中屋敷へは目付、町中へは町奉行《まちぶぎょう》、郷中へは代官から触れ出され、川越以外にも忍、深谷、姉崎《あねがさき》（千葉県市原市）、成東《なるとう》（千葉県山武市）の領分へも伝えられた。これが、領内村々の支配単位および系統となるのであろう。転封にともなう検使には松平正綱《まさつな》が来るのでその指示に従うこと、また彼らの宿舎や食糧などの準備をすること。川越城は管理を担当する相馬虎之助★へ七月二十八日に引き渡すこと、家臣の引越しは五人組などのまとまりごとに女手形の交付を受け信濃路《しなのじ》（中山道）を行くこと、江戸または在郷の親類へ身を寄せる者もすみやかに川越を引き払うこと、妻子は縁故の地に移してもよいが親兄弟などがいる者以外は川越には置かないこと、要するに準備期間十五日程度ですべて川越から引越すことが命じられている。引越しにともなう路銀《ろぎん》などの経費は、先代忠利の「余金」をあてるとされている。足軽《あしがる》・

転封に際し酒井忠勝が出した覚書
（小浜市立図書館蔵酒井家文庫『空印様御書下写』より）

▼相馬虎之助
諱は義胤。陸奥国相馬藩（福島県）主でこの時川越城番を命じられた。

仲間《ちゅうげん》・年季者《ねんきもの》などの処置、郷中との貸借金の勘定、年貢金の勘定などについては、検使の松平正綱の指示を仰ぐこととされている。深谷と姉崎にある侍屋敷については、畳は取り外してもよいが戸はそのままにしておくこと、川越にある道具のうち、屏風のようなものは陸路で江戸へ運び、椀や折敷《おしき》★などは船で江戸下屋敷に直送すること、というような細かい指示もある。忠勝は、寛永五年に江戸牛《うし》込矢来町《ごめやらいちょう》（東京都新宿区）に下屋敷を拝領していた。藩所有の船は四艘あり、転封にともない船頭は解雇、船そのものは江戸藩邸へ回すことを指示している。荒川か新河岸川か確定できないが、舟運が盛んであったことが伺われる。転封は、まさに大名一家の家臣・家財をともなう大移動であった。その際に、江戸屋敷が中継地となっていることは興味深い。このほか、江戸屋敷の番をしている「川越衆」の半分くらいは小浜に引越しさせること、菩提寺である源昌寺と妙玄寺の移動には金銭的な援助をすることなども記されている。

小浜へ伝えられた石原の獅子舞

この転封にともない、川越城下続きの石原町のささら獅子舞《ししまい》が、小浜の地に伝えられ、両地で現存しているというエピソードもある。伝承によると、石原の観音寺では悪魔降伏《ごうぶく》・災難消除を祈願し、慶長十二年（一六〇七）三月から獅子舞

▼折敷
食器を載せる食台の一種で、四角い板の四方に折りまわした縁をつけた、角盆のこと。杉または檜の材を薄く剝いだ板でつくる。

が始められ、以後三月十八日に日を定め川越城内に入り祈禱をしていた。忠勝が特にこの獅子舞を保護したのは、川越城を拝領した寛永四年（一六二七）三月の例祭のときに、幕府から十万石の加増の上使《じょうし》★をうけたことによるという（史実は寛永九年）。この奇縁を喜んだ忠勝は、寛永十一年に小浜へ転封になると、雌雄の獅子頭と上演する人々を召し連れて行った。彼らは小浜で士分格に取りたてられ、雲浜《うんぴん》村の竹原に住居を与えられて関東組と称したという。獅子頭を小浜に持って行かれた川越では中絶したが、その後城下高沢町の丹波屋井上勘兵衛家の番頭《ばんとう》半右衛門が発心し、雌雄の獅子頭を彫り上げ石原の観音寺へ奉納した。そして、太田ヶ谷村（鶴ヶ島市）から舞の伝授を受け、宝永六年（一七〇九）に再興されたという。

一方、小浜での伝承では、このとき小浜へ随行したのは三十余名であった。この獅子舞は、武骨のうちにもなんとなく優雅典麗なところが評価され、藩主酒井家の産土神《うぶすながみ》である広峰神社の祭礼や城内の祝典に演じられたと伝える。この二つの獅子舞は現在も続けられ、それぞれの県の文化財に指定されている。

転封後の忠勝と武蔵

こうして忠勝は小浜に転封になったが、武蔵の地には寛永四年（一六二七）に

▼上使
幕府の命令を大名などに伝えるために派遣される使者。

現在の川越石原の獅子舞
（『酒井忠勝にみる近世大名の姿』より）

現在の小浜雲浜の獅子舞
（『酒井忠勝にみる近世大名の姿』より）

弟たちに分知した七千石の地が酒井家所縁の領地として残った。二男忠吉に三千石、三男忠重に二千石、四男忠久に一千石、六男忠次に一千石である。このうち四男忠久は寛永十三年に二十八歳で病没し、その時点でこの系統は断絶している。『武蔵田園簿』でこれらの領地を確認すると、比企郡川島領に一〇カ村・五千百七十三石余と集中している。また入間郡紺屋村と横沼村にも合わせて一千石余の土地がある。この二カ村は、一族の結束を示すかのように、三人の兄弟で分割する相給知行の形態を取っている。これらの知行地は元禄期（一六八八～一七〇四）まで続き、酒井家の余風をこの地に伝えた。

　小浜時代のことになるが、忠勝の肖像画や県域の寺院との交渉、当時の人々の忠勝評についてもふれておこう。現存する忠勝の肖像画（三四頁）は狩野探幽《かのうたんゆう》筆と伝えられていたが、近年の研究では息子忠直の日記の記載から、万治三年（一六六〇）十月に忠直の依頼で幕府御用絵師の狩野安信《やすのぶ》（永信）が描いたものと推測されている。忠勝七十四歳の寿像《じゅぞう》★である。忠勝はこの年四月に剃髪して空印と号しているので、法体《ほったい》★に描かれている。賛★は中国明《みん》時代の黄檗宗《おうばくしゅう》の高僧で書をよくした隠元《いんげん》であり、狩野安信の絵とともに忠勝周辺の文化水準の高さを伝える肖像画である。

　足立郡本郷村（川口市）にある傑伝寺《けつでんじ》も、忠勝所縁の寺である。開山の高国英《こうこくえい》峻《しゅん》は、永平寺《えいへいじ》二十七世で忠勝の剃髪の師という。小浜の酒井家文書によると、英

▼寿像
生きているうちにつくられた肖像。

▼法体
仏門に入り剃髪し、染衣した姿のこと。僧体ともいう。

▼賛
画に添えてある詩句。

峻の永平寺在住時代から忠勝は経蔵★や一切経★などを寄進、永平寺を退院★するにも仲介の労をとっている。その後英峻は江戸に出て、日光街道越ヶ谷宿在の本郷村に隠棲していたが、寛文元年（一六六一）九月、忠勝が日光代参《にっこうだいさん》★の帰途同地を訪れ、堂舎の建立を勧め、自分の法名をとり、傑伝寺とした。

一方英峻は、寺を経済的に維持するために寺領朱印状の交付を忠勝に依頼したが、忠勝は翌二年七月十二日に七十六歳で死去する。死期を悟った忠勝は、英峻に書状を出して葬儀の段取りを菩提寺の牛込長安寺と相談するように依頼している。英峻はその後も伝手《つて》を頼り幕閣に朱印状の交付を願うが実現しなかったので、酒井家では忠勝の帰依した寺として傑伝寺に扶持《ふち》を出していた。なお、忠勝は寛永十六年頃に、本郷村に近い足立郡大瀬村（八潮市）に鷹場を拝領しており、この付近には土地勘もあったはずである。

酒井忠勝の人となりについては、すでに江戸時代の『明良洪範』や『武野燭談』などの武将言行録に数多く取り上げられている。それらに描かれた忠勝は、どんな問題、局面に立ち向かっても、つねにゆったりとした態度で臨み、控えめながらも深く将来を見据えた的確な判断を下している。

小浜市の空印寺にある酒井家墓所
（『酒井忠勝にみる近世大名の姿』より）

▼**経蔵**
大蔵経を収めてある建物のこと。経堂ともいう。

▼**一切経**
経蔵や律蔵、論蔵の三蔵に注釈書を含めた仏教聖典の総称で大蔵経ともいう。

▼**退院**
寺の住職の地位を退くこと。

▼**日光代参**
将軍の代わりに日光東照宮へ参詣すること。

⑥

酒井家の家臣団形成

小浜に転封してからの家臣由緒書により、川越時代の家臣団の実相を探る。関東も含め諸国から家臣が集まったが、その中心は三河国であった。藩主側近の家老や小姓などだけでなく、民政に当たる町奉行や代官も各地に置かれた。

酒井家の家臣由緒書

それでは酒井家の家臣団はどのように形成されてきたのであろうか。ここでは小浜転封後の記録であるが、十八世紀半ばの安永三年（一七七四）に作成された家臣由緒書をもとに考察してみよう。まず、同時期に作成された家臣を召し抱え順に書いた記録をみると、三河時代から寛永十一年（一六三四）に川越を去るまでに召し抱えられた家臣は七〇家にのぼる。これらは安永三年当時まで存続していた家である。このほか由緒書を詳しくみていくと、川越時代に召し抱えられたが、安永三年時点では断絶しその一族が召し抱えられている家が二六家ある。一応、この両者を合計した九六家が川越時代の由緒を伝える家臣と考えられる。由緒書に記載された家数三九〇のほぼ四分の一である。もちろん、小浜へ転封のと

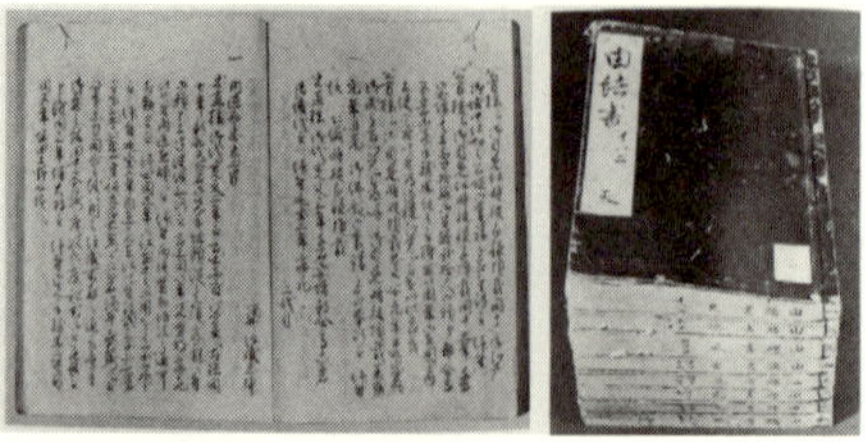

安永三年の酒井家家臣由緒書
（小浜市立図書館蔵酒井家文庫）

きに忠勝は、江戸屋敷の番をしている「川越衆」の半分くらいは小浜に引越しさせる、というような指示も出しているので、江戸または川越に残った家臣もかなりいたと思われ、川越時代の家臣はさらに増えるであろう。一〇〇年以上ものちに作成された記録であるが、藩に提出した正式なものなので、ある程度の精度は期待できるであろう。

出身地と仕官の年代・場所・経緯

まず、九六家の本国★や召抱地《めしかかえち》★などをみると、本国は三河が二五家と圧倒的に多く、武蔵は一五に留まり、以下、上野九、駿河六、近江四と続く。相模など四カ国が三、甲斐など五カ国が二、伊豆など一一カ国が一、不詳が四で、都合二五カ国にわたっている。これをグループ化してみると、酒井家発祥地の三河、初めて一万石となった駿河、それに甲斐と信濃などを加えたグループの合計が三五家、武蔵と上野を中心とする関東が三三家で拮抗し、残り三分の一が諸国に散在していることになる。一方、これを召抱地別にみると、川越の四七家が全体の半数に近く、以下江戸一三、田中一二、三河六、深谷四、未詳一四となる。三河と田中は、時代の経過とともに家数が減少した面もあろう。また深谷は、忠勝が最初に一万石となった地である。さらに川越で召し抱えられた四七家の本国をみると、

▼本国
この場合は先祖の出た国。
▼召抱地
家臣として採用された場所。

武蔵の一一に対し、三河も一〇と拮抗しているのが特徴的で、あとは上野七、奥羽と尾張が二、残りは一三カ国に散在している。

全体的にみると三河関係者の比重が高いが、さらに由緒書の本文に基づきほかの視点からも検討してみよう。まず、時代ごとの召し抱え人数をみると、関東入封以前が九家、忠利が川越で三千石を知行していた天正十八年（一五九〇）から慶長四年（一五九九）までが七家、駿河国田中一万石の時代が一〇家で、川越を拝領する以前の累計は二六家となる。これに対して、忠利が二万石で川越を拝領した慶長十四年から、たびたびの加増で寛永四年（一六二七）に没するまでには三七家を数え、家臣団の充実してきている様子がわかる。そしてこの時期は、忠利の項で述べた川越城下町における寺院の移動、それにともなう武家屋敷町の形成と一致しているのである。

ただし、この三七家のうち忠利に仕官したのは一九家で、残り一八家は息子の忠勝への仕官である。その年代と召抱地をみると、忠勝がはじめて知行地を拝領した元和七年（一六二一）に上総《かずさ》で一家、八年と九年は川越で各一家である。寛永元年から三年の一〇家はすべてが忠勝への仕官で、召抱地が判明するのは深谷と江戸が各一家、川越は二家である。元和八年に深谷一万石を拝領したときに、忠勝は父の職務を助けるように命じられているが、父の生前にすでに川越で活動しているのである。その後、川越城を正式に継承する寛永四年から小浜へ転封するまでに二〇家の仕官がある。召抱地が判明するのは九家で、川越五、江戸四と拮抗している。

では、それぞれの家臣は、どのような経緯で酒井家に仕官することになったのであろうか。家老のように中核となる家臣は、三河以来の者、しかも与力出身者が多いことはのちに述べる。そのほかの家臣では、北条氏時代に川越城代を務めた大道寺氏の旧臣と伝えるのが折井久兵衛と綿村源左衛門で、いずれも忠利が三千石の旗本として川越付近に知行を与えられた時期に召し抱えられている。本国を「武蔵川越」と明記する田口右衛門と駒林源兵衛、川越のうち八ツ林（川島町）の牢人という根岸定興なども、川越と所縁の深い家臣であろう。川越のうち太田ヶ谷を知行していたという縣三郎右衛門の父は、『明良洪範』によると遠江国（静岡県）浜松の出身で、家康の知遇を得て川越で三百五十石の知行を与えられていたことがわかる。八王子城の旧臣と伝える家臣も多く、松本貞保は祖父が八王子や松山城の上田氏に附属して、家康の入国後しばらく松山城の松平忠頼に仕えたという。嶺尾平左衛門も八王子旧臣で、父は家康に仕え川越地方の代官、師岡与左衛門は父祖が八王子旧臣、浜名左馬助のように「多摩御嶽権現」の神職の出身という者もいる。さらに、漠然と先祖を小田原旧臣と伝えるのは、加藤一之と深谷の成戸領代官となる行方久兵衛である。元和八年に深谷で取りたてられた杉本五郎右衛門も深谷が先祖の旧地と伝え、上総《かずさ》国の姉崎奉行の岡見為久は北条旧臣を名乗っている。北条氏あるいは川越関係者は、ある程度の伝承をもっている者だけで一四家にのぼる。いわゆる牢人者では、大坂の陣での牢人が、大河原庄右衛門、松田重勝、梶原正重の三人である。また、経緯のはっきりした者として、徳川忠長の旧臣がある。寛永九年十月に将軍家光が弟忠長の領地を没収し逼塞を命じたとき、その家臣の一部を老中であった忠勝に預けたようである。武久昌勝、高橋伊賀、広沢重政がそれで、この三人は翌十年に川越へ移されている。この川越移送については忠勝書状も残されている。彼らは小浜に移封した十一年に正式に召し抱えられ、武久は千石を給され家老になっている。

役職からみる藩政組織

家臣団の由緒書には、川越時代の役職について言及しているものも多い。当時の職名そのままであるかは確認できないが、それに相当する職があったことの反映とみることはできるであろう。そうした考えに基づき、酒井家時代の藩政組織について検討してみよう。

まず最初に取り上げるのは、藩政の要ともいえる家老《かろう》である。「老役」と記すものも含めて七家を数える。そのうち都筑喜兵衛は「年来御家老役」、三浦義親も父の時代からと伝え、いずれも三河時代に家康などから与力として附属され、その後に家老となっている。元和九年（一六二三）に老役として召し抱えられた深栖乗勝は、公儀与力の出身である。また、忠利が川越城を拝領した慶長十四年（一六〇九）に田中正勝が江戸家老となっており、この時点ですでに川越と江戸に家老が置かれていたこともわかる。家老の知行高は五百から一千石と幅がある。

藩主の側近である小姓《こしょう》や近習《きんじゅう》も、忠利時代に召し抱えられた者が多い。祐筆《ゆうひつ》★は、慶長六年に召し抱えられた粕屋四郎兵衛をはじめ、北条三四郎、田口右衛門の息子などがいる。大目付《おおめつけ》は寛永五年（一六二八）の小泉安蔵、同十年の三宅寛則がいるが、ともに勘定頭《かんじょうがしら》を兼ねている。町奉行は早くから確立していたようで、忠利の田中時代に窪田喜兵衛が藤枝町奉行となり、川越に転封後も引き続き町奉行を務めている。そのほか、市石清右衛門、榊原重政などが川越町奉行に就任している。

地方行政では、田中時代から鳥見九左衛門が代官、川越に移って折井九兵衛が郡方役《こおりかたやく》となっている。山奉行には、川越時代に鈴木重正と寺田泰正の名がみえる。忠勝時代になると、遠隔地の領地にもそれぞれ代官が置かれた。深谷には行方久兵衛と吉田喜左衛門、上総国の姉崎町奉行に岡田重右衛門と岡見為久、常陸国の江戸崎《えどさき》（茨城県稲敷市）に中根重次、そして寛永九年に加増されたとみられる武蔵国の吉見《よしみ》には、窪田忠右衛門と根岸定興が代官に就任している。このように忠勝時代には、かなり細かに藩の職制が整えられていたことがわかる。

▼祐筆
右筆とも書く。武家の職名で、主などに代わって文書を作成する。

⑦ 徳川三代と仙波喜多院

喜多院の天海は、徳川将軍三代に仕え百八歳の長寿を全うした。川越の喜多院を復興した天海は、続いて江戸に寛永寺を創建した。喜多院や東照宮など、江戸の寛永期の文化を伝える堂社が数多く現存する。

仙波無量寿寺と天海

川越仙波《せんば》にあった無《む》量寿《りょうじゅ》寺は北院・中《なか》院・南院からなり、中世には関東天台《てんだい》宗《しゅう》の中心として栄えたが、戦国争乱の中で荒廃していった。近世初頭にそれを再興したのが、北院（喜多院）に住し徳川家康の信任を得た南光坊天海《なんこうぼうてんかい》（慈眼《じげん》大師）であった。天海は、家康亡きあとも、引き続き秀忠、家光にも大きな影響力をもった。その関係で川越仙波の地には、今も建造物や絵画など質の高い文化財が伝えられている。

天海は陸奥《むつ》国大沼郡高田（福島県会津高田市）の生まれで、若くから諸国を遊学し、比叡山《ひえいざん》、南都（奈良）興福寺《こうふくじ》などでも学んだ。天正元年（一五七三）、蘆名《あしな》氏の求めに応じ会津の黒川稲荷堂（福島県会津若松市）別当《べっとう》★になったが、家康の関東

▼**別当**
寺院の上席僧の中で、寺務を統括する僧官を指す。

転封により常陸国江戸崎に入った蘆名盛重《もりしげ》の招請をうけ、同所の名刹不動院に住した。また、仙波無量寿寺の豪海僧正に師事し名を天海と改め、慶長四年（一五九九）には豪海の跡を継ぎ無量寿寺喜多院二十七代住職に就いたという。慶長十三年頃から比叡山で活躍し、それを契機に家康の信任を得て急速に天台宗内での地位を高めていった。

家康に信任された喜多院天海

家康と天海の関係が詳細にわかるようになるのは慶長十六年（一六一一）からで、家康の日々の行動を詳細に記した『駿府記』に天海の姿が頻繁に登場するようになる。同年十一月一日、天海は鷹狩りで川越に赴いた家康の御前《ごぜん》で寺領の寄進を約束された。翌十七年四月十九日、駿府の家康のもとを訪れた天海が仙波に赴くことを伝えると、家康は銀一〇枚を与え合わせて寺領三百石を永代に寄附した。先年十一月の約束が具体化されたのである。さらに、関東の天台宗僧侶たちに、天海に就いて学ぶように命じた。八月になると幕府の命をうけ、川越藩主酒井忠利が造営奉行となって喜多院堂宇の建設が始まり、同十八年に慈恵堂、同十九年は大堂と諸堂が建立されていった。いずれも八月に着工し、家康が鷹狩りで訪れる十一月に落成している。

天海が賛を書いた東照大権現（徳川家康）画像（川越市蔵）

こうして堂舎が整えられるなか、慶長十八年二月二十八日付で、喜多院に関東天台宗諸法度が下され、関東の天台宗寺院は比叡山延暦寺の支配から分立し、喜多院と天海を中心とした本末体制★が整えられることになった。この一連の動きのなかに、天海と喜多院を関東天台宗の要に据えようとする家康の意図が明確に示されている。このように天海が急激に頭角を現すようになるのは、この頃頻繁に行われた家康の御前論義でその学識を認められたためと考えられている。論義とは、ほんらい仏法の法門について論義門答をして優劣を競うものであるが、家康はそれを僧侶の人材登用に活用したという。この慶長十八年秋、家康は鷹狩りをしながら川越・忍・岩槻などの諸城を巡視した。十月二十日に江戸を発った家康は、二十三日から「川越御旅館（川越城のことか）」に滞在、十月二十九日には、仙波に赴き天海の論義を聴き、翌日忍に向かい、寺院での論義や代官の非法などを裁断しながら、岩槻・越谷と現在の埼玉県域を巡回し、十一月二十九日に江戸へ戻った。翌十二月一日、天海と仙波中院が家康の御前に呼ばれ法談★に時を移した。家康は上機嫌で、天海、即ち喜多院へ仙波近所で寺領五百石を寄進し、中院には黄金一〇枚を与えた。喜多院には、家康没後の元和六年（一六二〇）三月十五日付で、改めて秀忠から五百石の寄進状が出されている。

なお、『駿府記』には家康の川越・忍・岩槻訪問の記事が多数あるが、城または城主に言及した箇所はほとんどない。川越については、「川越」または「仙

▼本末体制
江戸幕府の寺院統制策で、各宗の本山を頂点としてピラミッド形に全寺院を統治する体制。

▼法談
仏法の要点を説く談話のこと。

波」が普通であるが、慶長十八年十月の記事には「川越御旅館」という表現がある。藤堂高虎が川越に参上し「川越御旅館に於いて密々に閑談」とあり、また仙波で天海の論義を聴いたのち家康が「川越御旅館」へ還御《かんぎょ》とある。この文脈では、家康の宿泊している場として「御旅館」と表現しているようにみえるが、「城」ではなく「御旅館」と表現したところには、街道筋に設置された将軍の御殿と同じような位置づけと考えることもできるであろう。

家康を東照大権現に祀る

家康は元和二年（一六一六）四月十七日に七五歳で病没した。その直前、四月四日付で金地院崇伝《こんちいんすうでん》が京都所司代《きょうとしょしだい》★板倉勝重《いたくらかつしげ》に宛てた書状によると、家康は枕辺に筆頭年寄の本多正純《ほんだまさずみ》、寺社行政担当の崇伝とともに天海を呼び、遺体は駿河国久能山《くのうざん》へ納め、葬礼は江戸増上寺《ぞうじょうじ》で執行し、三河の大樹寺《だいじゅじ》には位牌を立てること、一周忌が済んだら下野国日光山へ小堂を建て勧請すれば「八州之鎮守《はっしゅうのちんじゅ》」となるであろうと、後事《こうじ》を託したという。

五月になると、家康の神号を「大明神《だいみょうじん》」とするか「権現《ごんげん》」とするかが論議された。吉田家の唯一神道の立場に立つ神龍院梵舜《しんりゅういんぼんしゅん》は「大明神」を主張し、金地院崇伝もこれに賛成した。これに対し天海は天台宗の山王一実神道★の立場から

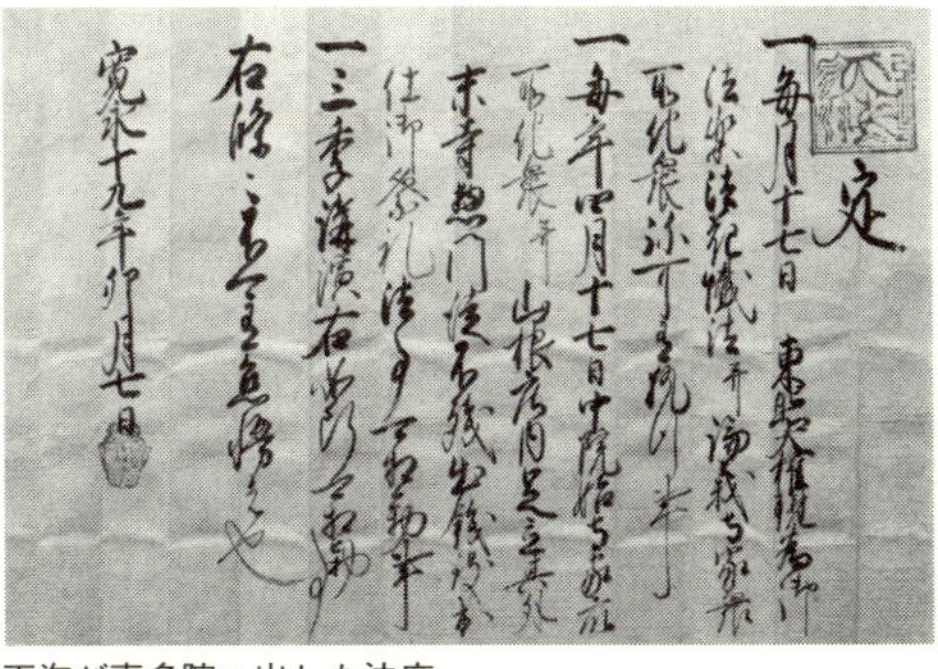

天海が喜多院へ出した法度
（喜多院蔵）

▼京都所司代
江戸幕府の職名。京都にあって朝廷・公家や西国大名の監視役で、京都・伏見・奈良の町奉行の監督も行った。畿内の訴訟受け付け、社寺の管轄など職務は多岐にわたった。

▼山王一実神道
天台宗で唱えられた神道説。比叡山の地主（じぬし）の神である日吉神を山王とする教義。日吉神道ともいう。

「権現」とすることを主張した。生前の家康が天台宗に帰依していたこと、さらには豊国大明神《とよくにだいみょうじん》の神号を付けた豊臣氏の末路に言及し「権現」に決まったという。九月になると、家康の遺言を実行に移すべく準備が進められ、天海は自ら日光山に赴き縄張《なわば》り★を行ない、社殿の建築が開始された。こうして元和三年三月十五日、家康の霊柩《れいきゅう》は天海をはじめ本多正純や松平正綱らの側近に付き従われ久能山を出立、東海道から武蔵国府中を経て、三月二十三日に川越仙波の喜多院に入った。二十五日には川越藩主酒井忠利の主催で衆僧を招いた論義があり、二十六日も終日法会《ほうえ》を行い、家康ゆかりの喜多院天海のもとに四泊した。三月二十七日に川越を出立した霊柩は、忍を経て四月四日に日光へ到着し、一周忌に当たる四月十七日に盛大な祭礼が執行された。

その後、寛永二年（一六二五）には江戸城東北の鬼門《きもん》にあたる上野忍ヶ丘に、天海が居住する寛永寺が落成し、喜多院に代わり関東天台宗寺院の中心となった。翌年には上野に東照宮も造営され、不忍池《しのばずのいけ》の中島には仙波から勧請《かんじょう》された弁財天《べんざいてん》が祀られたという。一方川越でも、この年、城内に鎮守三芳野天神★が落成し、天海により盛大な落成供養が営まれた。その様子は、華麗な「三芳野天神縁起絵巻」として描き留められている。さらに喜多院では、寛永九年に天海が先頭に立って山門を建設、翌十年には境内に仙波東照宮が勧請された。

こうして、川越仙波の地には、徳川家康、その帰依を得た天海、川越藩主酒井

▼縄張り
城や寺院を建てる際、実際の敷地に縄を張って位置を決めたことから生じた建築の用語。

▼三芳野天神
川越市廓町の三芳野神社。幕府編纂の地誌『新編武蔵風土記稿』では「天神社」と立項しているが、本文で「三芳野天神と号す」としているので、本書では原則として「三芳野天神」と表記する。

忠利らによって喜多院の伽藍や東照宮など華麗な建物が整備されたが、寛永十五年正月の大火によりすべて灰燼《かいじん》に帰してしまい、喜多院で焼け残ったのは山門のみという。この大火からの復興事業は、火災時の藩主堀田正盛《ほったまさもり》を奉行として実施された。その完成を見届けるかのように、天海は寛永二十年十月二日に死去、百八歳という驚異的な長寿であったという。日光山内大黒山の廟所に葬られ、三回忌に当たる正保二年（一六四五）には、喜多院に慈眼大師堂が建立され、堂中には生前に作製された天海の肖像彫刻が安置されている。

　幕府からみた喜多院の位置づけを象徴的に示しているのは、五百石の寺領の明細を示した正保元年十二月十七日付の配当目録であろう。冒頭に徳川家康を祀った東照大権現御供灯明料《とうみょうりょう》百石、喜多院領が二百二十石、中院以下二院七坊の分が合わせて百二十石、そのほかは年中の供養料である。この配当目録には大老・老中六名の連署がある。大老の酒井忠勝、老中の堀田正盛・松平信綱の三名は歴代の川越藩主であり、老中酒井忠清は上野国前橋藩主であるが曾祖父重忠は初代の川越藩主、阿部忠秋は忍藩主、阿部重次は岩槻藩主である。徳川将軍家と喜多院、そして歴代川越藩主の地位を如実《にょじつ》に示す文書であろう。その後、寛文元年（一六六一）には藩主松平信綱の斡旋で二百石が加増され、内訳は喜多院領五百石、東照宮領二百石に分けられ、小仙波村一村が寺領となった。

生前の姿を伝える木造天海僧正坐像（喜多院蔵）

⑧ 将軍家光の川越遊猟と「江戸図屏風」

「江戸図屏風」は、名実ともに将軍となった家光の御代始めを記念する作品とされる。六曲一双の大画面の四分の一を使って、川越城と周辺地域での遊猟が描かれる。「江戸図屏風」の製作依頼者は、諸説あるが将軍家光と親密な酒井忠勝は有力候補である。

「江戸図屏風」に描かれた鷹狩り

近世初頭、川越地方は将軍家の鷹狩りなどの遊猟場として大きな役割をもっていた。すでに、家康や秀忠時代の様子については、喜多院天海との関係で述べた。ここでは、三代将軍家光の遊猟と、それを絵画として表現した「江戸図屏風」について述べよう。この屏風は明暦三年（一六五七）の江戸の大火で焼失以前の江戸および近郊を描いた一双（一対）の屏風で、全体では縦一六二・五センチメートル、横七三二センチメートルの大画面である。その四分の一ほどを使って、御府内★の北辺から郊外にいたる川越城や鴻巣《こうのす》御殿★（鴻巣市）、そして将軍家光の好んだ猪《しし》狩りや鷹狩りの情景を詳しく描いている。

この「江戸図屏風」では、川越城は城の西よりの北側から見下ろしたような構

▼御府内
江戸町奉行所の支配地域を指す。品川大木戸、四谷大木戸、板橋、千住、本所、深川を境としていた。「御朱引の内」ともいう。

▼御殿
徳川将軍が旅行のときに宿泊する施設。鴻巣など武蔵国内は主として遊猟、東海道筋は上洛のために使用された。

▼こけら葺
檜、槇などの薄板を用いた屋根の葺き方。また、その屋根のこと。

▼望楼
物見櫓ともいう。遠見のための高い建物。

図になっている。中央に描かれているのが本丸で、主要な殿舎は入母屋《いりもや》造り、屋根はこけら葺★で棟の部分に瓦を載せて押さえている。この御殿が『駿府記』などにみえる、徳川家康の泊まった「川越御旅館」であろうか。右手奥の、梯子《はしご》をかけて出入りする簡単な望楼★は、富士見櫓の位置に当たる。左手は城の鎮守三芳野天神の境内となっていて、簡素な社殿がみえる。本丸の周囲は水濠をめぐらすが、石垣はなく土塁だけで、その上に土塀が続く。この濠を渡った手前に、二ノ丸の一部が描かれている。数棟みえる建物のうち、手前濠端の二層の建物は虎櫓の位置に当たる。二ノ丸の右手、濠を隔てて金雲のなかにわずかに屋根がみえるのが三ノ丸と推測されている。川越城は、寛永十五年（一六三八）の大火後に入封した松平信綱によって整備・拡充されたが、この屏風に描かれているのはそれ以前の状態と考えられている。なお、川越城内の「御旅館」は、家光生誕のときに造営された御殿を引き移したもので、寛永十五年の大火後に喜多院へ下賜され客殿となった、という説もある（『新編武蔵風土記稿』）。喜多院の客殿は「星野山御建立記」が記す江戸城紅葉山《もみじやま》からの移築が通説であるが、もし前述の説が成立すれば、「江戸図屏風」に描かれた本丸御殿の遺構という可能性もでてくる。

城内には多数の武士が行き交《か》っている。本丸の御殿の庭には、鷹を据えた鷹《たか》匠《じょう》が二人向き合って何か打ち合わせでもしており、厩舎《うまや》では馬に飼葉《かいば》を与えている。二の丸へ続く橋の上には、青竹にさした鳥を担いで本丸へ向かう人足がみ

「江戸図屏風」に描かれた川越城
（国立歴史民俗博物館蔵）

本丸の御殿
（同前）

える。鷹狩りの獲物であろう。要するに「江戸図屏風」の川越城の描写は、鷹狩りの光景なのである。城の右手には、金雲★を隔てて、原野での猪狩りの様子が描かれる。「洲渡谷《すどのや》御猪狩」と貼紙がある。騎馬の武士や鉄砲を構える足軽《あしがる》、そして多数の勢子《せこ》★人足が取り囲むなか、追い込まれた猪を追う唐犬★、一段高い堤上には、赤い日傘で顔を隠した人物がみえる。これが将軍家光である。高貴な人物の顔は描かない、というのがこうした絵画での約束事になっている。「洲渡谷」とは、のちの須戸野谷新田《すどのやしんでん》（吉見町）と推定される。この地は、家康が鹿狩りをしたという伝承もあり、『徳川実紀《とくがわじっき》』にも寛永三年二月八日に家光が「川越すもの谷」で鹿狩りを行うとあり、同一の場所と考えられる。

家光が川越へ初めて御成《おなり》になったのは元和四年（一六一八）十二月、十五歳のときであった。ときの川越藩主酒井忠利は、家光付の年寄であった。ついで、元和八年七月から八月にかけて一カ月にわたり川越に滞在している。これは江戸城本丸の普請《ふしん》が始まったので、西《にし》ノ丸《まる》を将軍秀忠に明け渡し、家光は川越で過ごしたものと考えられている。家光の川越滞在期間は、「三芳野天神縁起」では六月上旬から八月下旬までの二カ月余とする。そののちも諸書に家光の川越行のことがみえ、寛永二年から同八年まで、毎年のように二月頃に半月近く滞在している。川越城を拠点に、近在の野で鷹狩りや猪狩り、三保谷《みほや》（川島町）養竹院で観桜、鴻巣御殿に移り再び鷹狩りや猪狩りを楽しむというのが、ほぼ決まったコー

▼金雲
屏風絵などで画面を区切るために描く金色の雲。

▼勢子
狩場などで獲物を駆り立てる役目の人。

▼唐犬
大名たちが主に狩猟用に飼っていた舶来犬。

洲渡谷での猪狩
（同前）

スであった。養竹院は、太田道灌の陣所跡に、その追善のために建てられた臨済宗の古刹である。『新編武蔵風土記稿』には、家光が観桜したと伝える枝垂れ桜が本堂前に描かれ、桜花を詠んだ家光の短冊も現存する。

「江戸図屛風」に描かれた光景は何年のものか。「すもの谷」という地名からは、前述した寛永三年二月とも考えられるが、『徳川実紀』の記述が簡単で比較できない。それよりは、のちに忍藩主となる阿部家の記録『公余録』に、「江戸図屛風」の洲渡谷猪狩の光景を彷彿とさせる記述があるのが注目される。阿部忠秋《ただあき》の家臣平田重政の日記を出典とし、寛永七年（実は八年）二月中旬、家光が川越と鴻巣で猪狩りを行い、それを上覧している様子や勢子人足の動きが克明に描かれている。特に川越の芦野を勢子が取り囲む様子や、鴻巣の狩りで大猪に唐犬が追い食いつくさまなどは、臨場感のある描写となっている。おそらくこうした随行者の記録やときにはスケッチなどをもとに、「江戸図屛風」の家光の事績は描かれたのであろう。

この洲渡谷の場面は、「江戸図屛風」全体の構図で見ると、左隻《させき》の江戸城に対応した位置にあり、この二箇所だけ金雲が大きく晴れている、という指摘もある。家光にとって重要なものを示しているのであろう。

猪狩りで画面に生彩を与えている唐犬とは西洋犬のことで、『徳川実紀』によると、寛永七年二月、川越に向かう家光に、水戸の徳川頼房《よりふさ》★から松平信綱を介し

洲渡谷猪狩の仮屋で宴会の準備
（同前）

猪狩りを見る将軍家光
（同前）

▼徳川頼房
徳川家康の末子。水戸藩の初代藩主。

て唐犬二頭が献じられている。また、『榎本弥左衛門覚書』でも同年のこととして、家光が鹿狩りに唐犬を多数連れてきて、朝夕高沢川端で川に入れ、また町中を通行したので、人々は食いつかれないよう避けて通った、という思い出が記されている。猪狩りに続くのは仮屋の光景で、その前には下賜《かし》★用とみられる獲物が並べられる。一方、幔幕《まんまく》のなかでは宴会の準備が進められているが、料理されているのは狩猟の獲物ではなく魚である。描写は魚の種類がわかるほど克明で、鯉と鯛と青魚であるという。

　洲渡谷の猪狩りに続いて、鴻巣御殿と鴻巣御鷹野の場面となる。鴻巣の地は、川越・忍・岩槻など江戸城防備の拠点を結ぶ中山道の要地で、文禄二年（一五九三）に将軍の宿泊用の御殿が造られている。この屏風では、中山道を挟《はさ》んで両側に家並が描かれ、その中央裏手に御殿の建物がみえる。この図も将軍家光の鷹狩りの様子を描いたもので、街道沿いの町家には付き従ってきた大名たちの幔幕が張られ、路上には獲物をかついだ者が御殿に向かい、せわしなく行き交う武士の姿もみられる。鷹狩り中は側近大名たちが頻繁に江戸との間を往復し、連絡用務だけでなく、鷹狩りの獲物が江戸の関係者に届けられていた。鴻巣御殿の建造物については、廃止直前の十七世紀末頃と推定される「鴻巣御殿目録」が現存し、その詳細がわかる。

鴻巣御殿（右上）と鷹狩りの行列（左下）（同前）

▼下賜
狩りの獲物は将軍から大名や家臣に分け与えられることがあり、名誉なこととされた。

「川狩り」と酒井忠利書状

再び城に戻って左側に眼をやると、当時流行していた竹刀を使った武術競技のひとつ鞭打《むちうち》が描かれ、ここにも赤い日傘で顔を隠す家光がいる。一方、右上方は川狩り（漁猟）と仮屋で、宴会を準備する様子が描かれている。この水辺は、位置からすると伊佐沼《いさぬま》であろうか。そのほとりにある薬師堂は、酒井忠利が大檀那★となり元和九年（一六二三）一月八日に建立したものである。ここは、川越八景のひとつとされ蓮見や月見で賑わい、伊佐沼は鯉や鮒の漁猟でも有名である。

鯉に関連しては興味深い書状が酒井家に保存されている。川越にいる忠利が江戸の息子忠勝へ宛てた二月二十三日付のもので、元和九年と推定されている。薬師堂の建立からわずか一《ひと》月半ほどあとのものになる。内容は、「砂之池」の鯉を送るので、将軍をはじめ要路に贈答するよう命じたものである。「上様（徳川秀忠）・大納言《だいなごん》様（徳川家光）・宰相《さいしょう》様（徳川忠長）其他大名衆」へは、忠勝自身で見分けて大きな鯉を選び、立派な台を誂《あつら》えて至急贈答すること、幕閣の「大炊《おおい》殿（土井利勝）・雅楽《うた》殿（酒井忠世）・右近《うこん》殿（永井直勝）」などには「中之鯉」を贈ることなどを命じている。この指示の眼目は、正式に家光付年寄となった息子忠勝に、贈答という行為を通して、将軍家や幕閣との付き合い方を伝授したのであろ

▼**大檀那**　寺の有力な檀家のこと。また多くの布施をする人。

川越での川狩り（同前）

う。書状の冒頭にある「砂之池」とは、川越城の南、新河岸川流域の砂村辺りであろうか。この付近には、後年開発されて扇河岸となる丸池などの池沼がたくさんあった。鯉が川越の特産として幕府中枢の人々に贈られていたのである。

因みに、鯉は将軍や大名たちの食する高級魚で、酒井忠勝の事績を集めた『仰景録』によると、若狭《わかさ》一国を与えられたときの忠勝の喜びようをみた将軍家光は、鯉の吸物を一切れいただいたときのようだ、と評したという。

「江戸図屏風」の制作依頼者は誰か

では、なぜ「江戸図屏風」に北武蔵の一隅、川越から鴻巣にかけての地域が詳細に描かれたのであろうか。その疑問を解くには、この屏風の性格を理解する必要がある。この屏風に描かれた内容と時期については、つぎのように考えられている。描かれた内容は、たんなる江戸および近郊図ではなく、家光が元和九年（一六二三）に将軍に就き、大御所秀忠の死を経て、寛永十一年（一六三四）一月にその三回忌を済ませ、名実ともに将軍となるまでの事績を描き、御代《ごだい》★始めを記念するものである。描かれた景観の年代は、建造物の詳細な検討の結果、寛永十年十二月から翌十一年二月までの間とされている。さらに、制作依頼者は松平信綱で、時期は寛永十一年から十二年六月二日の間という説も出されている。

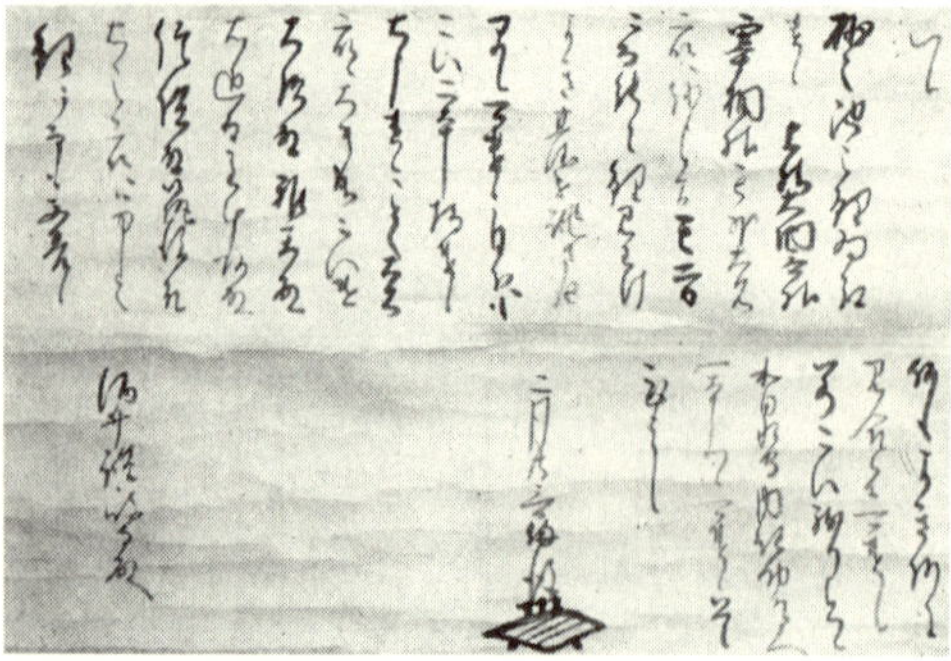
将軍などへ鯉の贈呈を命じた酒井忠利書状
（小浜市立図書館蔵酒井家文庫）

▼御代
治世のこと。ほんらいは天皇の在位期間を指す。御世と同じ。

対象とされる期間は、家光が毎年二月に川越城を拠点に鷹狩りや猪狩りを楽しんでいた年代とほぼ一致する。そして、屏風のなかで家光の事績が寛永十一年で止まってしまうのは、家光の御代始めを記念するため、と理解されてきた。果たして、それだけであろうか。この屏風の制作を依頼した人物には何も契機はなかったのか。江戸城と城下の繁栄が将軍家光を象徴するなら、この屏風の四分の一を占める川越を中心とする狩猟の場面は、制作依頼者を象徴するのではないか。

寛永十一年という年は、ちょうど酒井忠勝が父忠利以来の川越の地を離れ、若狭国小浜で国持《くにもち》大名として新たな出発をしたときである。この屏風の制作依頼者を酒井忠勝に比定する考えは、川越城が描かれていること、仮屋の幔幕の紋が酒井家の剣酢漿《けんかたばみ》に類似すること、家光との信頼関係などを根拠に、これまでも提出されていたが、いずれも状況証拠の感が深かった。近年、逆さの剣酢漿紋については、酒井忠利・忠勝の時代に酒井家で使用されていた実例が、地元の福井県立若狭歴史博物館の展示で紹介されている。

将軍家光書状にみる忠勝

忠勝は元和六年（一六二〇）に次期将軍となる家光に附属され、慶安四年（一六五一）に家光が死去するまで、老中そして大老として三十一年間にわたり補佐し

剣酢漿紋

仮屋の幔幕に描かれた逆さの剣酢漿紋（「江戸図屏風」洲渡谷猪狩仮屋より）

てきた。家光は、十七歳年上の忠勝を深く信頼し、自らの心境を綴った自筆の書状を送っている。その一通は、忠勝の川越時代、寛永十年（一六三三）と推定される十一月二十五日付のものである。内容は、風邪をこじらせようやく回復した家光が、その間の忠勝の心底からの思い入れを謝し、これからも何事につけ遠慮なく意見を述べるように伝えたものである。

もう一通、寛永十八年と推定される七月五日付の書状では、祖父家康の幕府創業からの歴史に思いを巡らし、そのなかで忠勝が部屋住《へやずみ》★の時代から真摯に家光に仕えてきたことを賞し、将軍となった家光が忠勝の官位を上げ、若狭一国の支配をも任せたことをふり返る。こうした長期にわたる君臣関係を踏まえ、これから若い家臣が出てきても忠勝に対する信頼は変わらないので、率直に意見を申し出るように求めている。松平信綱や堀田正盛《まさもり》など若手の台頭のなかで、老臣に対する信頼を改めて確認したのであろう。

この二通の書状には、家光のそうした思いが遺憾なく表現されて、しかもその感情が忠勝の川越時代に形成されていたことも窺えるのである。寛永十四年以降、頻繁に行われた江戸牛込の酒井忠勝の下屋敷へ家光の御成の場で、「江戸図屏風」を前に、お互いの半生をふり返り、新たな出発を言祝《ことほ》ぐ様子を想いうかべることもできそうである。

▼部屋住
家督を相続する前の嫡男や、次男以下の男子で分家や独立をせず親や兄の家に世話になっている者のこと。

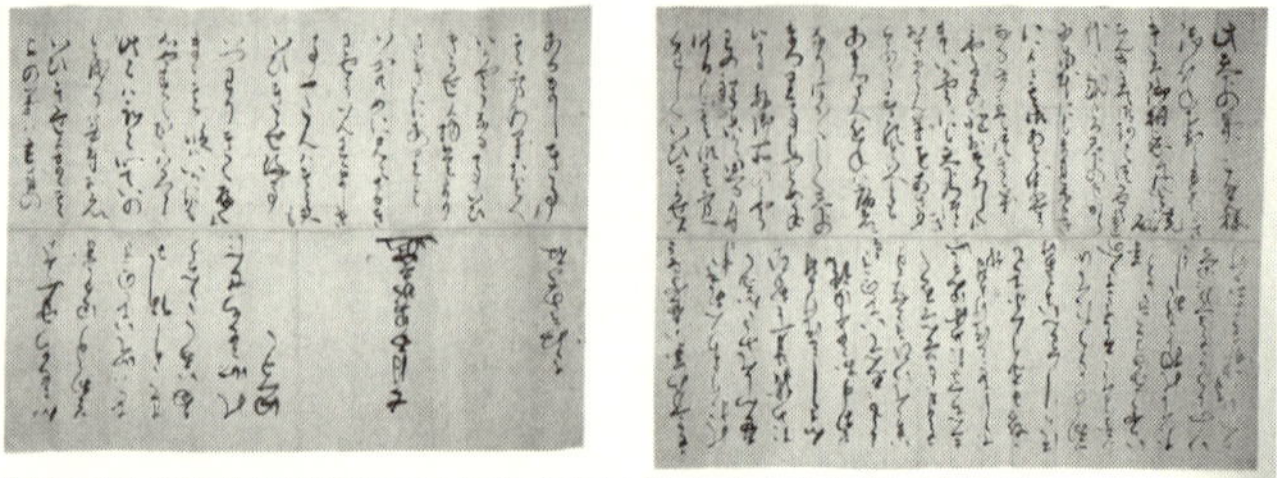

将軍家光が酒井忠勝に宛てた寛永18年と推定される自筆の御内書
（東京大学史料編纂蔵）

第二章 松平信綱の藩政

寛永の大火から復興し、川越城下と藩政の骨格を形成。

① 堀田正盛と寛永大火

老中堀田正盛の藩政は、わずか三年で終わってしまった。
寛永十五年一月の大火で、戦国時代以来の川越城下は一変することとなった。
東照宮や喜多院の復興は、堀田正盛を奉行として幕府直轄で進められた。

老中堀田正盛の入封

酒井忠勝のあとは、寛永十一年（一六三四）閏《うるう》七月に陸奥《むつ》国相馬藩主の相馬《そうま》義《よし》胤《たね》が城番《じょうばん》を務めた。義胤は閏七月二十九日に鉄砲一〇〇挺、弓三〇張、鑓三〇〇挺などの装備で江戸を出立、八月一日に川越城を受け取り、翌年三月七日に幕府目付を通し堀田正盛に引き渡すまで、約七カ月にわたり川越城を管理した。この間、義胤は、川越城の城門が堅固《けんご》であることに感心し、その図を作成して相馬に持ち帰り、それを参考に城門を改造したと伝えられている。

このような経過を経て、寛永十二年三月、老中の堀田正盛が二万石の加増をうけ三万五千石で川越に入封した。堀田正盛の母方の祖父稲葉正成《いなばまさなり》は、のちに将軍家光の乳母となる春日局《かすがのつぼね》を後《のち》添えとしており、その縁故もあり正盛は一代で大

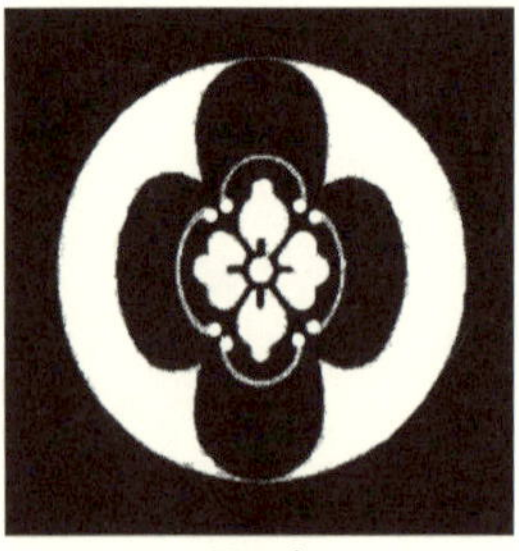

堀田家
堀田木瓜紋

名に取りたてられたのである。元和六年（一六二〇）に十三歳で家光の近習《きんじゅう》となり、先輩に松平信綱や阿部忠秋がいた。寛永三年に上野国《こうずけ》などで一万石を知行、寛永十年三月に信綱や忠秋とともにのちの若年寄《わかどしより》にあたる「六人衆」、同年五月には老中《ろうじゅう》に相当する「年寄並《としよりなみ》」となり幕政に本格的にかかわるようになっていた。因みに、松平信綱は寛永十年五月に忍で三万石、阿部忠秋は寛永十二年六月に下《しも》野《つけ》国壬生《みぶ》（栃木県壬生町）で二万五千石とそれぞれ城持となり、徳川氏が新たに取りたてた大名が関東の諸城を守る体制がつくられてきた。また、正盛の妻は酒井忠勝の娘で、そんな点からも川越藩とは浅からざる縁があった。

　川越に入封した堀田家では、領地が一挙に二倍以上、しかも初めての城持大名となったので、軍役の増加はもちろん、家政や領内統治のため家臣団の拡充と組織の整備が急務となった。そのため牢人からの取りたても積極的に行われ、川越入封から三カ月、寛永十二年六月には、土佐国長曾我部《ちょうそかべ》氏の旧臣香宗我部《こうそかべ》貞親《さだちか》を一千石で召し抱えている。さらに貞親を介し、同じ長曾我部旧臣で土佐藩に仕官している能勢惣兵衛にも堀田家への仕官替えを勧めており、引き抜きのような強引な手法を含め、家臣団の充実が図られていたことも明らかにされている。

　正盛の川越在城はわずか三年に過ぎず、これといった施政上の事績も記録されていない。ただ、正盛は和歌を好んだといい、寛永十二年八月朔日《ついたち》、川越城の鎮守三芳野天神の別当高松院で、「初雁《はつかり》」の題で詠んだ短冊が『武蔵三芳野名勝図

「江戸図屏風」に描かれた堀田正盛時代の三芳野天神（国立歴史民俗博物館蔵）

会』に収録されている。さらに、信濃国《しなの》（長野県）松本に転封される寛永十五年三月には、同じく高松院に田地を寄進している。このとき、堀田正信（正盛の長男）は文台《ぶんだい》★、家臣の植松庄左衛門は天神御影★、同潮田儀太夫は連歌《れんが》や俳諧の座で使う「一順箱」、同岡庄右衛門は蒔絵硯箱を寄進している。家臣を含め、文事には明るかったようである。

堀田家時代に起きた大きな事件としては、寛永十五年一月二十八日朝から翌日にかけて城下の大火があった。城下町本町の商人榎本弥左衛門の回想によると、当日は折から北風が強く、風上にあたる喜多町の木挽き喜右衛門方から出火、城と城下町ともに三分の一を焼失した、という。このとき十四歳の弥左衛門は、持ち出した長持の上に抜き身の鑓を持って防護し、盗人を追い払い一人前の働きをしたと誇らしげに語っている。また後世の記録であるが、喜多町の名主水村家の「万日記」によると、喜多町から出火し、江戸町を焼き払った火は上松江町境でいったんは鎮火した。しかし、午後になって氷川社隣の樹木畑南の侍屋敷から再燃し、城中から久保町筋を焼き、仙波東照宮や喜多院も焼失した。

喜多院や東照宮の復興

この大火からほどなく、寛永十五年（一六三八）三月八日、堀田正盛は信濃国

▼文台
和歌、連歌、俳諧の会で詩歌の短冊を載せる小机のこと。

▼天神御影
菅原道真の姿を描いた学問のお守り。

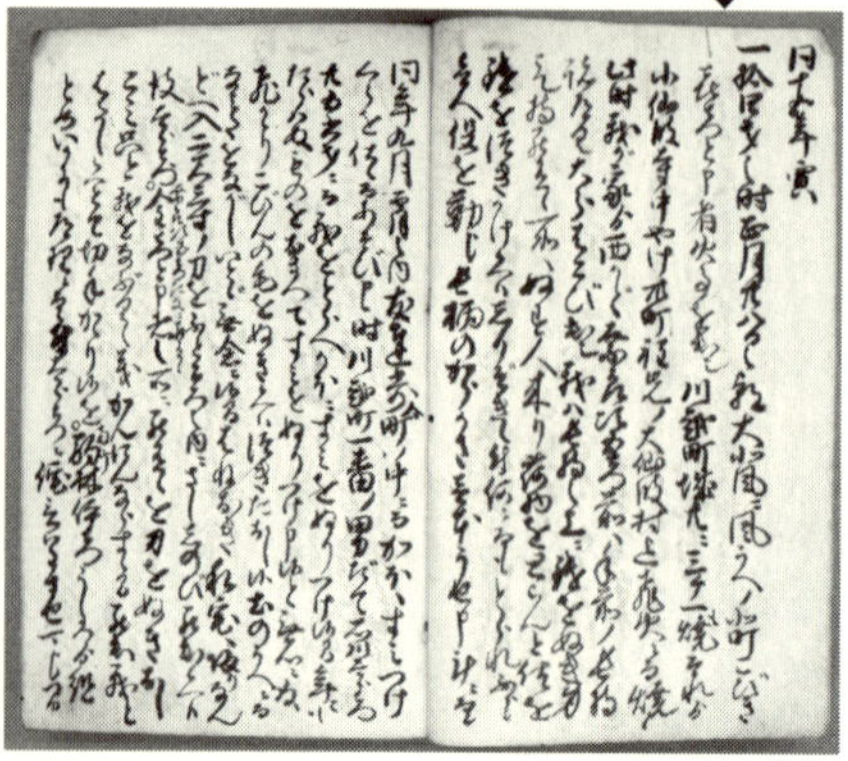
寛永大火の記事
（『榎本弥左衛門覚書』より・個人蔵）

松本へ十万石で転封となった。この転封は大火の責任をとった、という説もあるが、破格の六万五千石の加増であった。しかし、これで正盛と川越の縁が切れたわけではなかった。焼失した東照宮や喜多院の復興は、将軍家光の命により寛永十五年七月から開始され、その奉行に堀田正盛が命じられたのである。東照宮は幕府作事方《さくじかた》★の大工木原義久が工事にあたり、同年十二月までに竣工した。その間、同年九月十七日に正盛が東照宮に寄進した石鳥居が現存している。一方、喜多院の大堂は同年九月に着工し、十一月に竣工、客殿と庫裏《くり》は同年に江戸城紅葉山から移築している（『星野山御建立記』）。これは天海《てんかい》の願いにより家光が与えたもので、客殿には「家光の誕生の間」、翌十六年に移設した書院には「春日局の控えの間」と伝える部屋もある。この年には慈恵堂も再建された。これら再建の諸堂舎のほかに、前々藩主で幕府大老《たいろう》の酒井忠勝が多宝塔《たほうとう》を新たに造営し、寛永十六年二月に竣工した。多宝塔は古墳の墳丘を利用して建てられたので、工事の際に勾玉《まがたま》や剣などが出土し、これらは天海の添書とともに現存する。

東照宮や喜多院などは、こうして堀田正盛や酒井忠勝、そして再建途上の寛永十六年一月に入封した松平信綱など、幕閣の中枢をになう人物により復興され、その後も幕府により直接維持されることになった。これらの堂舎は、江戸城内から移築されたり幕府作事方の大工の手になるもので、当代を代表する壮麗な建造物として国や県の文化財に指定されている。とりわけ、東照宮の拝殿に掲げられ

現在の東照宮本殿

堀田正盛が奉納した石鳥居の銘文

▼作事方
建築・土木にかかわる役人。

た三十六歌仙絵額には、寛永十七年六月十七日の年紀と「岩佐又兵衛勝以《かつもち》」の署名があり、浮世絵の創始者ともいわれる又兵衛の唯一制作年の判明している作品で、国の重要文化財に指定されている。この絵額の制作については、東照宮の造営にあたった大工木原義久が岩佐又兵衛に宛てた、寛永十六年と推定される八月七日付の書状も残されている。それによると、大僧正様すなわち天海に暇ができ次第遷宮の儀式を行うので、「仙波歌仙」の制作を急ぐよう督促していたことがわかる。東照宮の棟札《むなふだ》★の年紀も絵額と同じ寛永十七年六月十七日で、天海が落成の導師を勤めたことが判明する。着工から二年、すべての工事が完了したのであろう。また、東照宮の幣殿に掲げる鷹絵額は狩野探幽《かのうたんゆう》筆とも伝えるが、寛永十四年九月十七日に岩槻藩主阿部重次が奉納した旨の銘文がある。とすると、これは大火以前に奉納されたことになるが、この日付は江戸城二の丸東照宮の創建日にあたる。二の丸の東照宮は、承応三年（一六五四）九月に江戸城紅葉山の東照宮に合祀《ごうし》され、その空宮を当時の川越藩主松平信綱が拝領して「仙波」に移築しているので、鷹絵額の存在もそれに関連したものであろう。

　こうして、川越の地には近世初期の豪華な江戸文化を伝える建造物や絵画などの美術品が数多く保存されることになったのである。

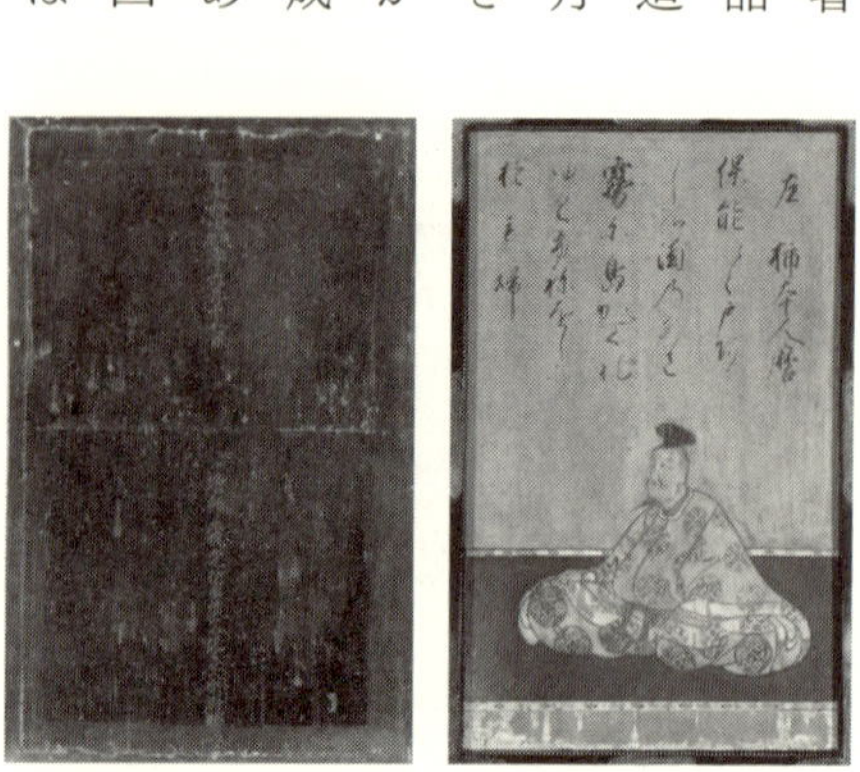

岩佐又兵衛の描いた「三十六歌仙額」のうち
柿本人麿とその裏面の署名（仙波東照宮蔵）

▼棟札
建物の棟（むね）上げの際、年月日や建築にかかわった者の名前などを記して棟木に打ちつける木札のこと。

◆2

松平信綱の入封と城下の復興

「智恵伊豆」と呼ばれた松平信綱は、代官の子どもから一代で大名になった。幕府の老中として島原の乱を鎮圧し、その功績をもって川越に入封した。川越城や城下町を拡張・整備して、その後の川越藩の基礎を確立した。

代官の子から大名へ

松平信綱は代官《だいかん》の子どもから一代で大名へ、破格の出世をした武士である。慶長元年（一五九六）、幕府代官の大河内久綱《おおこうちひさつな》の長男として生まれた。生地は川越城下代官町という伝承もあるが、父久綱は代官頭伊奈忠次に属したので、その陣屋があった足立郡伊奈小室（伊奈町）付近といわれ、その地の氷川神社には信綱奉納と伝える短刀なども伝存している。また、祖父秀綱が天正十八年（一五九〇）の関東入国とともに高麗郡のうちで七百十石余の領地を与えられているので、ここに比定する説もある。いずれにしても、信綱は埼玉という土地に極めて密着した大名といえる。

信綱の大名への道は、六歳の時に叔父の松平正綱★の養子となることで始まる。

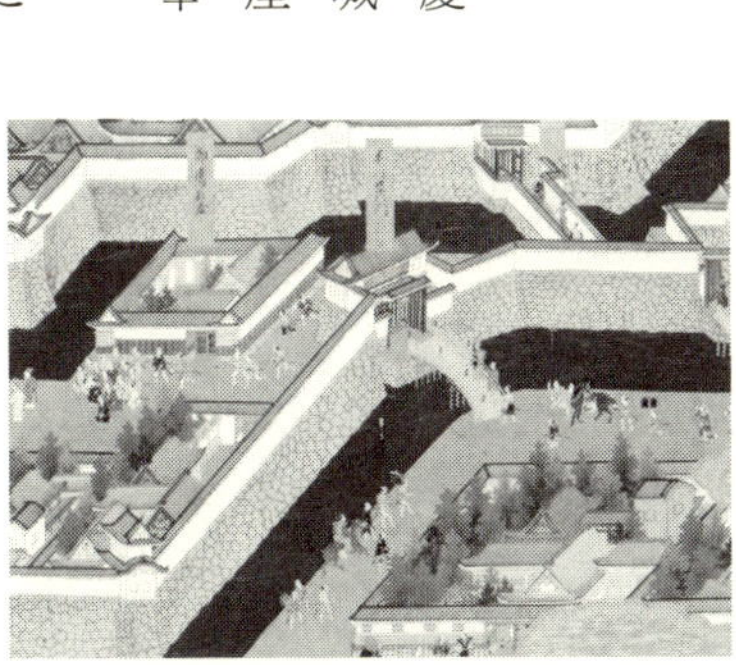

「江戸図屛風」に描かれた松平信綱の屋敷
（国立歴史民俗博物館蔵）

▼松平正綱
代官大河内秀綱の二男であるが、家康の命で長沢松平家の養子となる。家康の近習出頭人として出世し、寛永二年、相模国甘縄に二万二千石を賜った。

正綱は家康の側近として永く勘定頭《かんじょうがしら》を務めその信任が厚く、十八松平★のひとつ長沢家を継いでいた。信綱の養子縁組については有名な逸話がある。幼少の信綱は、代官の子どものままでは将軍のお側に勤めることもできないと考え、叔父正綱への養子を願い出て実現したという。そのかいがあってか、慶長九年、将軍秀忠に世継ぎの家光が生まれると、すぐに附属の小姓《こしょう》となる。元和六年（一六二〇）二十五歳のときに初めて五百石の知行を与えられ、寛永四年（一六二七）には一万石の大名格となる。この間、元和九年に家光の小姓組番頭《こしょうぐみばんがしら》になり家光上洛に供奉、伊豆守《いずのかみ》に叙任された。

信綱は早くから才気煥発で、数々の異才を発揮し「知恵伊豆」と呼ばれた。信綱に関するそうした逸話は、『信綱記』や『事語継志録』などに夥《おびただ》しい数が収録されている。その大きな特色は、数にかかわるものが多く、知恵というよりは、機転、頓知に近いものもあり、理財に明るい代官の息子の面目躍如たるところがある。将軍家光の側近として勢力を伸ばし、寛永十年三月に「六人衆」（のちの若年寄）になり、同年五月には老中に昇進して、武蔵国忍城で三万石を拝領、初めて城持大名となった。

島原の乱を鎮圧し川越へ入封

大河内松平家
伊豆蝶紋

▼十八松平
三河国の松平一族の有力十八家のこと。十五世紀の松平信光から家康の時代までに形成された。本拠とした地名から、岩津、竹谷、形原、大草、五井、深溝、能見、長沢、大給、宮石、滝脇、福釜、桜井、東条、藤井、三木の十六家と、未詳の鵜殿、押鴨がある。

信綱の名前を歴史に大きく残したのは、寛永十四年（一六三七）十月に蜂起した島原の乱を鎮圧したことである。幕府は最初、板倉重昌《しげまさ》と石谷貞清《いしがいさだきよ》★を派遣し九州の諸大名とともに鎮圧にあたったが、さらに十一月、老中の信綱と美濃国大垣藩主戸田氏鉄《とだうじかね》を将軍の上使として派遣することを決定した。この時点での役目は戦後処理にあったようであるが、信綱らが島原に着く直前、板倉重昌が戦死する事態になり、急遽幕府軍の指揮を執ることになった。信綱は一揆勢の立て籠もる原城を包囲して持久戦に持ち込み、翌年二月二十八日、ついに落城させた。その後、国内ではこうした本格的な武力衝突は明治維新の戊辰《ぼしん》戦争まで起こっていない。初めての実践を持ち前の知略で確実にこなした信綱は、九州での一連の戦後処理を済まし、五月に江戸へ戻った。この戦陣には息子の輝綱が同行し、『嶋原天草日記』を残している。

こうして再び老中と忍藩主としての日々が始まり、寛永十五年十一月には酒井忠勝らが大老となり、信綱も老中筆頭に昇格する。翌十六年一月五日、これまでの倍、六万石で川越を与えられたのは、島原の乱鎮圧の功績といわれた。川越城と城下町は、ちょうど信綱がこの一揆と対峙していた頃、折柄の大火で焼失し、当時の藩主堀田正盛は信濃国（長野県）松本へ転封となった。川越城はその後、常陸国下館藩主水谷勝隆《みずのやかつたか》の番城となっていたが、実質的には幕府の手により復興が進められていたようである。新たに入封した信綱は、さらに城の拡張や

▼板倉重昌と石谷貞清
板倉は三河国深溝藩主で、一揆鎮圧にあたっていた九州諸藩を督励する上使として派遣された。石谷は旗本。当時は目付職であった。

城下町の整備を行い、その後の川越発展の基礎を築いたのである。

島原の乱鎮圧から一年近く経っての川越入封であったが、その印象は強烈であったのか、川越にもキリシタン関連の伝承がいくつか残っている。後世の地誌『川越索麪《そうめん》』によると、城下の中原町に「切支丹《キリシタン》屋敷」と呼ばれる屋敷があり、島原の切支丹囚人が置かれたところと伝えている。ここで囚人の番にあたった者が親切にいたわったので、お礼に「難産安胎」の術を教えられたいう伝承も載せる。また、城の鎮守三芳野天神には、信綱が島原から持ち帰ったと伝える異国風の奉納物が二〇点ほどある。

その後、正保四年（一六四七）に、埼玉郡騎西《きさい》領と羽生《はにゅう》領、および常陸国新治《にいはり》郡府中領のうちで都合一万五千石を加増され、これまでの入間・高麗・比企三郡の川越城付地と合わせて七万五千石となった。以後、武蔵国内の領地の多くは歴代の川越藩主に引き継がれていくことになる。

この前後の信綱には身内の不幸が続き、正保三年四月に実父の大河内久綱が、続いて慶安元年（一六四八）六月に養父の松平正綱が相ついで死去した。そして、慶安四年四月二十日、これまで信綱を引き立ててきた将軍家光が死去した。堀田正盛や阿部重次などの側近が殉死したが、同じく家光の寵臣である酒井忠勝や松平信綱、阿部忠秋らは、幼少の将軍家綱を補佐するとして職に留まった。とりわけ信綱に対する風当たりは強かったようで、その行動を揶揄《やゆ》する落首《らくしゅ》も残されて

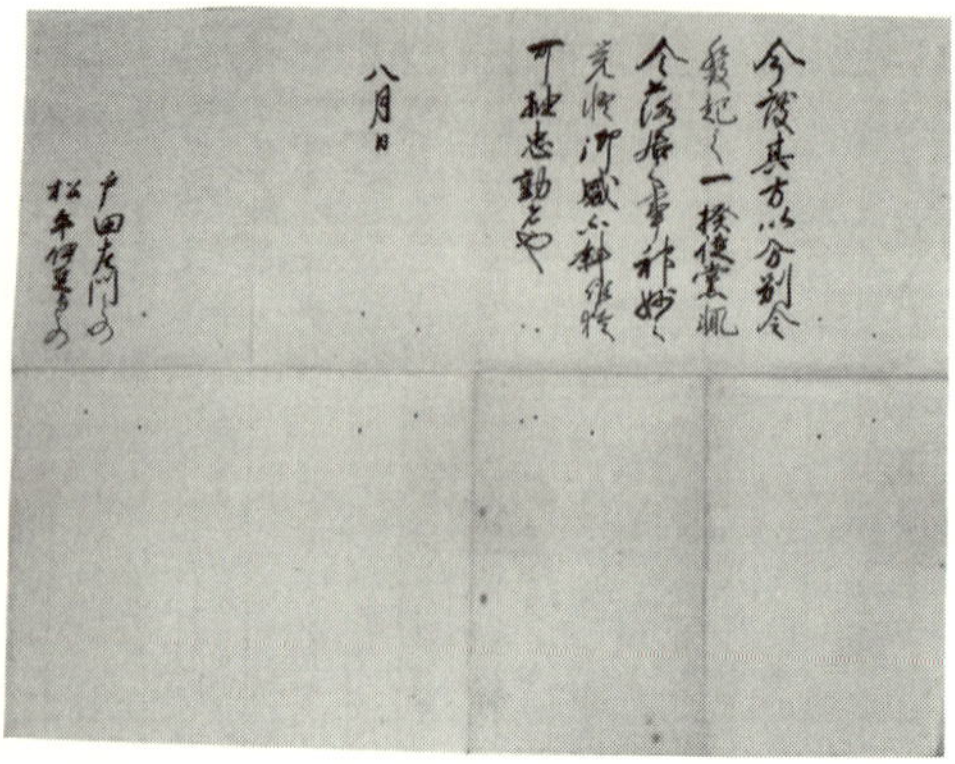

島原の乱の鎮圧を賞した将軍家光の感状写（個人蔵）

いる。

この政治的空白をねらったかのように、同年七月、由井《ゆい》正雪《しょうせつ》ら牢人による反乱計画が発覚（慶安事件）した。露見のきっかけとなったのは信綱の家臣奥村時澄らの密告であり、正雪の一味が処刑された日、川越城下の広済寺で丸橋忠弥《まるはしちゅうや》の同類とされる牢人が腹を切ったことが『榎本弥左衛門覚書』にみえる。戦乱から平和の世に移り、旧豊臣系大名の取り潰しなどで急増した牢人は、新たな社会不安を醸成していた。信綱は老中首座として、また開明派武士の代表として、牢人対策にあたっていた。

こうした政治的な活動の傍ら、次項以下で詳述するように、農事や災害対策にこと細かな指示を与え、藩政の確立に尽くしている。その間、明暦三年（一六五七）一月の江戸大火では、信綱の居邸・別邸ともに延焼するが、復興対策を取り仕切った。こうして幕政や藩政に数々の事績を残した信綱は、寛文二年（一六六二）三月十六日、老中在職のまま六十七歳で没し、岩槻の平林寺に葬られた。遺言により、在職中に将軍から拝領した書状はすべて焼却し、納棺されたという。翌年、平林寺は信綱が開発した野火止《のびどめ》（新座市）に移された。信綱が川越藩主として藩政に尽力した二十年余は、全国的にも藩政の確立期にあたり、また信綱の優れた手腕もあり、その後の川越藩二〇〇年の基礎を築いた。そうした意味で、信綱は川越藩の「藩祖」とでもいうべき人物であろう。

信綱一族の廟所がある平林寺境内の上卯塔
（『新編武蔵風土紀稿』より・国立公文書館蔵）

野火止平林寺にある松平信綱墓
（『智恵伊豆　信綱』より）

城の修築と城下町の整備

信綱の施策のうちまず言及しなければならないのは、城と城下町の復興である。寛永十五年（一六三八）の大火前の川越城は、「江戸図屏風」にみられるように、本丸や二ノ丸・三ノ丸などからなる、かなり小規模な城であった。信綱は、新たに城の北側に新曲輪《しんぐるわ》、西側に外曲輪（追手曲輪）、東側に田曲輪を増設し、城下町へ拡がる西大手や武家地へ繋がる南大手の構えも整備した。これらの工事については、断片的ながら記録や伝承が残されている。本町の町人榎本弥左衛門は、承応二年（一六五三）の六・七月頃に城の大手門ができあがり、その前年に城をとりまく「土手」（土塁）が築かれた、と記録している。また、「喜多町名主控帳」には、同年江戸町の裏通りの屋敷地が堀になったという記録もある。川越城には石垣がなかったので、城の周囲に土塁が築かれたということは、すでに内部の曲輪の造成などは完成していたのであろう。

一方、新曲輪の造成にともない杉下村にあった蓮馨寺の寺領が接収され、南門前や久保町などに替地が与えられたこと、竪久保町や北久保町などは外曲輪を築造するときに土を取ったので一段と低くなったこと、蔵町にあった城米蔵を新曲輪に移したことなど、城の拡張にともなう伝承を『川越索麪《そうめん》』は書き留めている。

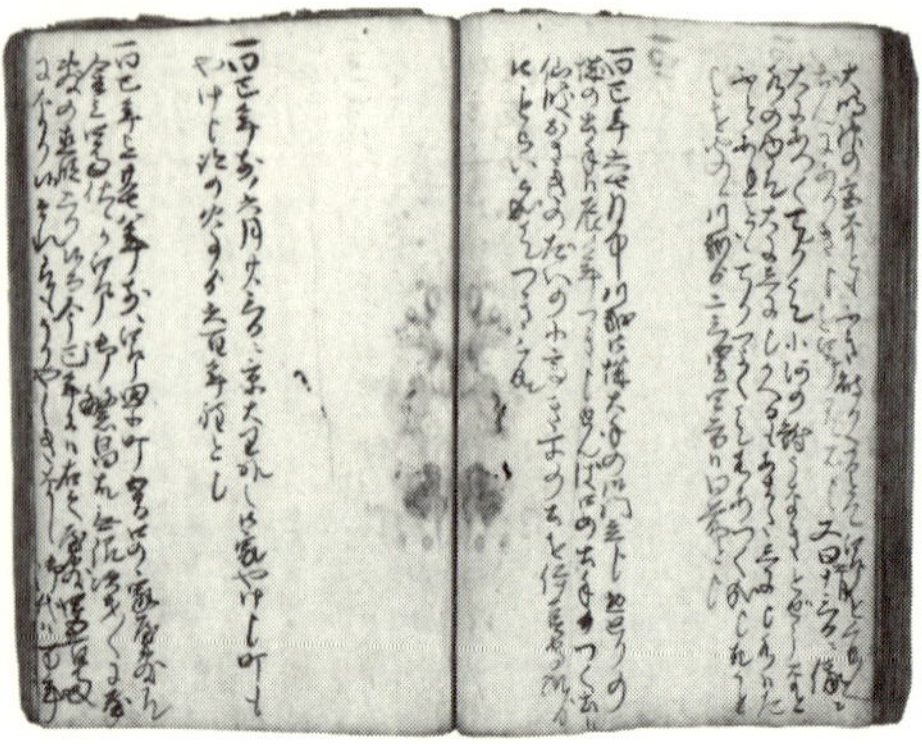

川越城修築の記事
（『榎本弥左衛門覚書』より・個人蔵）

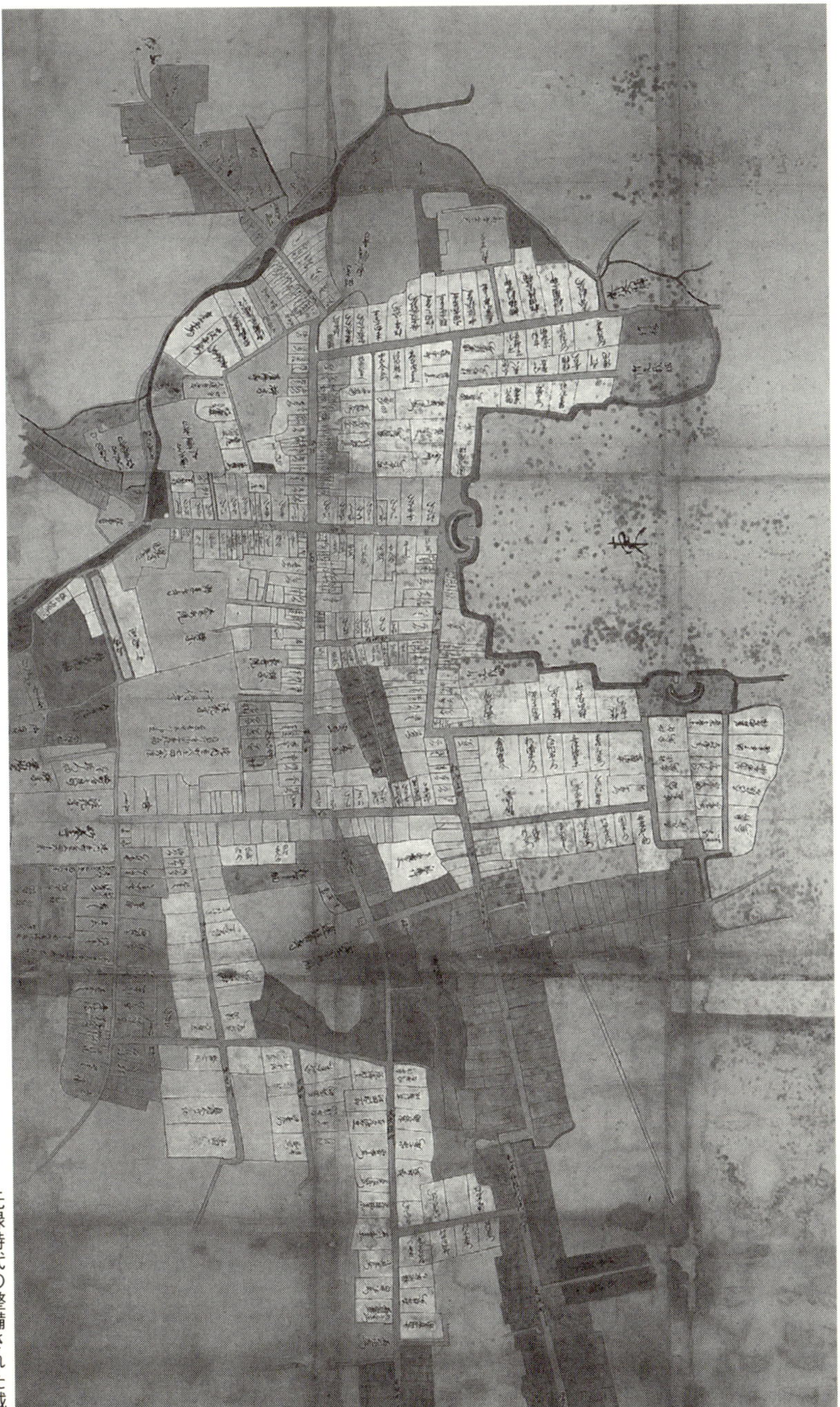

元禄時代の整備された城下町
（「川越御城下絵図面」個人蔵）

弥左衛門が記すように、承応二年頃にはこうした姿がある程度できあがっていたと考えられる。また、喜多町の名主水村家の「万日記」では、もう少し前後の幅をとり、慶安三年（一六五〇）に城を築き始め、明暦二年（一六五六）にできあがったと記している。

　こうした城の拡張とともに、札《ふだ》の辻《つじ》★を中心とした城下町の整備も進んでいたものと思われるが、そこに住んでいた榎本弥左衛門の覚書にも関連記事が見当たらず、わずかに数枚の城下絵図から類推されるだけである。信綱時代のものとされる静嘉堂《せいかどう》文庫所蔵の川越城図では、城の北西および南側に侍屋敷、町人町は西大手門から直線で西に延びる東西道と、それと中央で交差する南北道を軸に、碁盤目状に城下町の道筋が記されている。また、十八世紀半ばに記された地誌『川越索麪』によると、伊豆守（信綱あるいは孫の信輝）時代に、宮ノ下町に代官一六人の屋敷、江戸町に大部屋、組町（通町）に御先手足軽《おさきてあしがる》屋敷を二〇軒一組で造成、西町に御用組足軽同心《ごようぐみあしがるどうしん》や林方下役《はやしかたしたやく》などの屋敷、高沢町に鉄砲場、養寿院の境内続きに御厩《おうまや》や馬場が造られたという。

　こうした状況証拠だけで城下町の成立年代を確定することは困難であるが、城下町の検地を慶安元年に実施していることや、藩の主導で慶安四年に城下鎮守の氷川祭礼が開始されていることなどを考えれば、慶安期には少なくとも寛永大火からの復興は果たされ、新たな町造りが軌道に乗っていたものと思われる。

▼札の辻
城下の中心地にある、高札などが掲げられた十字路。川越では現在もその地名が残っている。

③

領国経済の基盤整備

江戸と川越を結ぶ交通路として、川越街道と新河岸川舟運を整備した。
城下の南に広がる武蔵野の原野を開発し、多くの新田村落を造成した。
農民生活の細部にまで気を配り、「慶安の触書」に類似する法令を出した。

川越街道と新河岸川舟運

地域の経済を活性化する手段のひとつは、交通路の整備である。城下町川越と江戸とを結ぶ幹線、川越街道や新河岸川舟運も、信綱の時代に整備されたものである。中世以来の道は、集落間を結ぶ曲折の多いものであったが、近世初頭の街道整備により直線に改修され、要所に宿場が設けられていった。川越街道の場合、そうした改修の契機として、将軍の鷹狩りが考えられる。徳川家康や家光は、鷹狩りのため頻繁に川越を訪れた。家康の経路は、江戸から戸田、蕨《わらび》と中山道筋を経由して途中泊まりながら川越へ行くことが多かった。それに対し家光の場合、江戸を出立しその日のうち川越に着くこともあり、この場合は川越街道を通ったものと推測されている。また、寛永八年（一六三一）二月の鷹狩りの場合は、帰

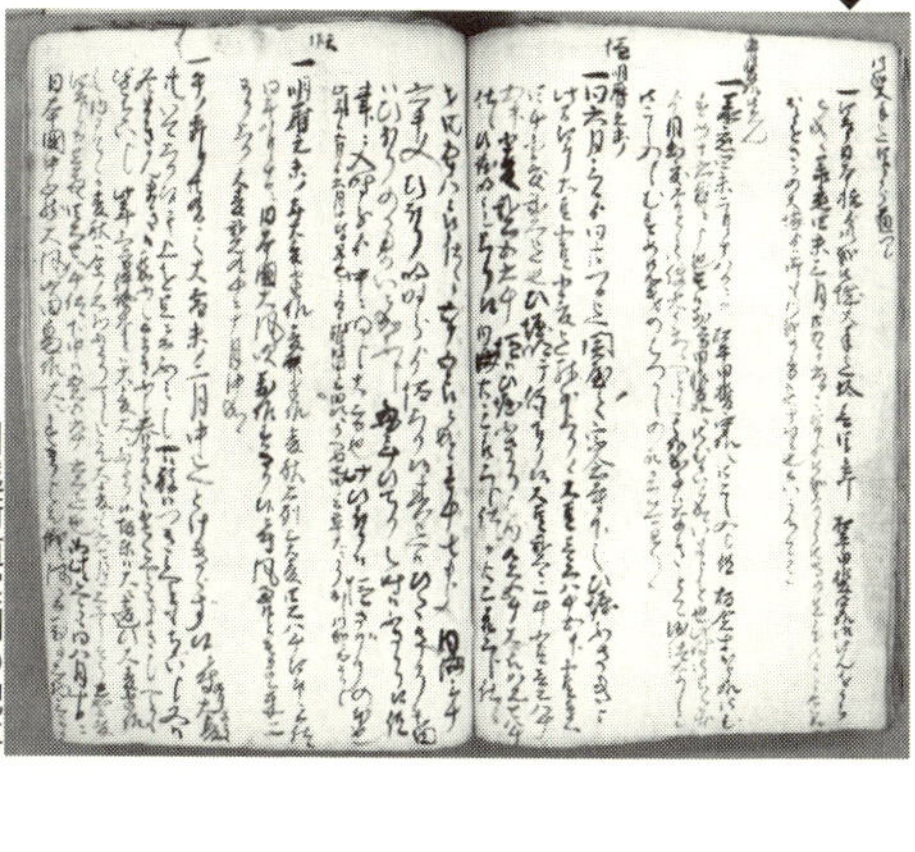

川越街道実測の記事
（『榎本弥左衛門覚書』より・個人蔵）

路に川越街道の白子宿を利用したことが、忍藩阿部家の『公余録』が引用する随行者の記録にみえる。鷹狩りには随行者も多く、またその期間中は使者が江戸と川越を頻繁に往復するので、街道は急速に整備されたものとみられる。

信綱はこうした状況を受け、川越入封の直後、寛永十八年に川越から諸方へ向かう道を「すく道」(直道)に改修させたという。その八年後、慶安二年(一六四九)頃の成立とされる『武蔵田園簿』には、江戸牛込御門より上板橋、練馬《ねりま》、白子《しら こ》、膝折《ひざおり》、大和田、大井、川越、そして伊草《いぐさ》、松山を経て熊谷《くまがや》に至る道程が取り上げられている。この道は、中山道の脇往還として位置づけられている。その後、承応四年(一六五五)三月には、信綱の息子輝綱が、江戸日本橋から川越城の大手までを馬上で実測し、一一里一町という数値を得ている。この場合は、明確に江戸と川越を結ぶ街道として認識されている。

一方、年貢米や生活必需品など物資の輸送については、舟運が大きな役割を果たした。江戸と川越を結ぶ舟運の例としては、さきに寛永十一年に酒井忠勝が小浜へ転封するに当たり、舟運を利用して大量の荷物を運んでいるのをみた(三八頁)。その後寛永十五年には、川越の大火で焼失した仙波東照宮の復興資材を、荒川の老袋《おいぶくろ》河岸から運ぼうとしたところ水量が少ないので、のちの寺尾河岸付近を臨時的に使用したという。これが新河岸川舟運のはじまりと伝えられている。そして、藩主松平信綱は正保・慶安期(一六四四〜一六五二)に寺尾河岸の上流に

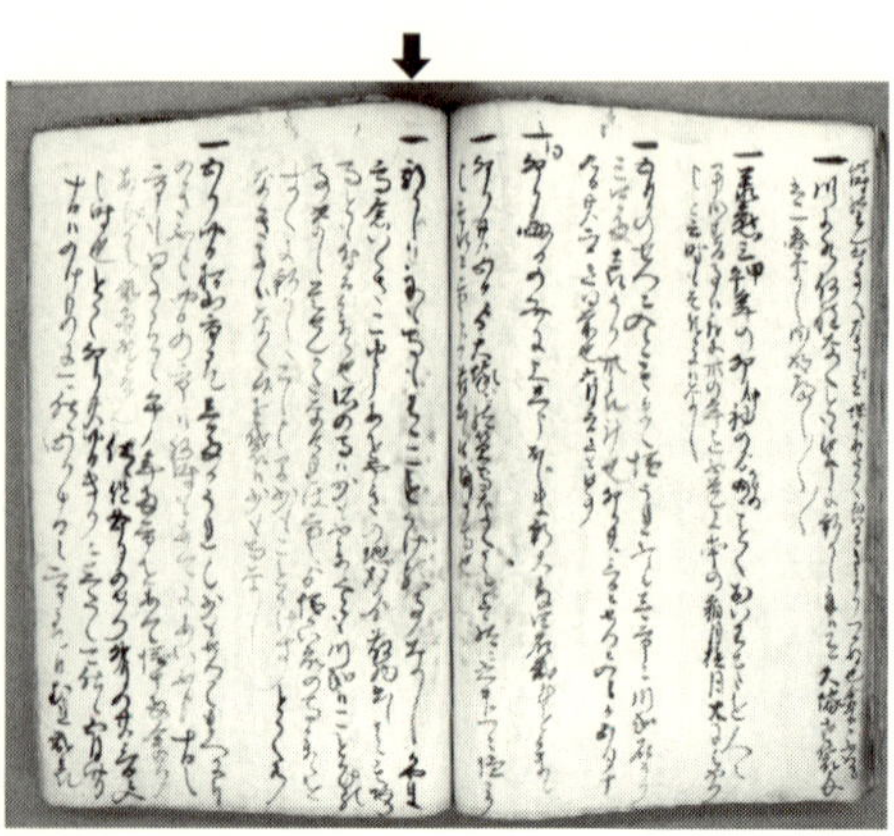

新河岸川舟運がすぐれていることの記事
(『榎本弥左衛門覚書』より・個人蔵)

新河岸を取りたて、本格的な舟運を開始させた。この時期の川越城下町の商人榎本弥左衛門は、荒川に比べ新河岸川のすぐれている点を、水量の安定と河岸場と城下町とをつなぐ駄賃馬の豊富さにもとめている。

その後、新河岸は上下に分かれ、また牛子《うしこ》河岸も取りたてられた。天和二年(一六八二)、川越藩の江戸藩邸が焼失、その復旧用材を積み出すため、砂村の丸池のほとりに集荷地が臨時に設けられた。城下町まで四キロという至近距離にあるので、工事終了後に城下町商人が藩に出願し、扇河岸として取りたてられた。このように、藩の需用を契機に、城下町近くにつぎつぎと河岸場が開設され、それらは「川越五河岸」と呼ばれて城下町の外港として栄えた。

武蔵野の開発と野火止用水

江戸時代における産業の基礎は、いうまでもなく農業であり、耕地の面積と生産力、耕作者を確定する検地が重要な施策となる。信綱は、正保四年(一六四七)に新たに領地となった埼玉郡の村々で検地を実施し、翌慶安元年(一六四八)には城付地の入間・比企・高麗郡でも行ない藩領全域におよんだ。検地の実施により、近世的な農民家族による経営が成立し、農業生産力は飛躍的に増大した。それは、とりもなおさず藩財政の基礎を確立することになる。

川越街道と新河岸川舟運

(『新河岸川舟運と川越五河岸のにぎわい』より作成)

産業基盤の確立ということでは、新田の開発も重要な施策であった。現在の川越市南西部から東京都府中市付近にいたる広大な武蔵野は、古来から周辺村々へ肥料を供給する入会秣場《いりあいまぐさば》★として利用されてきた。この台地上で本格的に畑地が開発されるのは近世になってからである。まず、開発にあたったのは、戦国大名の旧臣と伝える牢人たちであった。加治丘陵の古村である上奥富村（狭山市）近くの大袋新田や豊田新田、また南東部の亀久保村（ふじみ野市）などは、いずれも近世初頭の慶長年間（一五九六～一六一五）に開発されたと伝えている。さらに、武蔵野の開発を強大な権力により組織的かつ計画的に実施したのが、松平信綱であった。対象となった地域は、城下町の南に続く今福村など九カ村と、そこからはるか南方の川越街道沿いの野火止新田（新座市）である。この二つの地域の開発は、方法は異なるがほぼ同時期に開始されている。

今福村など九カ村の開発の中心となったのは上奥富村出身の志村次郎兵衛で、慶安三年に川越藩から開発を許可されたという。志村家を初めとする入植者は明暦三年（一六五七）までに一八人となり、寛文二年（一六六二）の検地で村高は百五十二石余とされた。その後、寛文七年に村民の葬祭を行なう庵室が建立されると人口も倍増し、元禄十三年（一七〇〇）に村高も八百十一石余と、寛文二年の五・三倍にもなった。このほか、中福村や上松原村では、川越藩の仲間《ちゅうげん》や郷足《ごうあし》軽《がる》など武家奉公人も開発に参加し、藩が武蔵野開発にかけた期待の大きさを物語

▼入会秣場
牛馬の餌や堆肥にする草を刈る共有地。

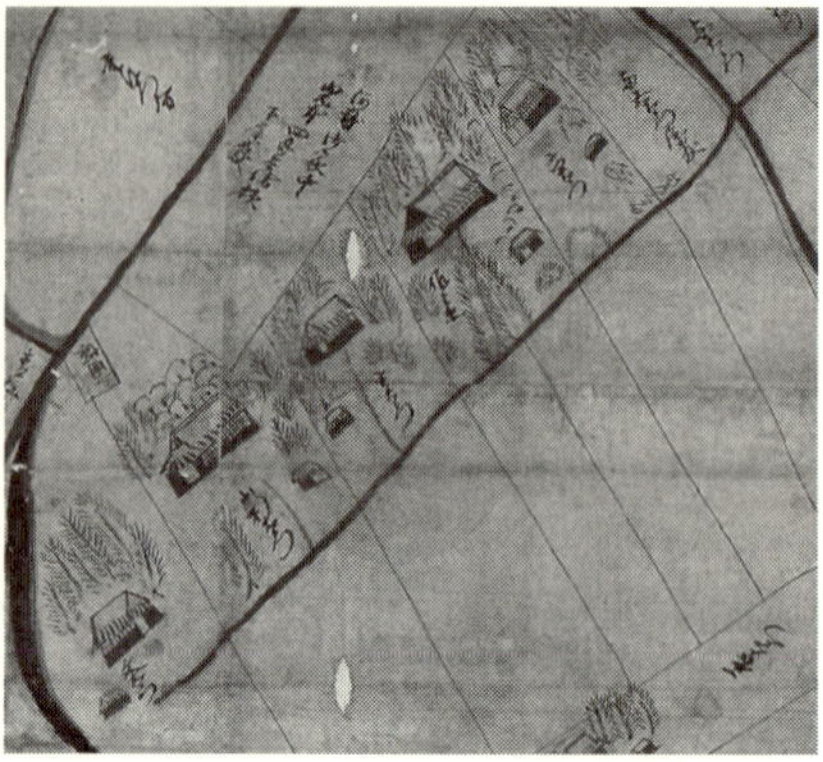
中福村絵図にみる新田農民の屋敷地（個人蔵）

っている。

　ほぼ同時期に、より計画的に開発されたのが野火止新田であった。『榎本弥左衛門覚書』によると、承応二年（一六五三）に五四、五軒の百姓が移住し、藩から一軒あたり金二両と米一俵の貸し付けをうけた。台地上の新開地では飲料水の確保さえ困難であったが、藩主の松平信綱は幕府の老中で、しかも多摩川から江戸市中へ飲料水を供給する玉川上水開削の惣奉行でもあった。玉川上水が翌年四月に完成するとすぐ、信綱は家臣の安松金右衛門に命じて、多摩郡小川村（東京都小平市）から玉川上水を開発地に引水するため、承応四年三月に野火止用水を開削させた。こうして武蔵野の開発でもっとも困難な生活用水の確保がなされた。

　それから六年後の寛文元年、野火止新田の検地が実施され、野火止・菅沢・西

（川越市立博物館『常設展示図録』より作成）

堀・北野（ともに新座市）の新田村落が成立し、その総反別はすべて畑で五〇四町歩余、石高は八百石余であった。中心となる野火止村の検地帳によると、川越街道に沿って八五人が一〇二筆《ひつ》の屋敷地を名請《なうけ》し、おのおのの屋敷地の背後に耕地や秣場が続く短冊型の地割であったようである。野火止新田の開発にあたったのは周辺一六カ村の農民であったが、この検地帳によると、藩主一門や重臣たち二一人が合計一四八町歩近くを屋敷地の名目で名請し、藩が先頭にたって開発にあたった状況を彷彿とさせる。

野火止用水開削の経緯は、すでに江戸時代から多くの逸話集に収録され、近代には国定教科書にも取り上げられた。用水そのものも、信綱の名前を冠して「伊豆殿堀」と呼ばれ、近代にいたるまで地域の生活用水として活用された。

入間川大囲堤の修築

一方、水田地帯への施策はどうであったであろうか。信綱は川越入封から間もない寛永十八年（一六四一）、河川の堤防を保護するため竹と杉を植えさせている。さらに、正保四年（一六四七）の加増で新藩領となった穀倉地帯の川島領の村々では、入間川と荒川の洪水から守るため川島領大囲堤《おおがこいづつみ》を修復したと伝えられている。その影響であろうか、万治二年（一六五九）七月の洪水では、老袋付近で

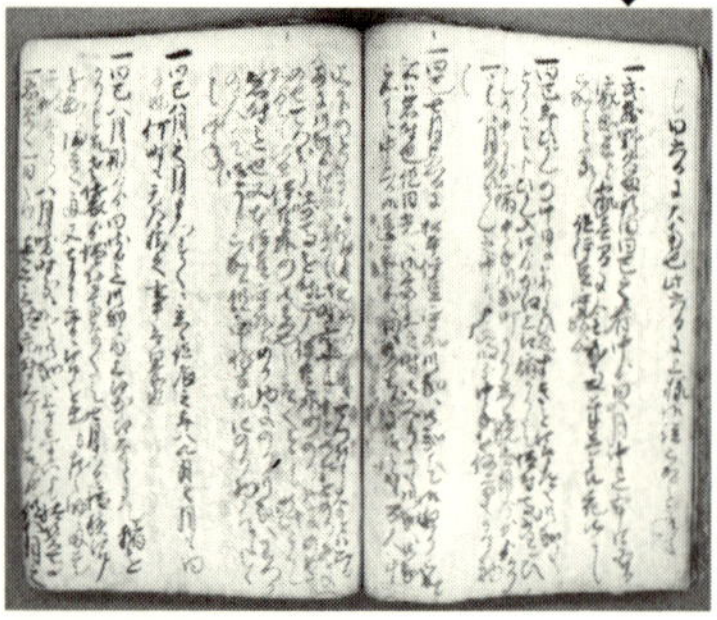
野火止新田開発の記事
（『榎本弥左衛門覚書』より・個人蔵）

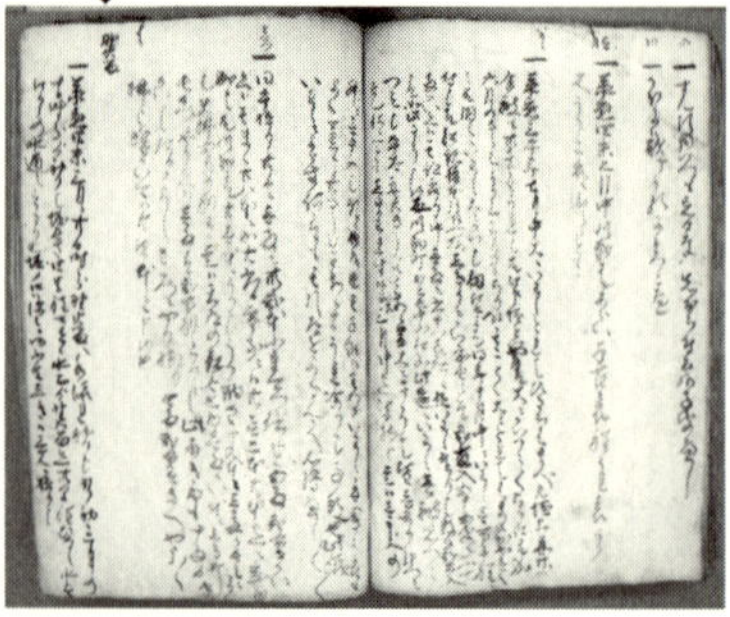
野火止用水通水の記事
（『榎本弥左衛門覚書』より・個人蔵）

は寛永七年の大水害よりも、さらに一メートル近くの増水になったという。当時の入間川は現在より東寄りを流れ、老袋付近は入間川と荒川に挟まれた低地帯で、しかも大囲堤の堤外に位置していた。そのため大囲堤を強固にすれば、周辺に水が溢れ出ることになる。藩では代官が老袋村や大塚村の現地に赴き土俵を積み上げたという。しかし、この問題を根本的に解決するには、蛇行する入間川を直流化し、流水を速やかに荒川に流すことが必要であった。それが実現したのは、信綱の孫信輝の時代で、老袋付近の村々も洪水から守られることになった。

農業技術の普及

産業基盤の整備にかかわる信綱の施策は、こうした大規模な事業だけでなく、農業技術や農民生活の細部にまで立ち入り具体的な指示を与えている。信綱が領内に出した触書をまとめた「古伊豆守様川越え御直下知之控」には、承応三年（一六五四）から八年間に出された二二通が収録され、そのほとんどは幕府法ではなく信綱が独自に発令したものである。触書の内容と関連する歴史事象を示すと、治安と防火（寛永川越大火、明暦江戸大火）、凶作に対する備え（寛永の飢饉）、前栽《せんざい》物の栽培や楮漆《こうぞうるし》桑茶などの植栽奨励（武蔵野の開発）、堤防に柳を植栽し補強（川島領の水田保護）、二毛作や換金作物の奨励（商い心）などとなる。また、「松平信

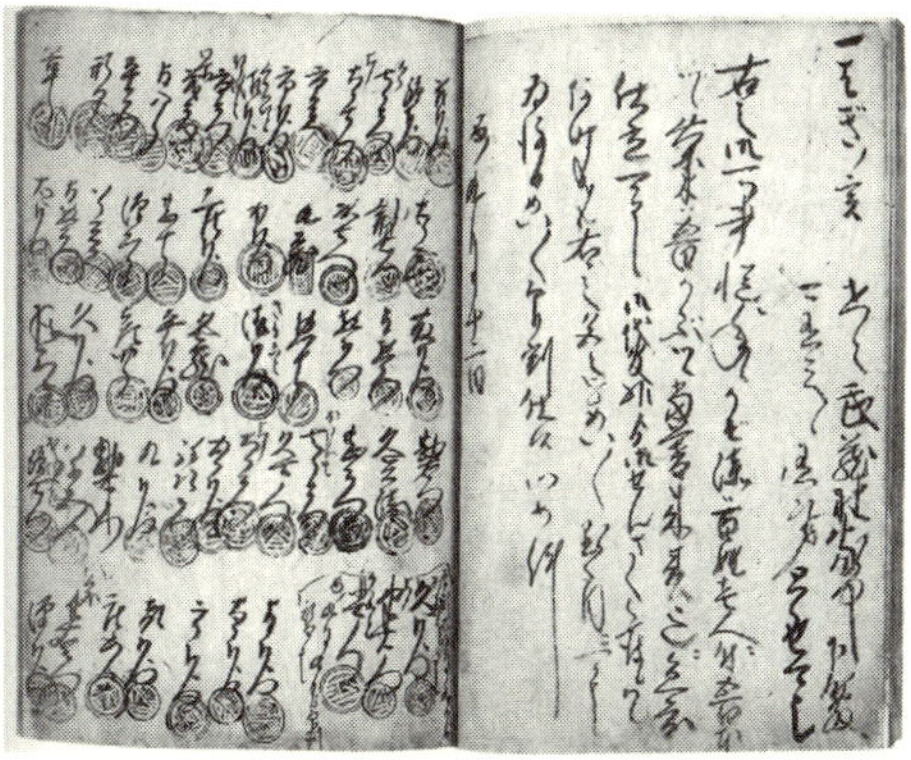

農業経営を指導する触書の請印帳（個人蔵）

綱触書請印帳《うけいんちょう》」と題する文書は、明暦三年（一六五七）の一年間に出された一九通の触書に村人が請印をしたものである。村名は書かれていないが、この文書を伝えた藩領の入間郡赤尾村（坂戸市）のものと考えられている。この当時は、慶安元年（一六五五）の検地による大幅な年貢増徴、それを追かけるように承応三年の日照りと大雪、翌四年（＝明暦元年）の大旱害《かんがい》、明暦二年の大風害と自然災害が続き、なかば強制的に自立させられた小農民の経営は危機的な状況にあったと思われる。そこから脱却するために、自家消費ではなく商品として流通する野菜や楮漆桑茶など換金作物の栽培を奨励したのである。

こうした農業技術の重視、商品経済の肯定などを中心とする信綱の農村法令は、いわゆる「慶安の触書★」に類似するものとして高く評価されている。近年の研究では、これまで「慶安の触書」と称された法令は、慶安二年に幕府が制定した法令ではないとされ、その成立についてさまざまな視点から研究が進められている。そのひとつに、甲斐国地方に伝来した農村法令を基礎に成立したとする説がある。先述した明暦三年の信綱触書のひとつに、中沢弥兵衛という家臣が苗木植栽にすぐれた技術をもっていることが明示されているが、信綱時代の家中分限帳によると中沢は甲斐国出身の地方《じかた》巧者であることが確認される。また、中沢弥兵衛は新田奉行として中福村の開発にあたったことが、同村の由緒書にある。信綱の農村法令、甲斐国、「慶安の触書」が、どこかでつながっているようにみえる。

▼請印
指示、命令、法などを受け入れ従うことを明示するために押す印。

▼慶安の触書
慶安期に制定されたとされる。幕府が農民の生活を細かく規定した法令。

④ 城下町商人榎本弥左衛門と藩

松平信綱の藩政を具体的に伝えるのは、城下町の有力商人榎本弥左衛門の自伝である。城下町の役人や有力商人は、公私にわたり藩士たちと日常的な付き合いをしていた。信綱の藩政に関する考え方は、町役人や有力商人を通して領民に徹底された。

榎本弥左衛門の人生と藩役人

十七世紀なかば、城下町の中心である札の辻に店を構え、川越藩政が確立してくる過程をじっとみてきたひとりの商人がいる。これまでも、たびたび登場してきた榎本弥左衛門である。藩政確立期の表の立役者が藩主信綱やその家臣であるとすれば、その蔭で着実に実績を積み上げてきたのが、弥左衛門のような有力町人たちである。

榎本家は城下町川越の草分け町人のひとりで、先祖は戦国時代に紀伊国熊野から移り住んだ修験者《しゅげんしゃ》と伝えられている。江戸時代になってからは商業にたずさわり、江戸と川越を結ぶ塩の仲買商人として活躍、ここで取り上げる弥左衛門忠重はその四代目である。榎本家には、晩年に弥左衛門が自らの生涯をふり返り年代

自伝を書いた榎本弥左衛門の画像（部分・個人蔵）

記的に執筆した「三子より之覚」と、主として二十代から三十代前半の見聞をまとめた「萬之覚」という二つの記録が残され、この両者をまとめて『榎本弥左衛門覚書』とよんでいる。

弥左衛門は、寛永二年（一六二五）に榎本家の二男として生まれ、寛永十五年の大火を一四歳で体験している。また、上層商人の子どもとして手習いにも通っており、藩主堀田家の家臣、野村善右衛門の子息とは「寺朋輩《ほうばい》」であったという。その頃のことであるが、島原の乱を鎮圧し川越に入封した松平信綱は飛ぶ鳥を落とす勢いだったので、江戸で殺人を犯した川越町人も罰金刑で救われた、と弥左衛門は記録している。

このように上層町人は藩に親密な感情をもっており、弥左衛門の人生の節目にはいつも川越藩士がかかわっている。寛永二十一年、二十歳になった弥左衛門（幼名牛之助）は、藩の奏者番★で三百石取の松平八右衛門を烏帽子親《えぼしおや》★にして元服し榎本八郎兵衛と改名した。このとき彼は、四十歳までは商売に身を入れ、それを過ぎたら子どもに譲り楽隠居をするという人生設計をたてている。商売のほうは順調に運んでいたが、家庭内では家督をねらう弟が両親に讒訴《ざんそ》をしたため父母から疎《うと》まれ、精神的に大きな苦悩を味わっている。父母の信頼を取り戻すため、弥左衛門は毎年のように伊勢参宮をして両親への孝行を誓った。

藩家中との交際も深まり、慶安三年（一六五〇）閏十月には、家老の和田理兵

▼奏者番
幕府や藩の職名。年中行事の謁見時に、下賜品を伝達などをした。

▼烏帽子親
元服の時に、烏帽子をかぶらせ、烏帽子名をつける人。

衛から食事に招待されている。さまざまな御馳走のあと、藩主松平信綱の養父松平正綱と、実父大河内久綱に由緒のある「御茶の余り」をいただき感激している。両者とも先年亡くなったばかりである。

二十九歳になった承応二年（一六五三）六月、兄の喜兵衛が町奉行長谷川源右衛門の仲介で、町年寄の加茂下五郎左衛門の養子となった。同年八月、両親への孝行と商いに励んだことが認められ、正式に家産を譲られることになり、親類はじめ町方や藩の役人へ披露をした。一番先に行ったのは町役人の中心人物箕島八郎左衛門、ついで城下五町の名主、藩では和田理兵衛など三人の家老、町奉行の長谷川源右衛門、横目《よこめ》の三上伝左衛門、烏帽子親の松平八右衛門など、一〇人以上の藩士が列挙されている。この頃が商人として一番充実していたときで、「ただいまが一生のうちのさかり（盛）、とうげ（峠）」と、弥左衛門は回想している。

その後、三十四歳のときには、わずか四カ月ほどのうちに母親、妻そして父親を失い、自分の健康も思わしくなかった。数年後には弟との相続争いが再燃、弥左衛門の身辺には暗い出来事が相ついで起きた。しかし、世間や川越藩の家老からは「正直で悪念が少なく、用心つよく、礼儀に背かない、商いのほまれのある人物」と、高い評価を得ていた。そして寛文八年（一六六八）、四十四歳のとき、藩主松平輝綱に拝謁を許され、かねてから懸案となっていた榎本家当主の世襲名、弥左衛門を正式に名乗ることになった。弟との争いはその後も続いたが、延宝七

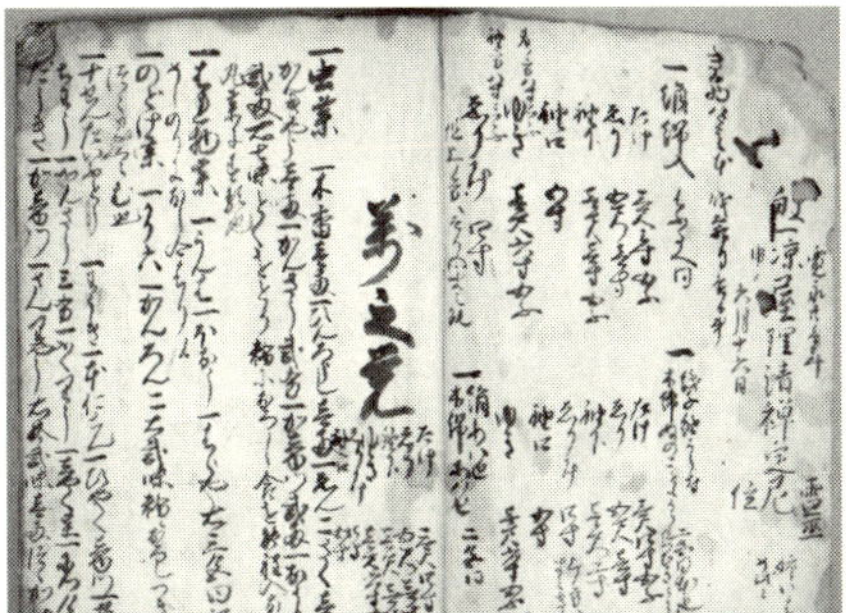

榎本弥左衛門の自伝「三子より之覚」（右）と「萬之覚」（左）（個人蔵）

年（一六七九）、弥左衛門五十五歳のときに、町役人の要請を受けた家老の岩上角右衛門、烏帽子親の松平八右衛門、町奉行の伊吹三郎右衛門など藩の重臣が直接仲介に入り、ようやく解決をみている。

信綱の生活信条に学ぶ弥左衛門

『榎本弥左衛門覚書』には、随所に松平信綱の言行が書き留められている。弥左衛門は藩主信綱に拝謁したことはなかったが、町役人の箕島八郎左衛門がしばしば江戸に呼び出され、江戸家老や信綱自身から指示されたことを弥左衛門へ伝えたのである。内容的には「商い心」が多い。これは弥左衛門が商人であることにもよるが、信綱がこうした方面に関心が深かったことの反映でもあろう。以下、いくつか具体的に紹介しよう。

信綱は米価の動きに敏感で、慶安三年（一六五〇）九月、畿内・西国が大水害に遭ったときには、すぐさま家中の者に米を売らないよう触を出したという。また、慶安四年の冬には、信綱は弥左衛門の父親も含む川越町年寄九人に蔵米一〇〇〇俵、惣町へ二〇〇〇俵の米を貸し出した。その翌年米価が上がり利益が出たので、総代として箕島八郎左衛門が礼を述べに行くと、もし米価が下がり損が出たらきちんと返してもらう、損をしないように商い上手な者に教えさせてやる、

中央の札の辻に面する弥左衛門の店
（「川越御城下絵図面」より、個人蔵）

と信綱から「身持之《みもちの》ため御異見《ごいけん》」を受けたという。それは八箇条からなり、無駄を省き、奢りを禁じ、臨機の対応をとることなど、自らの体験に基づき具体的にわかりやすく説明したものである。信綱は翌年正月にも箕島八郎左衛門へ十一箇条の書付を渡し、町民に周知徹底するように命じている。そこには、良い女房の心得、無駄な茶飲みの禁止、耕作や商いに専念することなどが列挙されている。注目すべきことは、耕作や商いの下手な人には積極的に教え諭すことを命じていることである。たんなる禁制ではなく、信綱が信条とする方向に領民を導いていこうという強い意志を読み取ることができる。こうした下々の生活に関する豊富な知識に驚く箕島に、信綱は「異国の仕置きまで仰せ付けられている信綱に知らないことは無い」と、豪語したという。

　この自信は、藩主としての強い責任感をも導く。明暦元年（一六五五）五月のこと、日照りが続き領内の難波田村（ふじみ野市）では田圃のしつけができず、農民は田の草を刈って川越町に売り出したり日傭取に町へ出ていた。そんな状況で、翌年三月には飢えた人が出、馬が六、七〇匹も死んだことが報告された。信綱は、たとえ三、五匹死んでも直ぐに報告すべきであるとし、代官を厳しく叱り、すぐに必要な金を貸し与えたので飢えた農民は一命を取り留めたという。さらに、もし食物がなくなった者がいたら、川越城の三ノ丸に収容し食事を与える旨の触を出したという。この話を家老の和田理兵衛から聞いた弥左衛門は、「有り難き

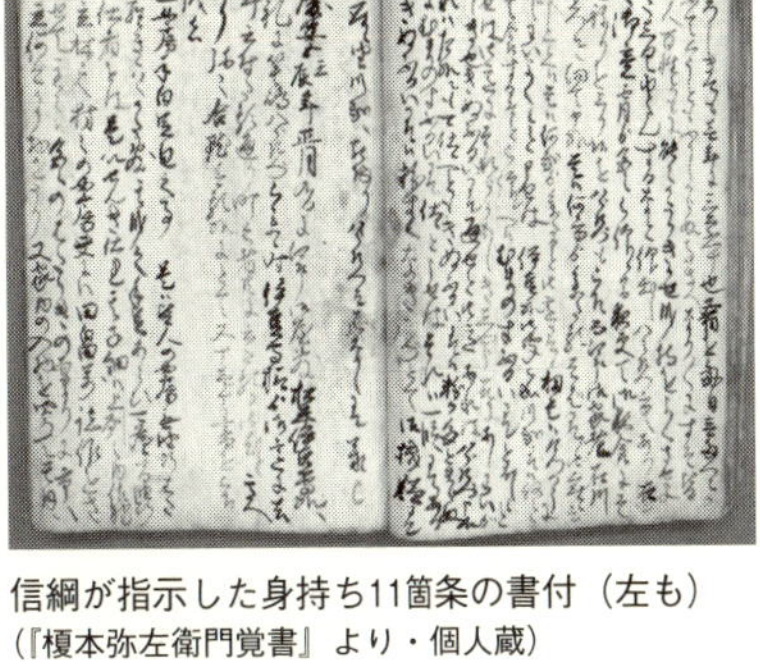

信綱が指示した身持ち11箇条の書付（左も）
（『榎本弥左衛門覚書』より・個人蔵）

御意《ぎょい》」と感激の言葉を記している。

弥左衛門は最晩年の天和三年（一六八三）十月、これまでも高望みをせず、堅実に仕事をしてきたことをふり返り、「松平信綱公も、知らないことをするより、冬田に水を貯めよ、と度々仰せられた」と書き留めている。この格言は、ほぼ同時代の農書『百姓伝記』には「しら《(知)》ぬあきない《(商)》をせんよりは、冬田に水をつゝめ」とあり、知らない仕事に手を出すよりは、冬の間も田圃に水を張って稲株を腐らせ肥料とし、その年の豊作を期す、すなわち確実な仕事をすることを意味していたようである。信綱は商取引に関心が深く自らも手を出すが、しっかりとした情報収集に基づいた商いであり、投機的な方法とは一線を画するものであった。これなども、いわゆる「慶安の触書」に通じる考え方である。そうした信綱の考えが、弥左衛門のような城下町商人の心にも深く滲《し》みこんでいたことを示す、極めて印象的な文言である。「知恵伊豆」信綱の人物像は、『信綱記』、『事語継志録』など後世の逸話集により形成されてきたものであるが、弥左衛門の伝える信綱像は、間接的とはいえ同じ時代の空気を吸った人が書き記しているので、より「実像」に近いものであろう。同じように、同時代人が信綱の政治観や農政施策を書き留めた史料として、庄内藩の代官「白石茂兵衛覚書」がある。これは、信綱の長女千万が庄内藩酒井家十四万石に嫁ぎ、孫が十七歳で相続したので、外祖父として後見したときのものである。

広済寺にある榎本家の墓地

第三章 柳沢家から秋元家へ

元禄の太平から災害と一揆の時代を治めた藩主。

1

柳沢吉保と元禄の藩政

将軍綱吉の寵臣、柳沢吉保が川越藩主となった。
吉保の年譜『楽只堂年録』には、川越城の受取経過が詳細に記載されている。
相つぐ加増により城付地が増大し、川越藩のもっとも充実した時期であった。

吉保の川越入封

元禄七年（一六九四）一月七日、三代五十五年にわたり在城した大河内松平家が下総国古河《こが》へ転封となり、新たに将軍綱吉の寵臣《ちょうしん》柳沢保明《やすあき》が入封した。保明は万治元年（一六五八）、上野国館林藩主徳川綱吉の家臣柳沢安忠《やすただ》の子として生まれ、幼少時より小姓として綱吉に仕え、延宝八年（一六八〇）、綱吉の将軍就任とともに幕臣となる。なお、保明が将軍綱吉の一字「吉」を拝領し吉保と改名するのは元禄十四年（一七〇一）のことであるが、以下すべて吉保とする。

天和元年（一六八一）には、学問好きの綱吉の弟子となり講釈に頻繁に出席した。驚異的な回数行われれた綱吉の吉保邸への御成も、その中心となる行事は論語などの講釈であった。元禄元年に一万石の加増で大名に列し、いわゆる「側用

柳沢家
柳沢花菱紋

人」となる。そのあとの昇進はめざましく、元禄七年に川越城を拝領したときは七万二千三十石になっていた。吉保の川越在城は、宝永元年（一七〇四）十二月までの十年余りに過ぎないが、将軍綱吉の側近としてもっとも活躍した時代である。以下、吉保の年譜『楽只堂年録《らくしどうねんろく》』をもとに、その治世の跡を追ってみよう。

元禄七年一月七日、吉保は将軍綱吉から休息《きゅうそく》の間《ま》に召され、一万石の加増で川越藩主を命じられる。一月十日には、川越の城代に歴代家老の藪田忠左衛門、添城代に吉保の異父弟佐瀬三大夫を任じる。一月十七日には菩提寺の月桂院に参詣し、川越城の拝領を先祖の霊牌に報告した。二月十日、いよいよ将軍綱吉から「御加増の書出し」を直接手渡される。上包《うわづつみ》に「知行割」と書かれ、本文には高七万二千三十石、国名と郡名が列挙されている。この日、川越城内での詳細な家中法度三五箇条を、城代の藪田忠左衛門に授ける。翌十一日、川越城の受け取りが三月四日と決まる。二月十四日には、家臣を勘定所に遣わし騎西領の郷村帳を受け取る。川越領の郷村帳は、前藩主松平信輝から直接受け取るように命じられる。同じ領地でも城付地と遠隔地では、取り扱い方法が異なるようである。また、知行割には入間郡、埼玉郡など郡名で記されているが、勘定所では騎西領と領名★が使用されていることも興味深い。二月十九日、川越へ遣わす諸士を饗応する。

それから一週間余、二月二十七日に先遣隊二名が川越へ出発、川越城では松平信輝の家臣から塩、味噌、米、薪などを贈られ、さらに城付地の郷村帳や城米★三

自ら賛を書いた柳沢吉保の画像（甲府市一蓮寺蔵）

▼領名
領は武蔵国にみられる広域地名。戦国時代の河越、岩付、忍、松山などの支城に由来するともいわれるが、さらに寛政期までの関東郡代伊奈氏の支配、各地の用水組合や鷹場組合とも関連する。

▼城米
幕府の命で、有事に備え貯蔵された米。

千石の引き渡しなども行われた。三月二日、川越城受け取りのため曽祢権太夫が諸士を率いて卯刻《うのこく》（午前六時）に江戸屋敷を出立、申《さる》中刻（午後四時）に川越に到着、また引渡役となる幕府目付の大嶋・近藤両名、代官の池田新兵衛も到着した。三月三日、幕府目付の連名で人馬の提供・治安維持・貸借物の取り扱いなど七箇条の制札《せいさつ》★が建てられ、代官池田は吉保の家臣に郷村を引き渡した。

当日の三月四日辰《たつ》刻（午前八時）に、吉保家臣の曽祢権太夫以下が上使の大嶋らの下知《げじ》（命令）を受け城内に入り、松平信輝の家臣に代わり諸門の警備についた。一時間ほどで交替が完了し、代官池田や大嶋らは川越城をあとにした。一方、川越に入城した吉保の家臣は、キリシタン禁制をはじめ五枚の高札《こうさつ》を「出羽守」（吉保）名に書き換え、さらに廻状として郷村へ触出した。

三月十六日、江戸から大護院孝治法印の使僧が川越に来て、二ノ丸に城内安全の祈禱札を納める。四月十一日、吉保の名代として藪田五郎右衛門が城内の天神・八幡・氷川の三社、二十二日には曽祢権太夫が仙波東照宮にそれぞれ参詣し太刀目録を献上、新領地の神祇に拝礼している。すでに城の引き渡しは完了しているが、五月二十七日、将軍綱吉から四カ国一〇郡、七万二千三十石の領知朱印状が下された。村名を記した老中連署の領知目録の交付は閏五月十九日のことで、武蔵国一七八カ村と畿内の四〇カ村で七万二千三十石、その他に「武蔵国之内新田」として一万六千五百六十四石余があった。こうして、一月初めから断続的に

▼制札
道端や神社境内などに立てた禁令などを記した札。

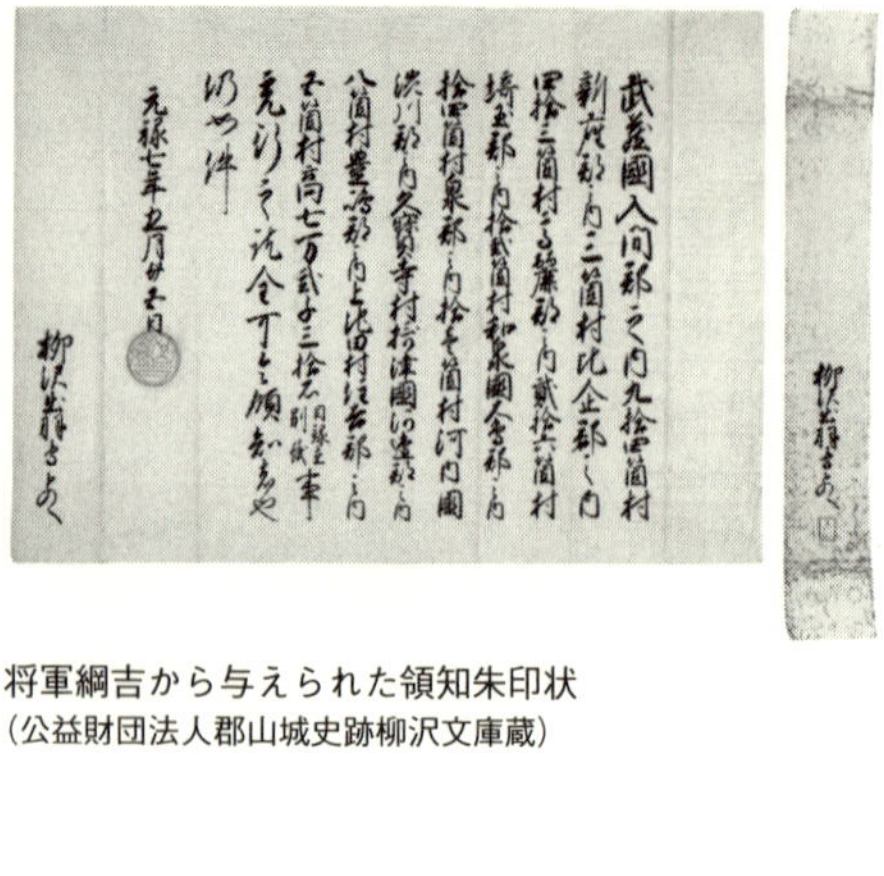

将軍綱吉から与えられた領知朱印状
（公益財団法人郡山城史跡柳沢文庫蔵）

続いた川越藩主交替の行事は一段落したのである。

『楽只堂年録』には、夥しい量の贈答品が記載されているが、川越との関連で興味深いのは、この年六月二十七日に将軍綱吉の生母「三の丸様」（桂昌院《けいしょういん》）へ残暑見舞いとして「川越の素麺壱箱」を贈っていることである。吉保が極めて大切にしていた桂昌院へ贈った素麺に、わざわざ「川越の」と記したのは、川越素麺が当時のブランド品であったことを示すものであろう。川越素麺については、「川越年代記」の承応二年（一六五三）の項に、この頃から城下高沢町で素麺が盛んに生産されたと記載されているが、これは後世の編纂物である。同時代の史料として、『楽只堂年録』の記録は大変貴重なものである。

八月二十三日には、川越の領地から初めて上納された「物成の金」を、母や妻子にも分け与える。さらに、江戸市ヶ谷の八幡社に参詣し、物成の黄金一枚を「馬の代」として太刀に添えて献上した。そして九月二十六日には、川越の領地から進貢された米を食し、いずれも能を舞わせて祝っている。初めて城主となった吉保の真摯な喜びがうかがえる。

寺社の保護と城下町の整備

元禄七年（一六九四）も押し迫った十一月二十五日、吉保は初めて評定所★へ出

▼評定所
老中、大目付、目付、三奉行の合議による裁判機関。

仕し、十二月九日には侍従★に任じられ老中格となる。こうして幕政の中枢を担った吉保は、十年余にわたる在城期間、ついに一度も川越に入ることはなかった。この間、元禄十年七月二十六日に二万石、同十五年三月二十三日に二万石の加増があり領地は十一万二千三十石と、入封時の一・五倍になっていた。

吉保の川越藩政上での事績としては、三富《さんとめ》新田の開発が著名であるが、これは項を改めて述べることとし、ここでは寺社や城下町への施策をみておこう。

元禄七年十二月十日、吉保は城下の鎮守氷川社と城の鎮守三芳野天神の領地を安堵する。元禄八年八月には、氷川社の社殿の本格的な修復に取りかかる。棟札によると、八月三日に斧初め、翌九年三月二十二日に上棟、一年後の九年八月三日に遷宮《せんぐう》となっている。総費用は二四六両余にのぼり、藩主吉保は八二両三分と全額の三分の一以上を寄進し、在江戸の家臣が七両二分余、在川越が三両一分余、残りは城下町の氏子が負担した。なお藩主分の奉加《ほうが》金は、上棟直前の三月十一日に家老の荻野と曽祢が連署した書状により、不足金の全額を藩主からの下賜として処理したものとわかる。いずれにしても柳沢家の氷川社に対する援助は並々ならぬものがあった。元禄十一年の氷川祭礼で、高沢町から初めて踊屋台が出現し、同十四年の祭礼では行列が城下町を巡行したことなども知られている。元禄十五年九月には、幕命により仙波東照宮や三芳野天神の修復普請が行われ、家臣の平尾平三と吉岡五郎左衛門が担当している。

▼侍従
江戸時代、朝廷の同職とは別に、外様の有力大名（細川、黒田、毛利など）や高家などからも任命された。

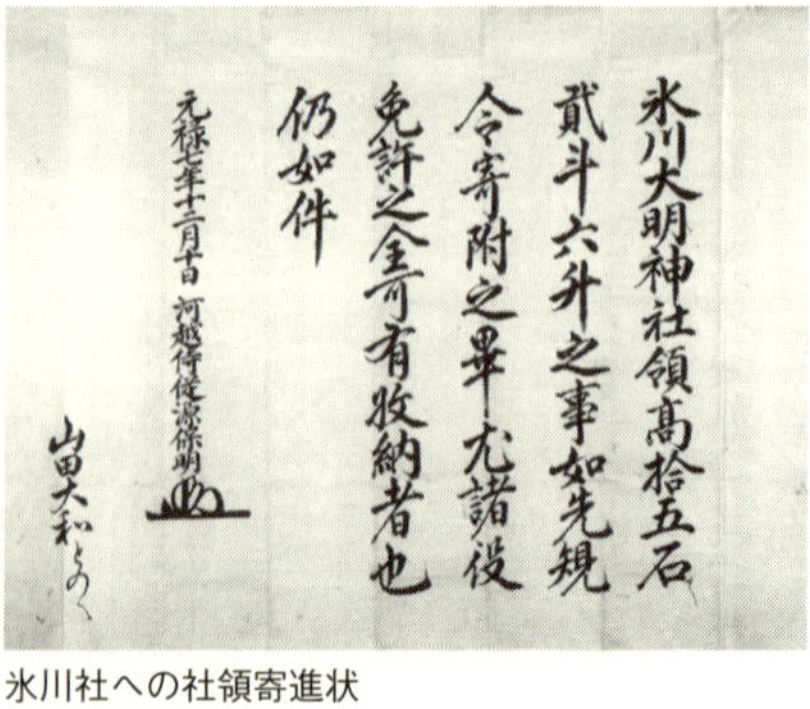
氷川大明神社領高拾五石
貳斗六升之事如先規
令寄附之畢尤諸役
免許之全可有收納者也
仍如件
元禄七年十二月十日　河越侍従源保明
山田大和との へ

氷川社への社領寄進状
（川越氷川神社蔵）

柳沢家時代の藩政

『楽只堂年録』には災害に関する記事も散見される。元禄七年（一六九四）九月の暴風雨により、川越城の本丸や二ノ丸などで「土居」が崩れた。この修理のため老中へ出した願書には城内平面図が添付され、松平信綱による拡張後で年代の確実な図面として貴重である。元禄十四年七月二十一日の大風雨では、領内の堤の決潰《けっかい》九六箇所、水入り民家四〇七八戸、潰家九一戸、流家五九戸、流死者三人という被害があり、城の本丸櫓下の「土居」も崩れた。この年は八月十八日にも再度大風雨があり、潰家五一六二軒、死失者六人という被害を出し、九月四日に幕府より二万両を拝借している。翌元禄十五年は十月二日に城中本丸の「土居」が崩壊、十月十六日には城下蓮馨寺境内の民家から失火、強風に煽られ延焼したという。

柳沢家の藩政を窺うには、後世の史料ではあるが秋元家時代の地誌『川越索麪』も参考になる。吉保の時代に藩領が急激に拡大し、その結果浦和・蕨方面にも領地ができ、その名主たちが公用で泊まる宿が仙波新田のあたりに数多くできたという記述がある。吉保の領知目録に蕨・浦和など足立郡の村はみえないが、足立郡沼影《ぬまかげ》村（さいたま市）の元禄十三年から宝永二年（一七〇五）までの年貢割

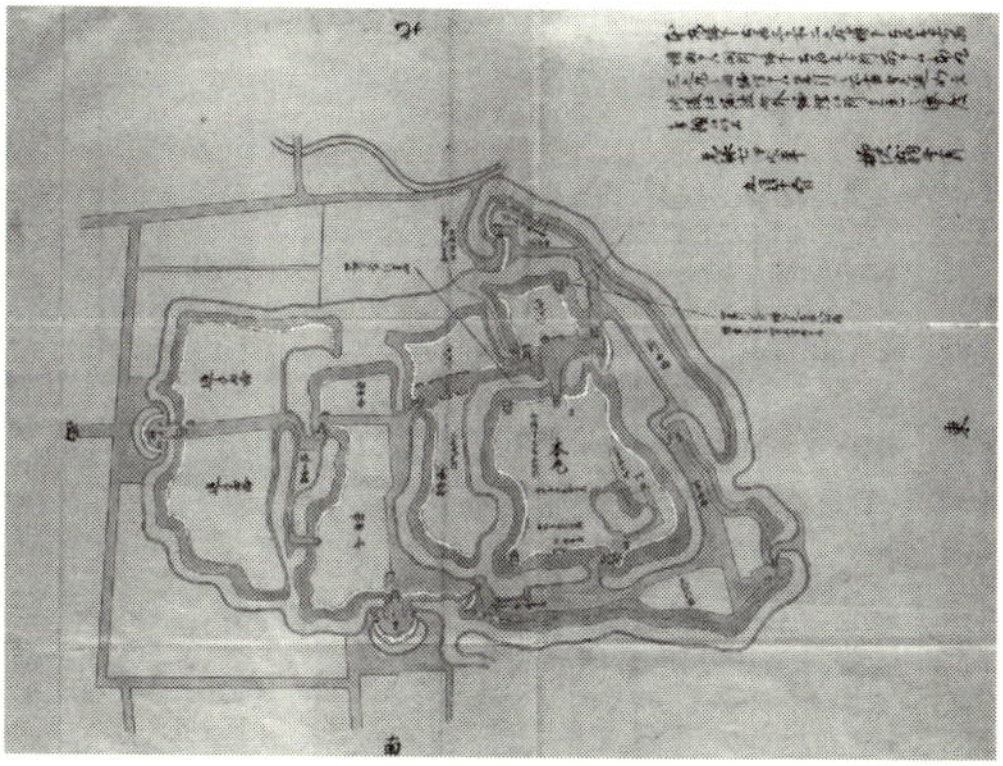

元禄七年の川越城図（『楽只堂年録』より・公益財団法人郡山城史跡柳沢文庫蔵）

付状を柳沢吉保の家臣が出している事例が知られる。これは公家出身の旗本大沢氏の知行地の管理を吉保が代行していたものとみられる。あるいは元禄十二年の加増で新たに新座郡大和田村（新座市）、舘村（志木市）、大井町（ふじみ野市）など、城下南部の川越街道沿いに多数の藩領ができたことをさしているのかもしれない。また、城下町周辺の上松郷では、柳沢家の元禄時代に市の開設を出願し、毎月四日、十四日、二十四日の三斎市の開催を許されたという。さらに、吉保は城下町の大改造を計画し、町方の寺院をすべて田島新田へ移転させ、西大手の改《あらため》付近の武家屋敷も整理して、「大腰掛★」を建設する計画をたてたが、転封により実現しなかったという説も書き留められている。

綱吉時代といえば「生類憐れみの令」が知られるが、川越城下においても喜多町のはずれの坂上に犬小屋が造られた。この付近には家臣三東小一郎の下屋敷があり、庭には築山泉水《つきやませんすい》を構え、遠くの田畑を眺望する景観の地であったという。三東は川越時代の柳沢家分限帳によると、二百五十石取の番頭《ばんがしら》★である。元禄十五年五月、江戸の俳諧師立羽不角《たちばふかく》が川越に転居した門人山東朋角を尋ね、地誌風の俳文『入間川やらずの雨』を著す。この山東朋角は、三東小一郎（山東小市郎）のことと推測されている。

またさきの分限帳には、大近習一五人扶持で荻生惣右衛門という人物が掲載されている。これが、古文辞学を唱え儒学の政治化を図ったことで著名な荻生徂徠《そらい》

▼腰掛
訴訟人の控所。

▼番頭
警固職の長。

である。徂徠は元禄九年八月二十二日に一五人扶持で吉保に召し抱えられ、同年九月十八日の将軍綱吉の柳沢邸への御成に列座している。このとき徂徠は三十一歳であった。翌年一〇人扶持加増、元禄十三年二百石加増、十五年百石加増と、吉保の出世に合わせるように加増されている。そして元禄十六年、吉保は漢学文武教場を創立し、徂徠を教授にしているという。吉保は引退後も徂徠が学者として大成できるよう配慮を与えたという。後世の川越地誌『武蔵三芳野名勝図会』には、城下宮ノ下の突き当たり辺りを「徂徠寓居之蹟」とし、徂徠が江戸から来てしばらく止宿したところと伝えている。

徂徠の主著『政談』には、仕官して間もない頃のできごととして、つぎのような話を載せている。川越藩領のある農民が、貧窮の余り妻を離別し母を連れて旅に出たが、途中で病気になった母親を捨て江戸に出てしまった。吉保からこの農民の処置を問われた徂徠は、このような貧農を出した代官、家老など為政者に大きな責任があると論じ、このことから吉保の信頼を得たと述べている。川越、柳沢吉保、徂徠をつなぐ貴重な話である。

柳沢吉保に仕えた荻生徂徠の画像
（部分・致道博物館蔵）

②三富新田の開発

柳沢吉保は、武蔵野の原野に理想の村落の形成をめざし三富新田を開発した。入植農民の精神的な支えとして、多福寺と毘沙門社などが建立された。三富新田の地では、現在も落ち葉を利用した循環農法が継承されている。

開発と地割

武蔵野の開発は、松平信綱時代から川越藩の引き続く政策である。柳沢吉保が入封して間もない元禄七年（一六九四）七月、幕府の評定所は川越藩領周辺村々が訴え出ていた秣場争論に裁許を下した。その内容は、川越藩領村々の開発地には武蔵野の境塚がなく、しかも検地のうえ村の石高に算入されていると既成事実を認め、新田も立野《たての》★も川越藩主の「心次第」と、川越藩の開発を全面的に認めるものであった。この裁許には、幕政上に強大な権限をもっていた新藩主柳沢吉保の影響があったのではないかとも推測されているが、この訴訟に関連し前藩主松平信輝の家臣堀江一重が氷川社山田神主に送った興味深い書状がある。それによると、堀江は訴えられた直後の前年十一月から江戸に出て奉行所などで川越藩の

▼立野
領主直轄の原野。

三富新田の現況
（『新編埼玉県史図録』より）

立場を主張し、また地元の氷川社へも「立願《りゅうがん》」し祈禱を依頼した。このたび勝訴となったので御礼の参詣をしなければならないが、すでに柳沢家の領地に替わっているので自分が出掛けるのは憚られ家来を遣わす、としている。この争論には、松平信輝時代から藩が深くかかわっていたのである。

この裁許をうけ川越藩では、柳沢吉保の家臣曽祢権太夫や根津文左衛門らが中心になって大規模な新田開発に着手した。場所は川越城の南方三里、東西三三町余・南北四七町余の立野の南に続く東西三三町余・南北二〇町ほどの広大な土地であった。立野は藩に千駄萱《せんだがや》★を納める秣場で、その東寄りに周辺村々の農民の信仰を集める木之宮地蔵堂があり、その地蔵林が開発の拠点となった。元禄七年中に開発に着手し、同九年五月には検地のうえ高入れされた。開発面積は、畑・野畑★・屋敷を合わせて九一四町歩余、石高は三千四百六十三石余で、上富・中富・下富の三カ村（三芳町・所沢市）からなる三富《さんとめ》新田が成立した。検地帳によると屋敷の名請人★は、上富八三、中富四〇、下富四九の合計一七二人であった。

上富村は、村の中央をほぼ南北に通る道路を中心に、短冊形に整然と均等な地割がなされている。一戸の地割は、道路に面する五畝歩の屋敷地、その後方に畑地、さらにその奥には秣や薪を供給する山林があり、すべてを合わせると一戸分は五町歩前後になる。当時の証文では「五町割壱軒」と表記されている。なお、屋敷地には、藩の指示で二間に五間の居宅、二間と四間の馬屋が建てられた。ま

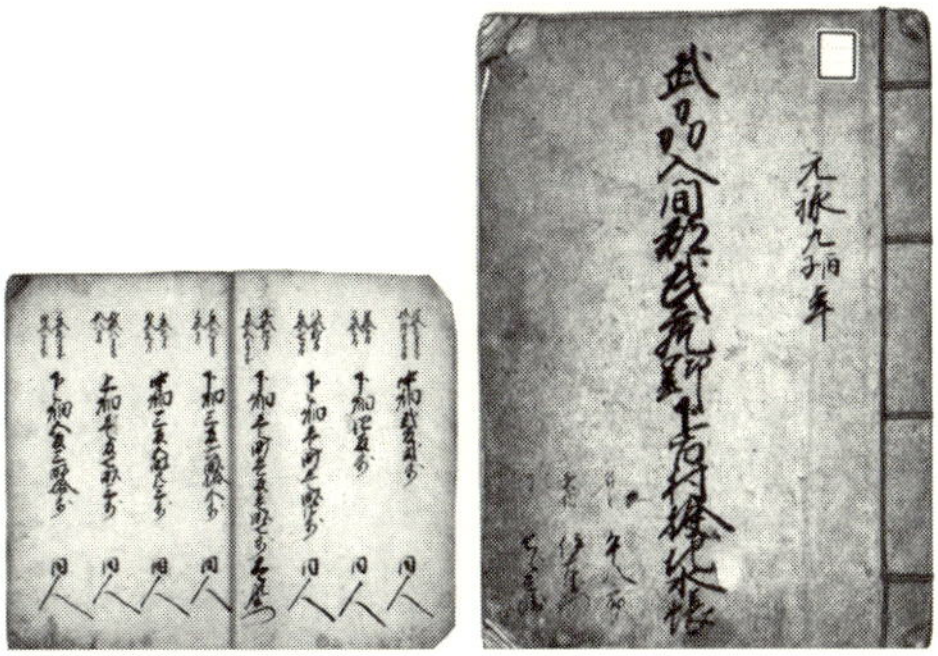

元禄９年の下富村検地水帳
（三芳町多福寺蔵）

▼**千駄萱**
将軍が訪れた際に御薪を調達したことに由来する。

▼**野畑**
畑と認定された野原で、課税の対象となった。

▼**名請人**
耕地の持ち主、年貢負担者として記載されている者。

た、開発を指揮した家老の荻沢源太右衛門や曽祢権太夫の下屋敷も置かれている。開発に従事した農民の出身地をみると、上富村の名主忠左衛門は近隣の亀久保村と推測され、川越近在はもとより、名栗、箱根ヶ崎（東京都瑞穂町）、さらに上野国や甲斐国方面と伝える人々もいる。

武蔵野の開発で重要な用水については、藩では当初野火止新田と同様に玉川上水から分水し、箱根ヶ崎池を経由して三富新田に引水することを計画したようである。工事過程を示す史料も確認されているが、実現のほどは未詳である。開発から五年間は免租で元禄十三年から年貢の徴収が始まったという。

新寺建立と吉保の理想

こうした新田開発が進められている元禄八年（一六九五）十月二十一日、吉保は三富新田に入植した農民の心のよりどころとするため、新寺建立の願書を幕府の月番老中へ提出した。現地で開発に従事している根津文左衛門から届け

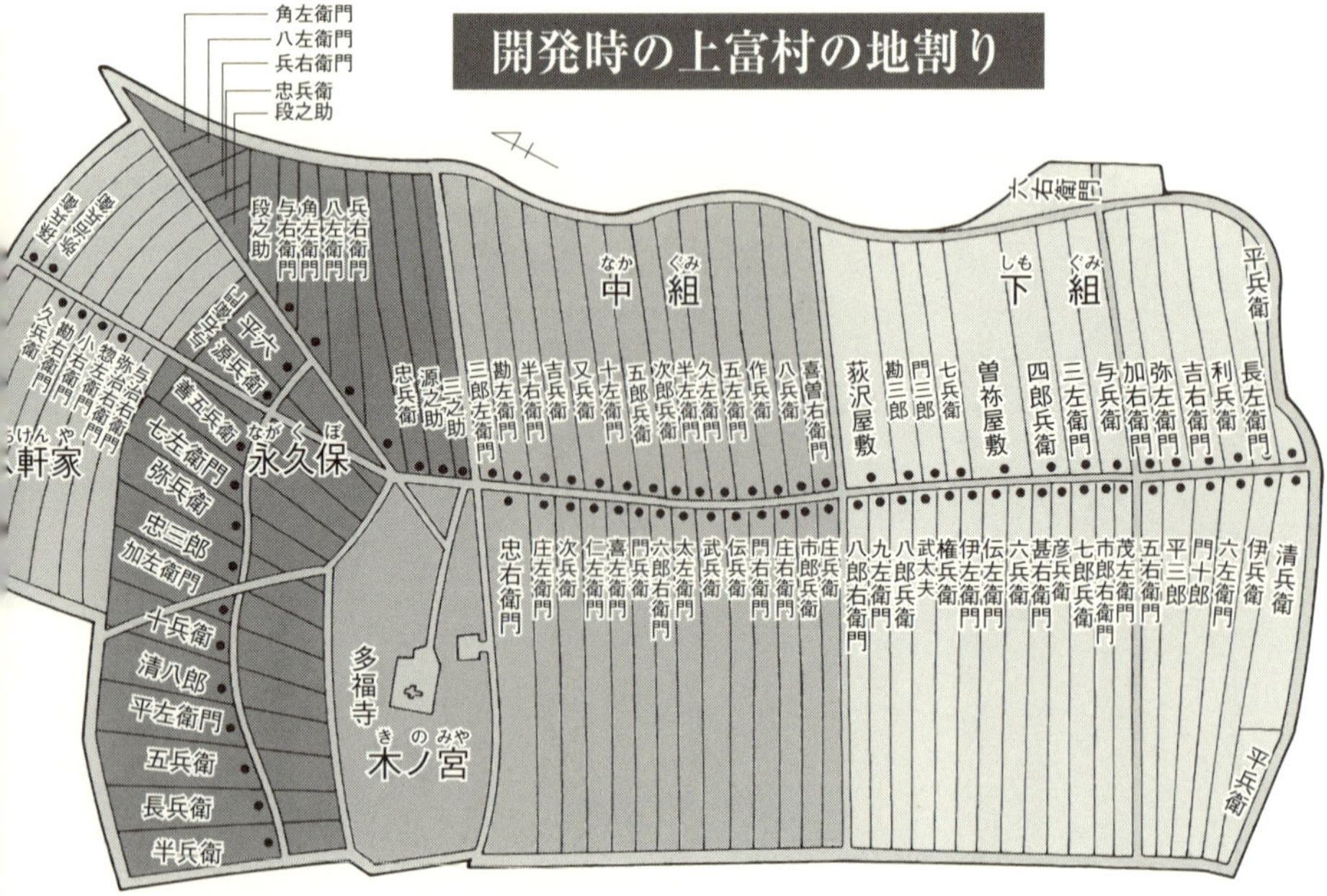

人名は開拓当初の名請人。●は居宅の位置（『新編埼玉県史図録』をもとに作成）

られた実測図によると、建立予定地は新田地の東寄、東西五〇〇間、南北二五〇間ほどの土地で、その東南隅に木の宮地蔵を祀る大きな塚がある。地元で地蔵林と呼ぶこの林の東側が多福寺の境内、その南側に木ノ宮地蔵があり、西側が毘沙《びしゃ》門《もん》社および別当多聞院の敷地となっている。

堂社の建設は翌元禄九年一月九日から始まり、三月二十六日棟上、五月十六日に鐘楼ができ、六月九日に寺の普請が成就した。八月八日、江戸麻布の東北寺隠居の洞天慧水が開山第一世の住職となった。宗派は臨済宗で京都妙心寺の末寺である。開発に深くかかわった家老荻沢源太右衛門など多数の家臣から仏像や仏具が寄進された。多福寺の西側、中富村の地には、村民の祈願所として毘沙門社が建立された。同年四月二十二日に建築物の位置が決められ、五月二十九日棟上、六月九日に普請が成就している。別当多聞院の住職は、江戸四谷の愛染院から招き、多福寺と同じ八月八日に就任している。翌元禄十年十一月、吉保の異父弟虎《こ》峯玄章《ほうげんしょう》が多福寺第二世となるなど、三富新田の開発と多福寺の運営には、柳沢吉保の家臣や一族が深くかかわっていたのである。

吉保の側室正親町《おおぎまち》町子の『松蔭日記』によると、吉保は現地に行けないのを物足りなく思っていたが、多福寺や多聞院のありさまを詳しく描いた絵図を繰り返し見て、ようやく満足したようであったという。

この新田開発と寺社の建立は、儒学に傾倒した吉保の深い思いが込められてい

三富山多福寺の惣門（三芳町）

たのである。そのことは、曽祢権太夫が撰文した多福寺の鐘銘に明らかである。新田開発の経緯を述べ、村名「富《とみ》」の由来に言及している。それは『論語』の子路篇に基づくもので、人が沢山いればそれを富ますこと、豊かになったら教えを広めることを説いている。吉保は新開の地に堂舎の立ち並ぶありさまを見て、武蔵野の荒野に周辺村落から農民を集め、耕地を開発して富を生みだし、そして、これらの寺社により教えが広がり、まさに『論語』が説くような理想郷の姿を思い描いていたのであろう。三富の開発には、吉保のこうした文治主義的な政治理念が現れているといわれる。三富新田の地は、現在の入間郡三芳町西部から所沢市東部にかかる畑地で、開発が進む一方、江戸時代以来の地割の一部が現存し、落ち葉を活用した循環農法も継承されている。

柳沢吉保については、「柳沢騒動」をテーマとした実録物、歌舞伎や講談などにより、悪の権化《ごんげ》のような印象が広く流布《るふ》されてきた。しかし、近年では綿密な史実の再検討により、そうしたイメージは徐々に払拭《ふっしょく》されてきている。川越在城時代の元禄十六年八月二十六日、自ら賛を入れた吉保の肖像画が三幅残されている。漢詩の賛が二幅、和歌の賛が一幅、いずれも幕府の奥絵師狩野常信により描かれたものである（九三頁）。新田村落の名前を『論語』から引用するにふさわしいような、吉保の謹厳な容貌である。宝永元年（一七〇四）十二月、三万九千石余の加増をうけて、由緒ある甲斐国（山梨県）甲府へ転封となった。

三富新田の開発経緯を刻んだ銅鐘
（三芳町多福寺）

③ 秋元家歴代とすぐれた家臣

老中秋元喬知は、甲州谷村から川越に入封した。俳諧や地誌の編纂など、文化事業にすぐれた業績を残した家臣を輩出した。希代のマルチ人間、平賀源内も秋元家と関係をもっていた。

秋元喬知と二人の家老

柳沢吉保に代わり川越に入封した秋元氏は、戦国期に武蔵国深谷を本拠とした上杉氏の遺臣で、関東に転封した徳川家康に属した。文禄元年（一五九二）に初代の長朝《ながとも》が上野国碓氷《うすい》郡で五百石、慶長六年（一六〇一）に群馬郡で一万石を拝領し総社《そうじゃ》（前橋市）に居を構える。二代目泰朝《やすとも》は、寛永十年（一六三三）に甲斐国都留《つる》郡で一万八千石の谷村藩主（都留市）となる。三代目富朝《とみとも》を経て四代目喬知《たかとも》の時代に譜代大名として幕政での地位を固める。延宝五年（一六七七）に奏者番で寺社奉行を兼務、若年寄へと進み、元禄七年（一六九四）までに領地も三万石に増加し、元禄十二年に老中となる。そして、宝永元年（一七〇四）十二月二十五日、都合五万石で川越に入封する。

譜代大名としての地位を固めた秋元喬知の画像（部分・個人蔵）

実際の城の明け渡しは、年を越えた宝永二年二月二十二日であった。秋元喬知は柳沢吉保ほど著名ではないが、将軍綱吉のもとで破格の出世をした譜代大名といえる。しかし、幕府の重職にあったので江戸城や御殿の造営奉行、祝典や法会の奉行で莫大な出費を強いられ、藩財政は窮乏し、谷村時代から領内の殖産に力を入れ、郡内絹をはじめ畑作地帯の商品作物の栽培を推し進めたといわれている。正徳元年（一七一〇）に一万石の加増をうけ、同四年八月十四日没、享年六十六歳。

喬知の家臣として著名な人物は、松尾芭蕉《まつおばしょう》の初期門人としても知られる高山繁文である。高山氏の遠祖は武蔵国秩父郡高山（飯能市）の出身と伝え、上野国総社時代から秋元家に仕えた。繁文はその四代目で通称は伝右衛門、寛文十二年（一六七二）に家老職となり、その後知行は一千二百石まで増加している。

延宝四年（一六七六）に息子の繁扶が江戸で生まれているので、江戸詰の頃に芭蕉の門人として俳諧を学んだのであろう。俳号は麋塒《びじ》で、天和二年（一六八二）の千春編『武蔵曲《むさしぶり》』には、芭蕉や宝井其角《きかく》と並んで一一句も入集している。芭蕉は、この年と推定される五月十五日付の麋塒宛の書簡で、新しい時代の句作を具体例をあげて説明し、子弟の親密な関係を窺わせる。「遠方御へだて候」とあり、麋塒は谷村在住と推定できる。この年も押し迫った十二月二十八日、天和の江戸大火で深川の芭蕉庵が焼失、罹災した三十九歳の芭蕉は、麋塒の住む甲斐国谷村へ赴くことになる。高山家の別荘桃林軒が芭蕉の寓居とされ、谷村滞在中に麋塒

本応寺にある家老高山繁文の墓（『譜代大名秋元家と川越藩』より）

養寿院にある家老岩田彦助の墓（『譜代大名秋元家と川越藩』より）

とともに詠んだ歌仙も残されている。芭蕉が江戸に戻るのは翌三年五月とされるので、半年近くの滞在であった。繁文の家老としての事績について伝えるところはほとんど無いが、五百石で嗣いだ家禄を一千二百石にまで増加させているのだから、それなりの業績を残したものと思われる。墓石には、正徳四年八月二十八日、六十六歳で剃髪《ていはつ》とある。この年八月十四日に、藩主喬知が亡くなっているので、それを期としたのであろう。享保三年（一七一八）二月七日、川越にて没、享年七十歳、川越城下続きの石原町本応寺に葬られた。

高山繁文と並び称されるもうひとりの家老が、「秋元に過ぎたるもの」と世評の高かった岩田彦助である。墓碑や由緒書によると、万治元年（一六五八）、阿波国（徳島県）徳島城下の富田村に生まれた。はじめ父の跡目百五十石を相続するが、十六歳のときに江戸へ出て、元禄二年一五人扶持で秋元家の江戸屋敷に勤める。公用役として頭角を現し、元禄八年には二百石、元禄十二年に物頭★、翌年用人★となる。そのあとも加増され、「家監」となり七百石を領した。

新参ながら、才知に富み出世を遂げたようであるが、具体的な事績となるとほとんど伝わらない。わずかに宝永五年（一七〇八）に、領内堀金村（狭山市）にある平安時代以来の歌枕「ほりかねの井」の伝承地を整備し、由緒の石碑を建てたことが知られる。役職上の仕事ではあるが、文化的な素養も深かったのであろう。享保十九年没、享年七十七歳、城下南町養寿院に墓が現存している。

▼物頭、用人
物頭は者頭とも。弓組、鉄砲組の長のこと。用人は家老に次ぐ地位で、庶務や会計を担当した。

岩田彦助の石碑が建つ堀兼井
（『武蔵三芳野名勝図会』より・個人蔵）

秋元凉朝と文人肌の家臣

その後の秋元家は喬房《たかふさ》、喬求《たかもと》と無難に相続し、凉朝《すけとも》は曾祖父喬知と同様の出世コースを歩む。すなわち、延享元年（一七四四）の奏者番を振り出しに、寺社奉行兼務などを経て、宝暦十年（一七六〇）に老中となる。いったん病気で辞職した後、今度は西ノ丸老中★に就くが、明和四年（一七六七）閏九月十五日、山形へ転封を命ぜられた。凉朝は転封を好まず致仕し、子どもの永朝《つねとも》が襲封して山形に赴いた。安永四年（一七七五）死去、享年五十九歳。凉朝の西ノ丸老中辞職から致仕の背景には、田沼意次《たぬまおきつぐ》との対立があったといわれる。

凉朝は文化人としてもすぐれていた。宝暦八年、江戸の俳諧師蚊窓古郷は、見せ物を題材とする画賛句集『東土産』を編集した。巻末には桜を主題とした発句★が集められているが、その最初を飾る作者「千里子」が秋元凉朝と推定されている。さらに明和三年には、松江藩主松平宗衍《むねのぶ》（俳号雪淀）の歳旦帳「うぶ着がた」にも千里子の発句がある。雪淀の息子雪羽は、茶道で著名な松平治郷《まつだいらはるさと》（不昧《ふまい》）である。凉朝は、こうした文人大名の一角に加わっていたようである。

家老高山繁文の息子繁扶も、嵐皐《らんこう》と号して家老職の傍ら俳諧を善くした。享保二十年に江戸の俳諧師白兎園宗瑞《はくとえんそうずい》が川越に来たときの記念句集『松の宴』には、

▼西ノ丸老中
将軍家の世継ぎ付の老中。

▼発句
俳諧、連歌の最初の一句。

大蓮寺にある藤田貞陸の墓

麋塒が芭蕉より伝えられたという「松風の文机」について言及がある。嵐皐は延享五年七十三歳で没。父と同じく本応寺へ葬られた。高山家に伝えられた芭蕉の遺墨は、安政六年（一八五九）、守轍白亥の『真澄《すみ》の鏡』に収録された。

俳人では、八百屋お七の手習い師匠として知られる貞陸もいる。『武蔵三芳野名勝図会』によると、松永貞徳《まつながていとく》の門流で、俗称は藤田佐助という。百歳の記念集『鶴のあそび』では、巻頭に八百屋お七に手本を書いたことを記し、江戸で四九名、川越関係で八三名の句が寄せられている。延享三年（一七四六）七月十日没、百歳、城下大蓮寺に葬るとあるので、高山麋塒と同世代の人である。

また、地誌の分野で筆をふるった家臣が多いのも特色であろう。川越最古の地誌『川越索麪』の著者板倉良矩《いたくらよしのり》は、城下大久保町に住み、家禄は百五十石と推定されている。名月堂連国《めいげつどうれんこく》と号し俳諧もよくした。寛延二年（一七四九）二月十日没。『川越索麪』は未定稿であるが、古老の聞き取りや伝説などを随所に取り入れ、読み物としてもすぐれている。良矩没後四年の宝暦三年、同じく家中の太陽《たいよう》寺盛胤《じもりたね》が『多濃武《たのむ》の雁』という、古歌に因んだ書名の地誌を著した。この本には、川越城や藩士に関する記述も含まれ、項目の立て方もかなり整然としたものになっている。盛胤は藩の用人役を勤める上級家臣の長男であったが、家督は相続しなかったといわれる。板倉良矩と太陽寺盛胤はほぼ同時代の人なので、あるいは地誌の執筆についても意見の交換があったかも知れない。

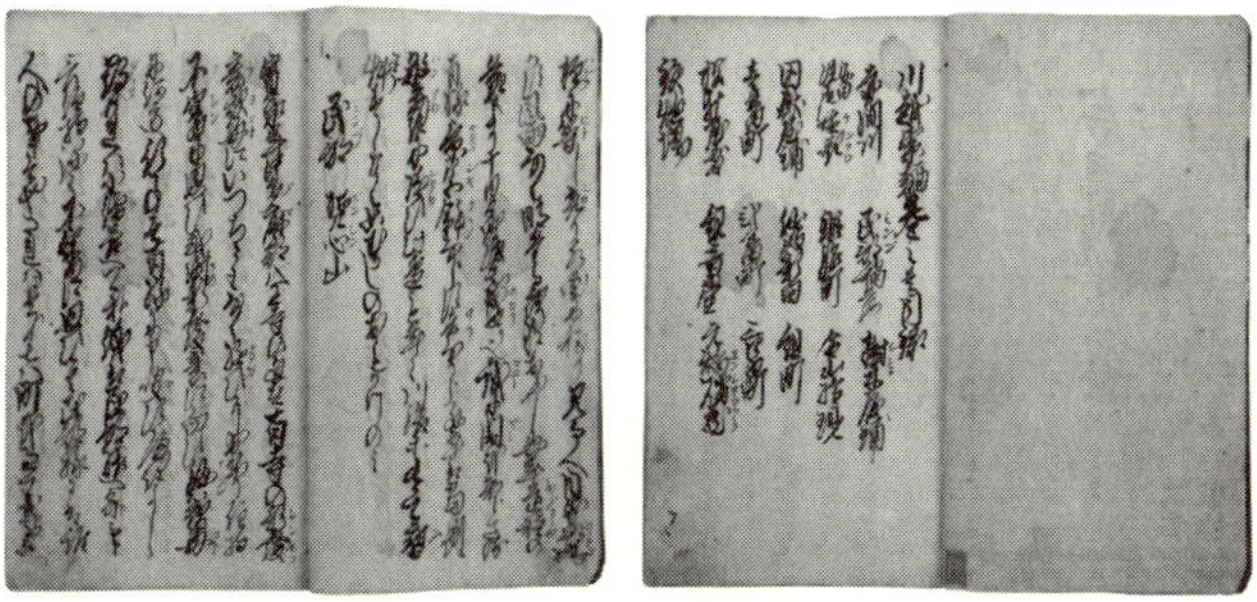

川越最古の地誌『川越索麪』（川越市立中央図書館蔵）

平賀源内と秋元家

秋元家時代には物産学への関心も深まり、享保二十年（一七三五）には幕府の調査に応じ『武蔵国川越領産物絵図帳』を作成した。調査者は秋元家家臣の里村友左衛門と明記され、領内の草花、樹木、魚類、鳥類、昆虫など五七品目について、図および解説を付して報告している。里村は知行高百五十石で、藩主喬知《たかとも》の頃に刀番、徒士頭、留守役などを歴任している。

その後大分時間は経つが、平賀源内★から長文の書状を受け取った河津善蔵という家臣もいた。明和四年（一七六七）と推定される十一月十九日付の書状で、河津からの植物や鉱物の名称問い合わせに、源内が回答し、それに添えたものである。源内はわざわざ遠方からの依頼なのであらましを答えるとし、さらにヨーロッパの博物図譜の素晴らしさや、昨秋から秩父中津川で行っている金山開発など自身の近況にも言及している。末尾には、山形へ国替えになったが、すでに致仕しているので「御地」（川越）に残るようならば、秩父への往来のついでに、「紅《こう》毛《もう》（オランダ）之書物」を持参してお見せしたい。また、山形にも近々行く予定である、と長文の書状を結んでいる。源内からこれだけ親身に言葉をかけられている河津善蔵については今のところ未詳であるが、博物学や物産学に深い関心を

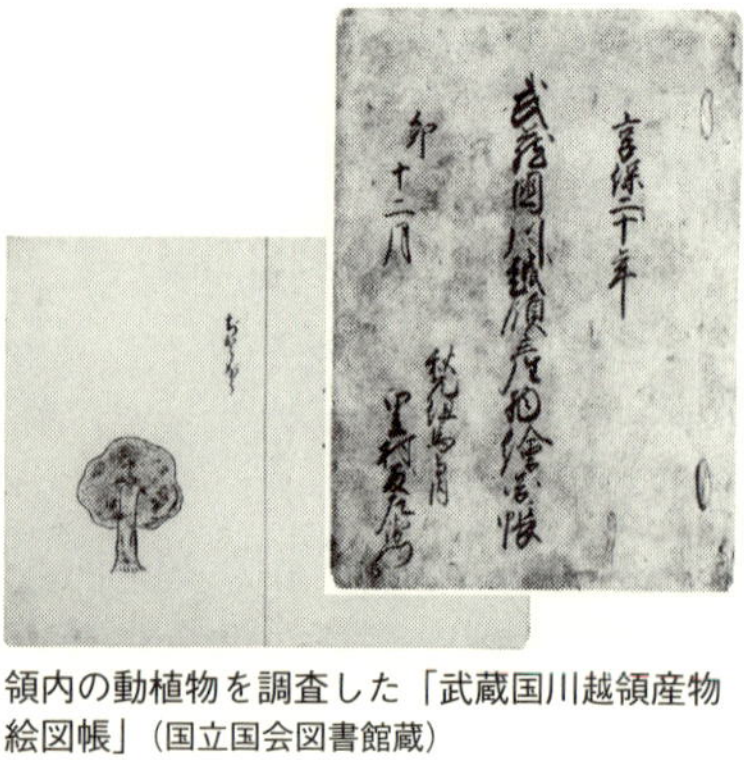

領内の動植物を調査した「武蔵国川越領産物絵図帳」（国立国会図書館蔵）

▼平賀源内
江戸時代中期の本草学者、戯作者として活躍。秩父で鉱山開発、木炭生産、通船事業なども実施し、埼玉との関係も深い。

平賀源内肖像
（『平賀源内全集より』）

もった家臣がいたことがわかる。源内には、宝暦十三年（一七六三）頃に秋元家への仕官の話があったことも推定されている。さらに、この書状で予告したように、源内は翌明和五年に山形に赴き、転封してきた秋元家が城内の長屋を改築する工事の入札に参加していることが、源内の日記にみえる。秋元家と源内は、かなり強い糸でつながっていたようである。

もうひとり、川越藩関係で平賀源内と交流のあった人物がいる。それは、川越出身の儒者として知られる関修齢である。修齢は宝暦七年に前橋在城時代の松平大和守家に仕官し、同家が川越へ移った直後の明和六年まで在職したようである。源内と修齢をつなぐ記録は、岩槻藩の儒者児玉南柯《なんか》の日記で、その文化三年（一八〇六）六月二十九日条に、平賀源内の「火浣布之事」の全文と、関松窓（修齢の号）から聞いたという源内の略歴が筆写されている。修齢は寛延三年（一七五〇）から林大学頭の塾に学び、源内は宝暦七年、児玉南柯も明和四年に同塾に入門している。おそらくこの林家の塾を介し、三者がつながることになったのであろう。なお、この修齢の紹介で林家に入門、塾頭を務め詩人としても著名な市河寛斎は、もとは秋元家の家臣であった。

藩主秋元凉朝の周囲には、江戸で開花した宝暦・天明期の文化に親しんだ個性的な文人家臣が数多く集っていたようである。

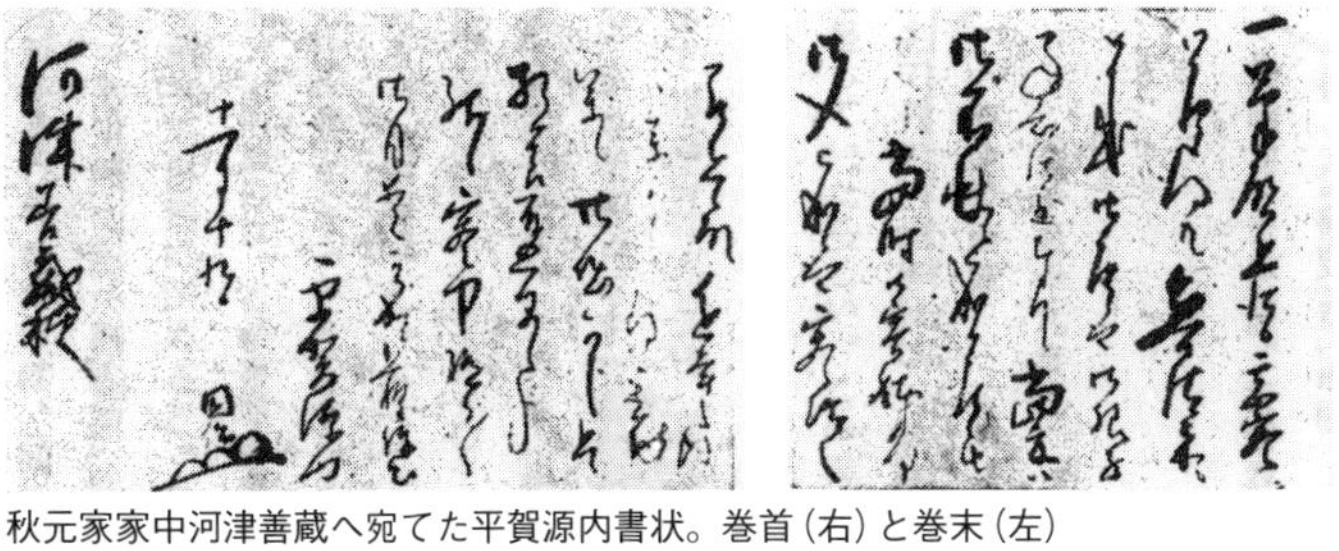

秋元家家中河津善蔵へ宛てた平賀源内書状。巻首（右）と巻末（左）
（城福勇『平賀源内の研究』より）

④ 秋元家の藩政と豪農奥貫友山

秋元家の歴代当主は、絹織物や畑作物などで特産品の生産を進めた。久下戸村の豪農奥貫友山は、寛保二年の大水害の救助に立ち上がった。強訴から打ちこわしへと展開する伝馬騒動のなかに、友山は時代の転換をみた。

秋元家の殖産興業政策

秋元家の藩政というと、必ずのように殖産興業がいわれる。前任地甲斐国谷村《やむら》（山梨県都留市）から引き継いだ絹織物、とりわけ川越平《かわごえひら》の生産をはじめ、甲州丸に代表される柿の植栽、前時代から続く真桑瓜《まくわうり》やハトムギなどの武蔵野台地上で栽培される畑作物、また前時代から名高い素麺も川越産の良質な麦が原料であった。これらのなかで、当時の史料があり具体的な経過が判明するのは「川越平」である。幕府の編纂した地誌『新編武蔵風土記稿』の入間郡総説では、「川越絹平」の始まりを、秋元喬知《たかとも》が甲斐国都留郡谷村から転封するとき絹紬《つむぎ》職人を連れてきたものとする。一方、経世家海保青陵《かいぼせいりょう》は『稽古談《けいこだん》』で、谷村在城期に秋元家の家中が内職として行っていたものが、転封とともに川越にもたらされたとす

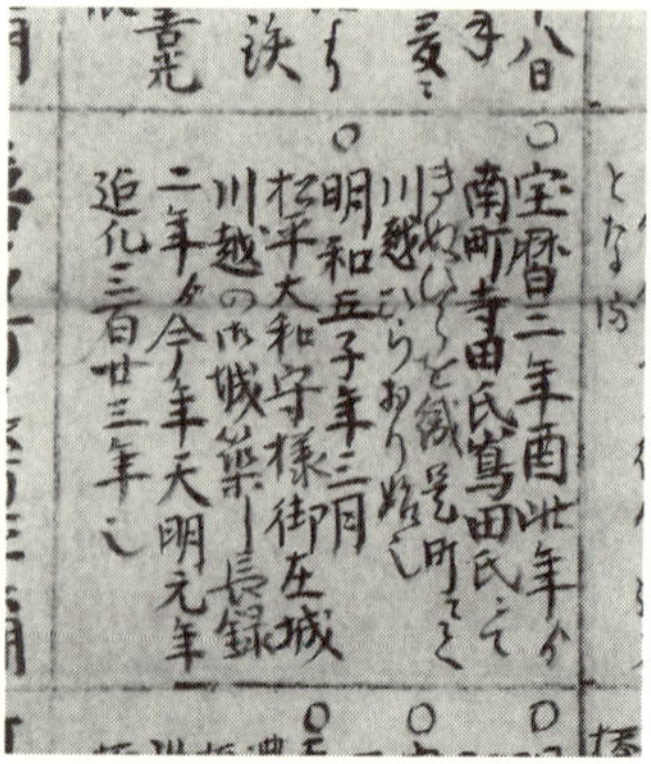

川越平の始まりを伝える「川越年代記」（部分・川越市立中央図書館蔵）

る。おそらく青陵の指摘するように家中の内職として発達したものであろう。天明年間（一七八一〜一七八九）成立と伝える「川越年代記」も内職説で、それが町方《まちかた》に広まるのは宝暦三年（一七五三）という。その後領内各地に伝えられ、この川越平は夏袴《なつばかま》の代名詞のように、川越の特産品として全国的な名声を得るが、そのことについては、のちに松平大和守家時代の藩財政改革の箇所で述べる。

もうひとつ、真桑瓜を取り上げてみよう。宝暦三年成立の地誌『多濃武《たのむ》の雁』に、川越の名産として素麵と熟瓜（真桑瓜）をあげる。その産地は川越城から南へ三里、信綱時代に開かれた不老川《としとらず》右岸の新田村落である赤坂村と松原村であった。城下はもとより江戸へも出し、将軍への献覧もあると記す。さらに、扇河岸に隣接する砂村の小名《こな》「ワセ瓜」の起源は、『新編武蔵風土記稿』によると、秋元家の領分であったときに瓜を作ること命じられたことによるという。

しかし、川越の真桑瓜は、すでに松平信綱の時代から幕府に献上する「御瓜」が仕立てられ、その肥料として葛西から灰や下肥を輸送するために牛子河岸が取りたてられたという。また、元禄十年（一六九七）刊の『本朝食鑑』では、本場美濃の種で栽培している川越産の真桑瓜を第一と評価している。元禄十五年、江戸の俳諧師立羽《たちば》不角《ふかく》が川越を訪れて書いた地誌風の俳文『入間川やらずの雨』では、入間八景のひとつとして「川越瓜市」が詠まれている。これら一連の史料をみていくと、真桑瓜の場合は、前時代からの生産・販売をうけ、秋元家時代にさ

秋元家
木瓜紋

らにそれを拡大していったようにみえる。

こうした特産品は、領内各地から集められ、新河岸川舟運を利用して大消費地江戸へ運ばれた。一見すると領内は好景気に沸いているようであるが、商品流通の発達にともない、農村では富を集積する豪農が成立するなかで、耕地を失う農民も多く、階層の分化が進んでいった。一方藩財政は、華美な風潮のなかで支出が増大するにもかかわらず、年貢の収納量はのびず、さらに災害が追い打ちをかけ、悪化の一途をたどっていた。秋元凉朝《すけとも》の治世は、襲封直後の寛保の大水害、そして転封直前の明和の伝馬騒動と、こうした社会経済状況の変化を反映した、全国的にみても大きな事件に見舞われている。以下、これらの事件を、それを体験した一人の豪農、久下戸《くげど》村の奥貫《おくぬき》友山の眼から眺めてみよう。

寛保の大水害と救済事業

寛保二年（一七四二）八月一日、関東地方は先日来の大雨で、未曾有の水害に見舞われた。川越藩領の荒川流域でも被害は大きく、堤防が切れるというよりは、その上を水が流れるありさまであったという。この大水害を目の当たりにして、川越藩領久下戸村の名主奥貫友山は、父の指示もあり、村人と相談のうえさまざまな救済事業を実施した。ほんらいこうした災害時の救済事業は領主が「お救

文机に向かう晩年の奥貫友山の画像
（埼玉県立文書館収蔵奥貫家文書No.3437）

い」として実施すべきものであるが、藩財政の逼迫から十分に対応できず、村々で財力を蓄えた豪農商がそれに代わって実施するようになっていたのである。地主でもある彼らにとって、被災農民の生活維持は重要な問題であった。

　奥貫家の救済事業に対し、川越藩では、翌寛保三年一月に友山およびともに救済事業を行なった渋井村の高橋半右衛門を藩会所に招いた。友山は江戸へ出ており、父親が代わりに出頭し、褒美の品を拝領した。さらに同年十月には、藩主秋元凉朝にお目見えを許され、その後、狩野周信《ちかのぶ》筆「白鷹図」を拝領し、奥貫家に現存している。

　友山がこの災害を記録した『大水記』には、自分のとった救済処置をつぎのように記している。まず働き場の無い村民を集め、新たに奥貫家の堀や水塚《みづか》★を築かせ、その報酬を与える。そして、寒さをしのぐため江戸から紙の衾《ふすま》★を買い求めて与えた。食糧の無い農民には麦や稗、あるいはそれを購入する銭を援助し、他村からの袖乞《そでごい》にも稗を与えた。このほか父母が実施した粥《かゆ》の炊き出しなどもあり、救済事業は翌寛保三年四月頃まで続けられた。その結果、食糧に困る家が災害時に一二二軒あったのが、三月には三五軒と数字の上では大幅に改善された。しかし友山はこの結果を、飢えた者は他所へ奉公に出てしまい、また春になったので衣類を質に入れ食糧を購入した結果であると、冷静に分析している。友山の眼に映った農村の現実は、この大水害を契機に人々が村を離れ、荒廃した耕地だけが

当時の姿を伝える奥貫家の長屋門
(川越市大字久下戸、『名主奥貫友山と寛保２年の大水害』より)

▼水塚
洪水に備えるために敷地内に築いた水害避難用の塚。

▼紙の衾
藁を紙でくるんだ夜具。

残されるという極めて厳しいものであった。

この「大水記」の末尾に、友山は「救荒余話」という一文を付し、藩の救済策に対する考えを述べている。まず問題にしたのは、藩主が自らの責務を全うするため救済事業を起こしても、それがそのまま飢えた人々の救済にはならないという現実である。友山によれば、救済を願い出てもそれが実現するまでに日数が掛かり、その間に飢えた人はますます困窮してしまい、ときには偽りの申請をする農民もいるので、藩主のお救いの施策を村方で徹底することはできない。こうした現実をみた友山は、確実な救済方法は、飢えた人々を集め、炊き出しをすることである、と主張している。藩の救済事業の画一性・形式性を批判したものといえる。

さらに、これと関連して実施主体の問題にも目を向けている。当時の支配的な考え方によれば、農民身分である友山が救済できるのはせいぜい親族あるいは近隣までで、村人全体のことは名主として領主へ窮状を訴え出てお救いを求めるのが身分相応な対応である。今回の友山の行動は、この枠を踏み越え、直接村民全体の救済にあたってしまっている。こうして、名主の身分を超え「僭上《せんしょう》★の罪」を犯したにもかかわらず、藩主秋元凉朝は友山を召し出し褒賞まで与えてくれた。友山は、この「寛大」な処置に感謝するのである。なお、友山の晩年、この救済事業を記した「救荒の一軸」が、尾張徳川家の侍講《じこう》★で米沢藩でも活躍した細井平《ほそいへい》

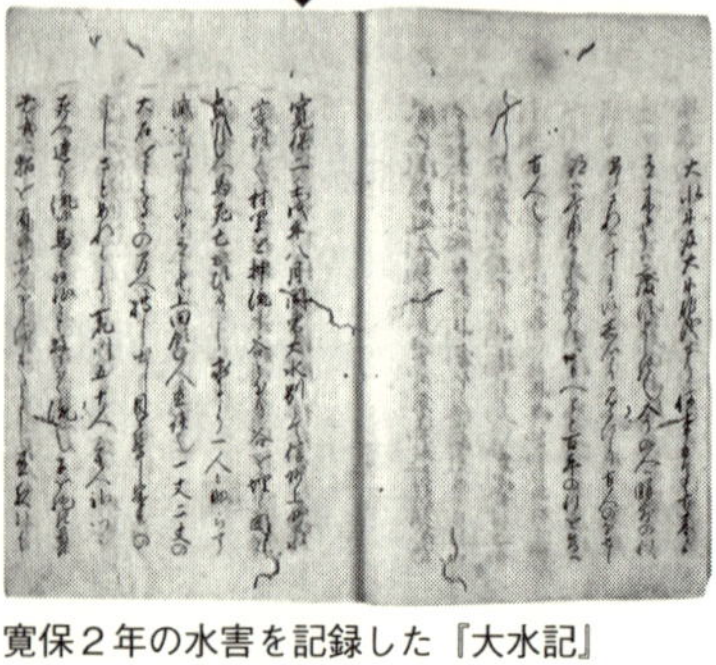

寛保２年の水害を記録した『大水記』
（埼玉県立文書館収蔵奥貫家文書No.40）

洪水の水位を記す石燈籠（『名主奥貫友山と寛保２年の大水害藩』より）

▼僭上
身分不相応で奢ったこと。

▼侍講
大名に学問や君主の心構えを講義をする学者。

洲《しゅう》を通じて尾張藩主へ披露され、この事績がさらに広く知られようになっていった。

伝馬騒動と藩の対応

晩年の奥貫友山に、再び現実社会と藩の役割について考える機会を与えたのが、伝馬騒動である。これは明和元年（一七六四）閏十二月末から翌年一月にかけてこの地方を席巻した大百姓一揆であった。ちょうど友山が五十七、八歳の頃で、『中山道増助郷《ましすけごう》★一件』と『酉年百姓騒動一件』という記録を残している。友山はこの一揆を、増助郷に反対する強訴《ごうそ》★と増助郷を計画したとされる豪農層に対する打ちこわしとの二つに峻別し、そのため記録も二冊となっている。この百姓一揆は、年々増加する助郷役に対応するため、実際に人馬を提供するだけでなく、金銭で納入する方法を導入し、負担地域を一挙に拡大しようとしたことに対し、武蔵国を中心に中山道に沿う四カ国二万の農民が起こしたものである。増助郷反対の強訴は、久下戸村が一揆勢の要請により参加した閏十二月二十九日夜、関東郡代伊奈半左衛門が桶川宿で一揆側の要求を受け入れひとまず終結した。

年が改まり明和二年一月二日から、今度は増助郷計画を企画したとされる豪農に対する打ちこわしが入間郡各地で始まった。一揆勢は川越城下へ迫り、友山の

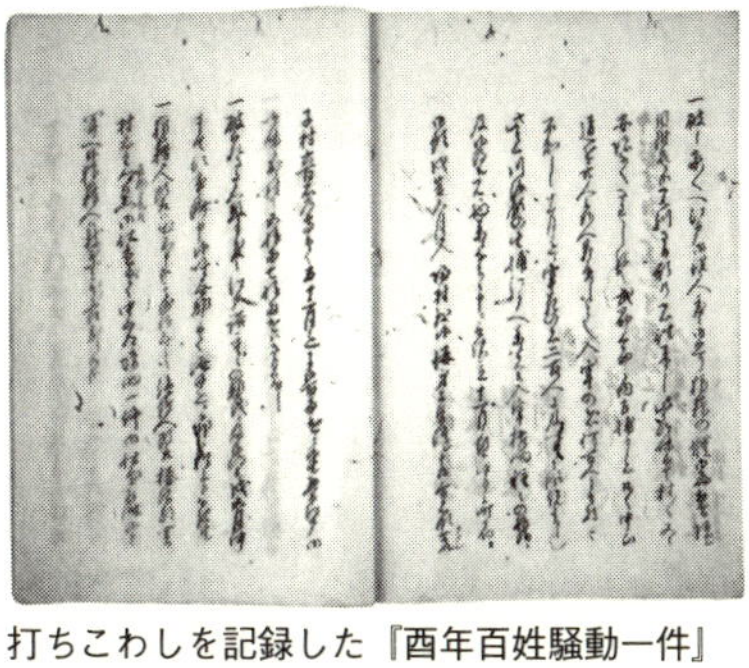

打ちこわしを記録した『酉年百姓騒動一件』
（埼玉県立文書館収蔵奥貫家文書No.35）

▼増助郷
人馬継ぎ立ての役務を課す郷村の範囲を広げること。

▼強訴
農民が徒党を組んで領主、代官などに強硬に訴え出ること。

住む久下戸村へも一揆へ加勢するよう要求が来た。この夜、一揆勢は城下近くの平塚、鯨井両村から北田島村付近を席巻し、今回の増助郷出願人の一人である城下江戸町の問屋久右衛門宅へ向かおうとしていた。城内では、家老の高山文左衛門はじめ用人・物頭などで評議し、まず城下の口々を堅く閉じ、江戸上屋敷に「農民が蜂起し、村々の家を打ち潰《つぶ》し城下近辺の村々が大騒動」と報告した。これに対し藩主は「農民のこと、たとえ城下まで押し寄せても飛び道具は使わず、怪我の無いようにあしらい、願い筋があれば早々に取り上げ穏便に済ます」よう指示した。明け方、北田島村を打ちこわした一揆勢が城下に入ろうとして警備の物頭と押し合い、城下に逃げ込んだ六七人が搦めとられたという。

その後一揆勢は再度集合し、召し捕らえられた農民の釈放を要求し、聞き入れられなければ城下へ乱入する勢いを示した。こうした状況をみて、藩では、召し捕らえた農民たちに、願い筋があれば神妙に出願し村方を穏やかに収めるよう、書付を渡して釈放した。上屋敷では、掛《かかり》の用人に経緯を報告したところ、事態を鎮めるため釈放したことは神妙な取り計らい、ということで一件落着した。幕府は、藩がこの百姓一揆に対しては「静なるを専一」、すなわちことを荒立てないように対応したことを評価した、と友山は書き留めている。

しかし世評では、捕縛農民を釈放した処置を「手ぬるき様」と噂しており、友山も「上向の了簡は格別也」と、藩役人との見解の違いを意識している。北田島村を打ちこわした一群が老袋《おいぶくろ》の渡しから足立郡へ向かい、帰りには「狼藉」を働くという風説があり、久下戸村では藩に警備を出願した。しかし藩の回答は、手が回らないので村方で用心するように、と素っ気ないものであった。城下に「悪党」が乱入するという風聞で、抜き身の鑓や長刀を持った足軽が城下の諸口を厳重に警備しているが、農民相手の戦いでは、武家方は為すべもなく当惑するだけであったという。こうした状況のなかで、再度一揆勢から加勢するよう廻状が来た。友山の息子の五平次は、今回の騒動は公儀に背く狼藉人の仕業、名主宅の打ちこわしを逃れるために村人を出し、もし死者でも出たらどうすると主張し、周辺村々とともに一揆勢の要求に応じなかった。足立郡川田谷村狐塚《きつねづか》（桶川市）の高橋甚左衛門のように手兵で一揆勢を撃退した豪農もあった。

すさまじい打ちこわしを見て、友山は、このような上を恐れない人情になってしまい、今後どのような世の中なるのか「我も人も恐懼《きょうく》を抱くのみ」、と書き付けた。さらに晩年には、今の社会をみていると諸侯より乱れることはなく、権現《ごんげん》様（家康公）の御徳が薄れるようなことがあれば、農民から乱れるようになるであろう、と『子孫へ申置ことば』に書き残している。歴史を動かす主体が、武家から農民へ移っていく現実を、友山は確認したのであろう。少なくとも、藩が、武士が、絶対的な力をもった時代ではなくなっていたのである。

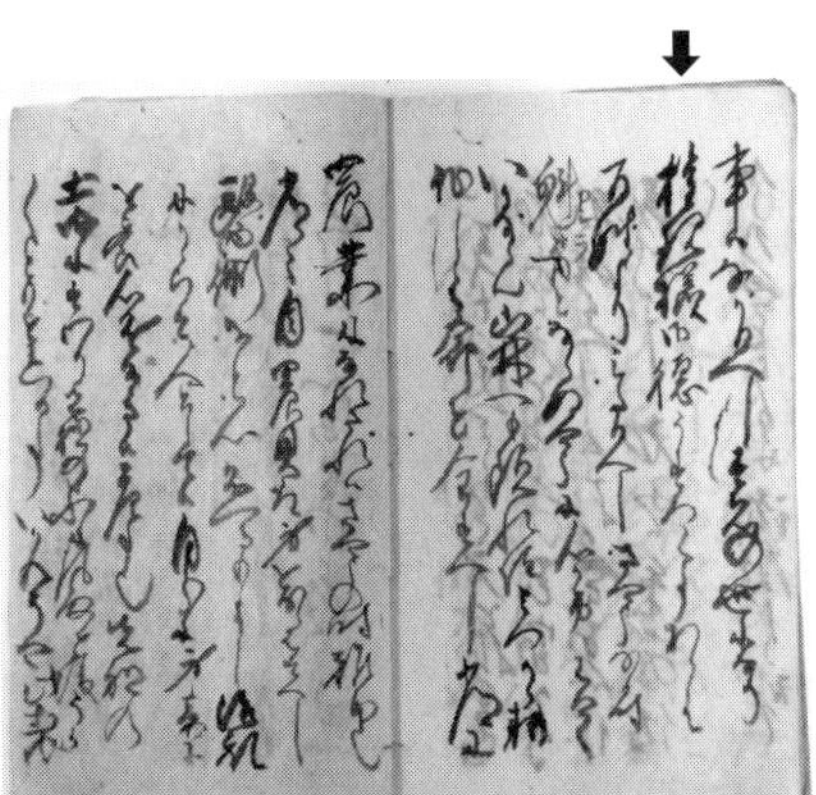

世の乱れを憂慮する『子孫へ申置ことば』
（埼玉県立文書館収蔵奥貫家文書No.44）

川越藩主歴代表

藩　　主	石　高	前封地	在城年代	移封地	幕府役職
酒井家					
酒井重忠	10,000	三河国西尾	天正18～慶長6.3.3移	上野厩橋	
酒井家					
酒井忠利	20,000	駿河国田中	慶長14.9.23～元和2.7加		留守居
	27,000		元和2.7～元和5.10加		
	37,000		元和5.10～寛永4.11.14没		
酒井忠勝	80,000	武蔵国深谷	寛永4.11～寛永9.9.19加		老中
	100,000		寛永9.9.19～寛永11.閏7.6移	若狭小浜	(のち大老)
堀田家					
堀田正盛	35,000		寛永12.3.1～寛永15.3.8移	信濃松本	老中
大河内松平家					
松平信綱	60,000	武蔵国忍	寛永16.1.5～正保4.7.5加		老中
	75,000		正保4.7.5～寛文2.3.16没		
松平輝綱	75,000		寛文2.4.18～寛文11.12.12没		
松平信輝	70,000		寛文12.2.9～元禄7.1.7移	下総古河	
柳沢(松平)家					
柳沢吉保	72,030		元禄7.1.7～元禄10.7.26加		側用人
	92,030		元禄10.7.26～元禄15.3.9加		大老格
	112,030		元禄15.3.9～宝永1.12.21移	甲斐甲府	
秋元家					
秋元喬知	50,000	甲斐国谷村	宝永1.12.25～正徳1.12.1加		老中
	60,000		正徳1.12.1～正徳4.8.14没		
秋元喬房	60,000		正徳4.9.29～元文3.9.5没		奏者番
秋元喬求	60,000		元文3.10.28～寛保2.4.3致		
秋元凉朝	60,000		寛保2.4.3～明和4.閏9.15移	出羽山形	老中
松平大和守家					
(越前分家)					
松平朝矩	150,000	上野国厩橋	明和4.閏9.15～明和5.6.10没		
松平直恒	150,000		明和5.7.29～文化7.1.18没		
松平直温	150,000		文化7.3.14～文化13.7.23没		
松平斉典	150,000		文化13.8.27～天保12.7.12加		
	170,000		天保12.7.12～嘉永3.1.23没		
松平典則	170,000		嘉永3.3.7～嘉永7.8.13致		
松平直侯	170,000		嘉永7.8.13～文久1.8.15没		
松平直克	170,000		文久1.12.6～慶応2.10移	上野前橋	政事総裁職
松井松平家					
松平康英	80,442	陸奥国棚倉	慶応2.10.27～明治2.4.10致		老中
松井康載			明治2.4.10～明治4.7.14	廃藩	(川越藩知事)

注）没は死没、致は致仕、加は加封、移は移封の略。なお、酒井忠勝移封後に相馬義胤が、堀田正盛移封後に水谷勝隆が城番を勤めた。(川越市立博物館『常設展示図録』をもとに作成)

第四章 松平大和守家の藩政と海防問題

百年に及ぶ藩政は海防の負担と藩の財政難の連続。

1 沿岸警備に翻弄される松平大和守家

前橋城の地が利根川に浸食され、急遽川越城に転封を命じられた。最高十七万石になる領地は、武蔵国と上野国を中心に六カ国に分散した。相模国に領地をもっていたので、百年にわたり江戸湾の沿岸の警備を命じられた。

財政難に悩む松平大和守家

明和四年（一七六七）閏九月、秋元家に代わって川越に入封したのは、松平大和守朝矩《とものり》である。松平大和守家は越前松平家ともいい、家康の二男結城秀康《ゆうきひでやす》の五男直基《なおもと》を始祖とし、「御家門《ごかもん》」★といわれる高い家格であった。寛延二年（一七四九）一月、播磨国（兵庫県）姫路から前橋へ移り十五万石を領していたが、利根川に隣接している前橋城は、洪水により本丸の居宅を三ノ丸に移すほどで、復旧の見通しも立たなかった。そこで、川越へ城を移すことになったのである。

松平大和守家は転封の多いことで有名な大名で、この川越への移封で実に一一回目となり、そのたびに多大の経費がかかり、藩財政を悪化させる一因ともなっていた。朝矩は川越に移った翌年、明和五年（一七六八）六月に病歿、わずか七

松平朝矩の画像
（部分・前橋市孝顕寺蔵）

▼御家門
御三家、御三卿以外の徳川一族の大名。会津松平家など。

歳の直恒《なおつね》が跡を嗣いだ。松平大和守家の表高★は十五万石と姫路時代と同じであったが、実際の年貢収量は、天明三年（一七八三）の浅間山噴火、引き続く大水害などの影響もあり、姫路時代の五〇〜六〇パーセントに低下していたという。

こうした状況のなかで、まず手っ取り早い財政再建策は、支出を抑える緊縮財政である。松平大和守家では、家中の知行高の一部を支給しない「御借知《おんしゃくち》」、「擬作《ぎさく（あてがい）》」と称する禄米の減額支給、さらには知行高に拘わらず家族の人数に応じて禄米を支給する「面扶持《めんぶち》」など、さまざまな支出抑制策を講じた。また寛政期（一七八九〜一八〇一）には、凶作に備えた社倉《しゃそう》積穀などの農村対策もみられたが、いずれも根本的に財政を再建させる策とはならなかった。

相模国沿岸の警備

松平大和守家では相模国に領地をもっていた。これは前橋に入ったとき、前藩主酒井家から引き継いだものと推測されている。これらの領地は、三浦郡三二カ村をはじめとして、六郡五二カ村、一万五千石余で、そのうち半分近い七千二百石余が海岸に面していた。寛政四年（一七九二）九月、通商を求めるロシアの使節ラックスマンが根室に来航すると、同年十一月、幕府は海岸線に領地を有する諸藩に警備を厳重にするように命じた。川越藩ではこれに対処し、現地の浦郷《うらごう》

▼表高
将軍から与えられた知行宛行状など公式の書類に記載された禄高。

川越市喜多院にある松平大和守家の廟所

川越城を拝領したとき藩主朝矩が出した書付（川越市立博物館蔵渡辺刀水収集文書）

役所（横須賀市）へ物頭二名と目付一名、足軽組四〇名を配置した。その後、文化五年（一八〇八）に長崎港でイギリス艦隊フェートン号の侵入事件が起きると、幕府は沿岸警備の強化を図り、翌々七年二月、相州沿岸の警備を会津藩に命じ、川越藩は一時海防から離れ相模国の領地も幕府へ返上させられた。

ところが、文政三年（一八二〇）十二月、会津藩に代わり浦賀奉行に相州警備が命じられると、川越藩は小田原藩とともにその助役《すけやく》として再び沿岸警備にあたることになった。浦郷陣屋で警備にあたった陣容は武者奉行★以下一三六名と、寛政期にくらべると大幅に増大している。さらに、相模国の領地はもとより、非常の際には川越城付領五〇カ村から人馬を調達する体制も整えられている。これ以降、明治維新までの約五〇年間、川越藩は相州沿岸あるいは品川台場の警備にあたることになる。沿岸警備は多大な人員と経費を要するもので、藩財政はもとより、藩士の生活、さらには負担を転嫁された領民にも大きな影響を与えた。

文政五年四月、イギリス船サラセン号が浦賀に来航すると、浦郷陣屋だけでなく、川越からも三〇〇名余の藩士が派遣された。文政八年になると、幕府が異国船打払令を出したので、海防は緊張の度を増した。天保八年（一八三七）六月、アメリカ商船モリソン号が漂流民を乗せ江戸湾に姿を現すと、川越藩にも動員の通達があった。幸い、幕府の台場からの砲撃で撤退したので、浦郷陣屋の部隊は警備にあたっただけであった。

三浦半島の川越藩領を描く「相州御領分之図」部分（群馬県立文書館蔵）

▼武者奉行　合戦時に指揮を執る役。

松平大和守家
三頭右巴紋

変転する藩領の村々

松平大和守家では、藩領が分散しており、城付地も三万石ほどと少なく、その充実が大きな課題となっていた。明和七年（一七七〇）六月、上野国の四万二千石余の代わりに、武蔵国で三万三千石と下野国で九千石余が与えられた。しかし、武蔵国で増加した領地のうち二万二千五百石余は埼玉郡で、城付地にあたる入間、高麗、比企郡は皆無であった。その後、安永九年（一七八〇）頃に、ようやく入間、高麗、比企三郡で七千石余を得ている。それでも、天明八年（一七八八）の秋元家の領地目録をみると、入間郡はほぼ松平大和守家へ引き継がれているが、高麗・比企両郡では、過半は山形へ移った秋元家領のままであった。

そうした状況を大幅に改善したのが、文化七年（一八一〇）の相州警備の変更に伴う領地替であった。このとき、入間・比企・大里三郡の三八カ村・一万五千八百四十九石余が川越藩領に繰り込まれている。川越城下の西北にあたる比企郡が中心で、さらに松山町から中山道の熊谷、深谷両宿へ出る大里郡の村々であった。これにより城付地が充実し、さらに前橋領分との連絡も確保され、藩領の一体化に大きく寄与したものと思われる。文政三年（一八二〇）に再び相州沿岸警備を命じられてもこの領地は維持された。

相州での川越藩の活動を記録した「相州記録」
（前橋市立図書館蔵松平大和守家記録）

沿岸警備に翻弄される松平大和守家

これも川越

川越いも

〈栽培の始まりとその記録〉

川越地方の特産品として薩摩芋がある。薩摩芋というと、食糧事情の悪いときに蒸かして食べた「代用食」というイメージが強い。しかし、その甘味の強いところから、焼芋、芋せんべい、近頃はビールや焼酎の原料、さらには薩摩芋を使った懐石料理まで、食料としての利用範囲は極めて広い。

川越地方での薩摩芋の栽培は、十八世紀半ばに、入間郡南永井村（所沢市）の名主が、先進地である上総国志井津村（千葉県市原市）から苗を購入したことに始まるという。五十年ほど後の地誌『新編武蔵風土記稿』は、この地方の農家では薩摩芋を栽培し、薪とともに江戸へ出荷して収入を得ている、と特産品化していることを記している。同じ頃武蔵野を旅した江戸の文人は、柳沢吉保が開発した三富《さんとめ》新田で栽培する薩摩芋が、「富」の芋として賞翫されていたことを記録している。

〈「川越いも」と江戸の焼芋〉

このように「川越いも」の栽培地域は、城下の南方に広がる武蔵野台地上の村々であった。そこで生産された薩摩芋が、新河岸川の舟運、あるいは陸送で江戸に運ばれたので、江戸の市民からすれば、これらはすべて「川越いも」なのである。

その「川越いも」の名を高くしたのは、焼芋の普及であった。江戸では初め蒸《ふ》かして食べ、焼芋が登場するのは十八世紀の末といわれる。焼芋屋の店先には、「八里半」とか「十三里」などと書かれた看板が置かれた。味が「九里（栗）」に近いので「八里半」、「九里四里《より》」うまいので「十三里」、という宣伝文句である。天保九年（一八三八）に刊行された斎藤月岑《げっしん》の『東都歳時記』に、「〇焼」「八里半」と書かれた看板行燈《あんどん》がある。この図では、店先の竈《かまど》に焼芋用の平釜が描かれている。川越の鋳《い》物師《もじ》矢沢家には、天保九年と慶応二年（一八六六）の焼芋用の平釜の図面があるというので、川越の町でもこうした風景がみられたのであろうか。

江戸の焼芋屋（東洋文庫『東都歳時記』より）

三富地方のある農家の、万延元年（一八六〇）の薩摩芋の出荷時期をみると、収穫直後の十月と翌年二月～四月頃と、二つのピークがある。特に冬場の出荷が多く、焼芋の需要や値段をみながら、貯蔵している薩摩芋を売り出していたのであろう。

明治三十八年（一九〇五）刊行の『絵本江戸風俗往来』では、日本橋付近の焼芋は本場川越の芋を使用しているので、甘味で香気が格別である、と記している。同じ頃の『東京風俗志』にも「甘藷はなべて甘味に富み、川越を名産とす」と記され、「川越いも」の地位は不動のものとなっていた。

②領内経済の発展と海保青陵の財政再建案

領内の経済は、江戸と川越を結ぶ新河岸川の舟運で発展した。
経世家の海保青陵は、特産品の流通に注目して財政の再建策を提示した。
特産品の絹織物を藩の御用商人が集荷し、京都で直接販売する案を示す。

新河岸川舟運と領内経済の発展

藩財政が停滞するなかで、城下町および周辺農村では、江戸地廻り経済圏に組み込まれ、活発な経済活動がみられた。その動脈となったのが、江戸と川越を結ぶ新河岸川舟運である。この舟運は、十七世紀半ば、松平信綱の時代に「新河岸」が取りたてられ、城下町川越の外港として発展していったものである。元禄三年（一六九〇）には幕府の河岸吟味で、この「新河岸」と中流の「引又河岸」（志木市）が公認され、同十五年の記録によると、川越領内にある一三カ所の河岸場に一一九艘の船が所在しており、舟運の広がりを確認できる。

その後、安永三年（一七七四）には、幕府の河岸運上★を負担する上新河岸・下新河岸・牛子《うしこ》河岸・扇《おうぎ》河岸・寺尾《てらお》河岸により、川越五河岸の株仲間が結成された。

▼河岸運上
河岸場に課された雑税。

この年には、川越五河岸と城下町商人や江戸の奥川舟積《おくかわふなづみ》問屋との利害の対立から大きな出入りが起きたが、二年後には一応の解決をみた。公的な記録による五河岸の問屋数は、安永三年から天保二年（一八三一）まで合計三〇と一定し、それ以降は減少に転じているようにみえるが、実態は非公認の問屋が増え、増加傾向にあったといわれる。

この新河岸川舟運で運ばれた荷物は、川越地方からは米・麦、さらには蔬菜《そさい》などの農産物を中心に、醤油や山付きの村々からの炭・材木類なども多かった。一方、江戸からは、肥料や日常生活品が大量に運ばれ、川越城下にはそれらを商う商店が軒を連ねた。

こうしたなかで、川越を代表する物産となったのが絹織物である。松平大和守家が川越に移って間もない安永末年頃、武蔵上野両国四七カ所の定期市での絹類の取引量を示す史料によると、川越の年間取引量は三万疋《ひき》（一疋は布にして五丈二尺分）で大宮郷（秩父市）と並んで最高である。当時の定期市で取り引きされる絹は、織物として完成している絹縞や絹平と、京都へ送られてから加工される生絹とがあった。大宮郷はすべて生絹であったが、川越は絹縞と絹平が半々で、すべて完成品であることに特色がみられるという。また、享和元年（一八〇一）の『武蔵三芳野名勝図会』では川越の物産を列挙したなかで、「絹平」は夏袴に用いる佳品《かひん》で、近頃は「昔に倍して織出す」と述べている。文化・文政期に幕府が編纂した

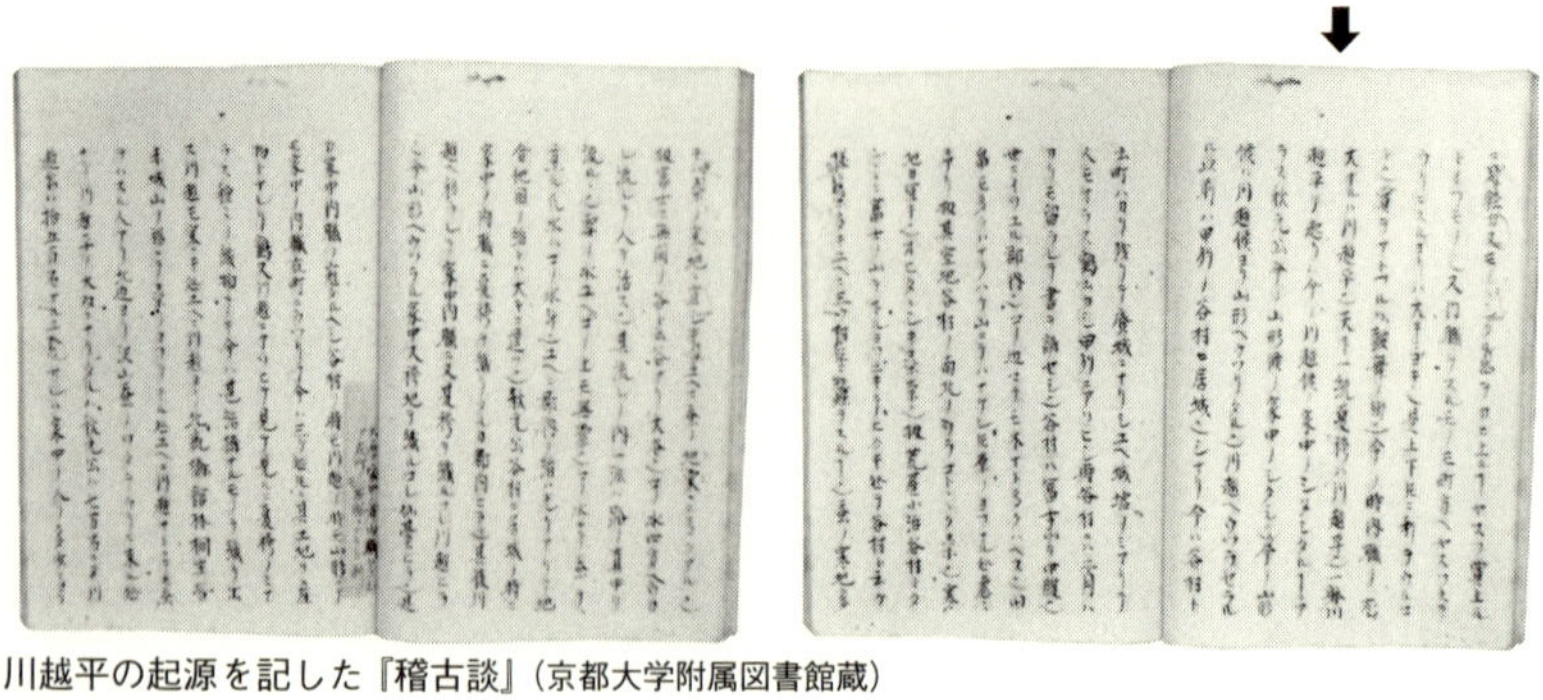
川越平の起源を記した『稽古談』（京都大学附属図書館蔵）

『新編武蔵風土記稿』でも、今では川越平が城下はもちろん坂戸地方でも盛んに生産され、江戸へ送られていると記している。藩家中の内職から発展した川越平が、町方から村方へと広がり、大きな産業として成長していた。

領内の特産品に注目した海保青陵

こうした物資の集散地としての機能に着目して藩財政の再建策を提起したのが、経世家★として著名な海保青陵《かいぼせいりょう》である。青陵は丹後国（京都府）宮津藩家老の家に生まれたが、学問に志し三十歳頃から諸国を遊歴、享和元年（一八〇一）、四十七歳の時、病気となった細井平洲の代わりに尾張藩に仕え三年ほど江戸に滞在した。ちょうどこの年に、『武蔵三芳野名勝図会』の序文を書いている。

青陵が川越藩の財政再建策に言及しているのは、主著『稽古談《けいこだん》』（文化十一年・一八一四）をはじめ、『東贐《あずまのはなむけ》』（同二年）、『升小談《ますこ》』（同八年）、最晩年の『御衆談《ごしゅうだん》』（同十一年〜十二年頃）などで、いずれも京都に居を定めてからの著作である。このなかでは『御衆談』が、ほぼ全編を川越藩領の経済活性化策にあてられ、その要旨はつぎのとおりである。

青陵が川越城下で暮らした期間は通算すると一年ほどになり、「御城下ノ民モ同前」で、その恩返しに富国の政策を提言するとしている。その基本的な視点は、

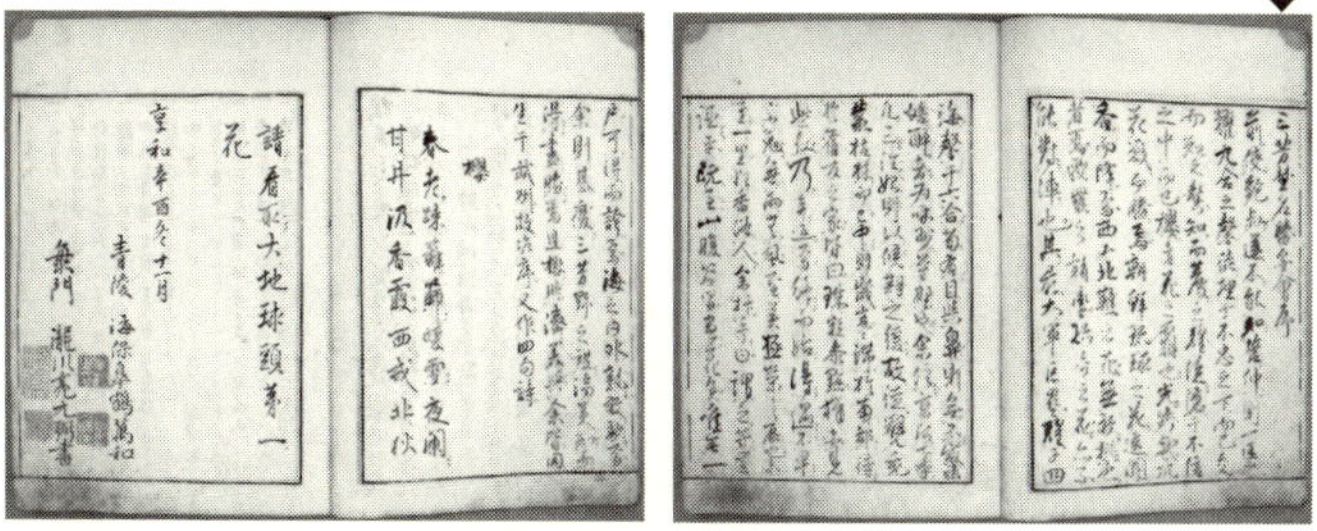
海保青陵が序文を書いた『武蔵野三芳野名勝図会』（個人蔵）

▼経世家
世の中を治める力量にすぐれ、経済などの具体策についても詳しい知識人。

家中・農民・町人、それぞれをどのように「ハゲマシ《励まし》」て働かせるかということにある。まず、藩領および周辺の特産品に目を向けつぎのように指摘する。城下の西方にある武蔵野は、かつて「智恵伊豆」（松平信綱）が玉川上水から野火止用水を分水して開発した地域である。大井（ふじみ野市、大井町）・大和田（新座市）付近では、西瓜《すいか》・真桑瓜《まくわうり》・冬瓜《とうがん》などの栽培が盛んで、薩摩芋、大根にも適している。武蔵野の外縁、飯能から秩父辺りは蕎麦がある。小川（小川町）にも行ったことがあるが、ここでは素麺《そうめん》が特産品で、薬種屋も多く、薬種は忍藩領の秩父もよい。付近の平村（ときがわ町）には渓流があり、楮《こうぞ》を栽培し紙漉きが盛んである。一方、相模や下総（実は上総）にある領分なら塩の生産もできる。このように特産品を数え上げ、それらをどのように売り出せば利益が出るか、という視点から論が進められる。その際、武州の人は「ブセウ《無精》」だから近江辺りの人に世話を焼かせればよい、とも言っている。これも松平大和守家が近江に所領をもっていることを前提にした発言であろう。

　ではどのようにして売り出すのか。『稽古談』によると、青陵が「川越の門人」に授けたという具体策は、「シロモノ《代物》無尽」という仕法である。これは、仙台藩の蔵米を扱い藩財政の立て直しを図った大坂商人升屋小右衛門が実施した「さし《指》米」を取り集める方法を応用したものである。川越藩松平大和守家十五万石の年貢米で、一俵から一合の指米を集めると三百石になる。これで船二艘を仕

江戸の山王祭で着用された川越平の袴
（「山王祭之図」より・国立国会図書館蔵）

立て、新河岸川周辺に豊富な菜・大根・人参などの蔬菜を「シロモノ無尽」に掛けさせて江戸へ廻す。そしてこの売買から口銭をとり船銭を藩に上納させれば、藩財政再建の一助になるというものである。藩が直接に農民から取りたてれば反発を受けるので、経済全体を活性化し、そこから間接的に収益を増やす方策を提言しているのである。こうして、その土地の特産品により無尽の仕法を立てれば、農民に肥料などを購入する資金を融通し、さらに生産が発展するとしている。

もうひとつ青陵が注目したのが絹織物である。同じく『稽古談』では、武士の内職の冠たるものとして川越平をあげる。秋元家は七万石しかなかったが、松平大和守家は十五万石なので家中の数も多く、当然、川越平の生産高も増える。それゆえ「天下一統夏袴ハ川越平也」ということになる。ともすれば家中が内職をすることを羞《は》じる藩もあるが、大変な誤りである。内職をしていれば忙しいので無駄な他出もなく、銭も溜まり風俗も良くなる、と徹底した功利主義で論断する。実際青陵が川越で見聞したところでは、夏袴以外にもいろいろな織物が生産されていることにも注目している。

御用達商人の活用

問題は、絹織物をいかに有利に販売するかである。『御衆談』ではつぎのような現状認識と改善策を提案している。すなわち現状は、京都商人の手代が川越まで買い付けに来るので、地元の仲買は資金が足りないときは、買い付けに来た京都の商人から高利で借りる。それゆえ、翌年は利分が嵩《かさ》み、数年すると借金の返済に商品をあてるような悪循環に陥ってしまう。そこで青陵は、横田家のような川越の城下町商人に織物を買い上げさせ、まとめて京都に送る。こうして買い集めた織物を京都の藩屋敷で売り捌けば、京都商人のいいなりにならず時期を見て売り払うことができると提案する。すでに彦根藩などでは、このような方法を実施しているという。川越の城下町商人と藩の京都留守居の役宅を活用して有利な販路を設定していくのである。さらに、京都で関東絹といえば、川越や秩父の区別はないから、忍藩領の秩父絹と川越の織物を一緒に売ることもできる。忍藩勘定奉行の大沢久蔵は青陵の門人なので、相談してみたらどうか、とまで言っている。青陵にかかると、藩の垣根も簡単に乗り越えられてしまうようである。

『御衆談』の末尾には、これらの経済策を知りたければいくらでも書き与えるとあり、門人などに与えられたものと推測される。川越関係で青陵の門人としては、藩領久下戸村の名主で、隠居して巣鴨御駕籠町《すがもおかごまち》（東京都文京区）で薪炭《しんたん》や川越平などを扱っている奥貫四郎兵衛という人物が『東贐』で紹介されている。秋元家の時代に豪農文人として活躍した奥貫友山の孫にあたる人である。この四郎兵衛は、久下戸村に住んでいた享和元年（一八〇一）九月に川越藩の御用達を返

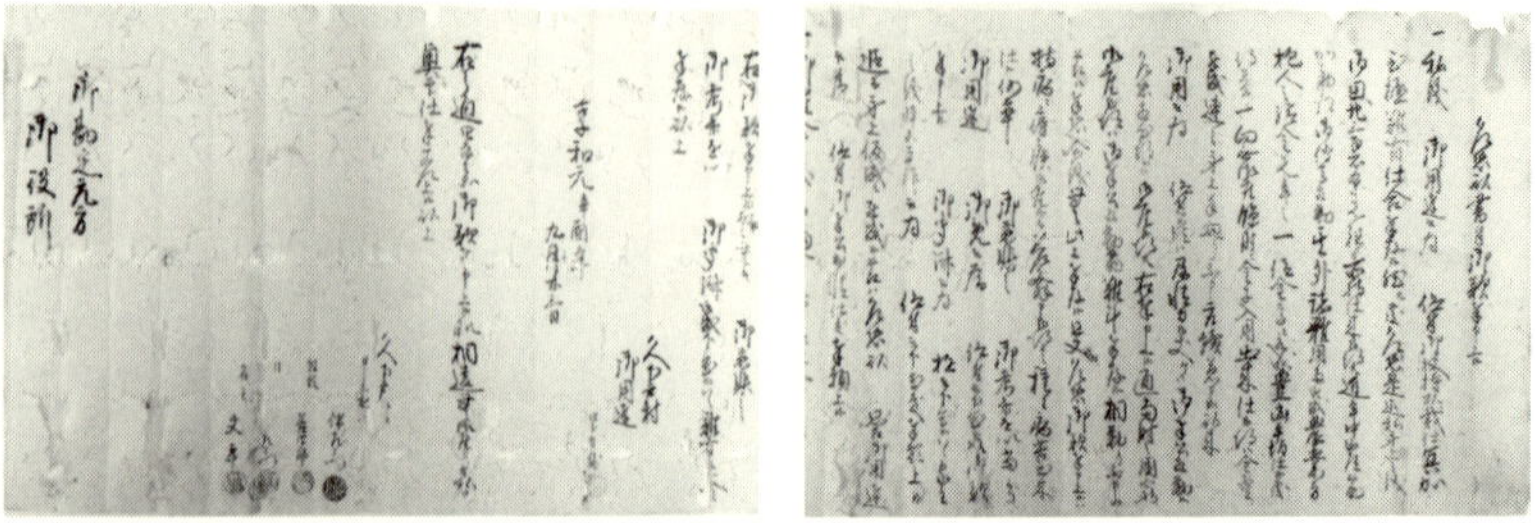

奥貫四郎兵衛が提出した川越藩御用達返上の願書
（埼玉県立文書館収蔵奥貫家文書No.957）

上しているが、川越藩との関係は十分に考えられる人物である。おそらく、御用達を返上後に巣鴨に店を出したのであろう。享和元年といえば、青陵の江戸滞在期間とも一致する。また『升子談』では、提言の相手を川越の米屋、川越の呉服屋といっている。川越城下町では、『武蔵三芳野名勝図会』に序文を書いてもらった城下鍛冶町の名主中島孝昌も候補となるが、青陵のこれら著述が執筆される以前、文化五年（一八〇八）に三十一歳で死去している。青陵自ら川越には門人も多いと記しているが、残念ながら具体的な人名は伝えられていない。

　もうひとつ注目されることは、享和三年（一八〇三）七月、大坂の豪商升屋平右衛門などに近江分領の収納米の取り扱い証書を渡し、今後の協力を依頼していることである。その後、天保四年（一八三三）の川越藩の「子《ね》給帳《きゅうちょう》★」には、川越の横田五郎兵衛などとともに、大坂の升屋小右衛門、山片平朔など二六名が「御家中並」として三〇人から三人扶持で掲載されている。升屋小右衛門は『升子談』の主人公でもあり、青陵には非常に近い人物である。こうみてくると、青陵の藩財政再建策は、それなりの基盤をもっていたようにみえる。

川越藩御用達の横田五郎兵衛像
（川越市立博物館蔵）

▼子給帳
川越藩松平大和守家の家臣の石高と姓名を記した名簿で、天保四年の子年に作成されたもの。各人の給与高がわかる（『川越市史』史料編　近世1所収）。

③ 三方領地替と江戸湾警備の強化

藩財政の再建を転封によって実現しようと、幕府への請願運動を展開する。いったん決まった庄内藩・長岡藩との三方領地替は、庄内藩の反対で頓挫する。一方、江戸湾の防備は強化され、川越藩の財政はさらに悪化していった。

斉典の転封・領地替運動

松平大和守家では、直温《なおのぶ》が文化十三年（一八一六）に亡くなると、弟の矩典《のりつね》が跡を嗣ぎ、積極的に藩財政の再建に取り組んだ。矩典は、天保六年（一八三五）に将軍家斉の一字を拝領し「斉典《なりつね》」と改名しているので、以下、斉典と記す。

文政二年（一八一九）には、城下町の大商人横田五郎兵衛を五百石の士分勘定奉行格に取りたて、藩の財政全般を担当させる方策をとった。さらに手っ取り早い財政再建策は、より条件の良い領地への転封である。そのための伏線として、御家門の家筋を根拠に将軍家斉の息子を養子に迎える運動を展開し、文政十年七月、二四男紀五郎（大蔵大輔）の養子が決定された。それを待っていたかのように、翌文政十一年五月に、旧領地姫路への転封または川越城付地の比企郡中山領五千

藩政の回復に尽力した松平斉典の画像
（部分・前橋市孝顕寺蔵）

石の下付★を願い出た。理由は、姫路時代に比べ一〇万俵の減収、城付地が三万石しかない、浅間山噴火の影響でさらに二万俵の収納減、という三点である。将軍家から養嗣子《ようしし》を迎えた松平家に見合った領地を要求したのである。

この願いは聞き届けられなかったが、その後も再三にわたり城付地の増大を出願し、ついに天保二年（一八三一）十二月、山形に転封した秋元家がもっていた入間・高麗・比企三郡二二カ村一万石余の所領と、足立・大里など六郡に散在する松平大和守家領の交換が命じられた。これで、大和守家は文化八年の時と合わせると、入間・高麗・比企三郡で実に二万五千石の領地を得たことになる。沿岸警備に加え、将軍の息子を養子にした戦略で獲得したものといえる。

城付地の増大はこうして実現していったが、藩財政は一向に好転しなかったようである。天保九年の願書によると、収入は年貢米が二万七千七百四十石、金納（石代納）分が一万八四三九両、借入金が一万一八六一両である。これに対し支出は、年貢収納米の九割以上が家中の宛行扶持になり、金納分は藩主の賄いに六割が宛てられていた。問題は、この財政規模に対し、累積した借用金が四〇万三〇〇〇両にのぼり、その一カ年の返済金が三万六二〇〇両にもなることであった。借用先は、馬《ば》喰町《くろうちょう》御用屋敷貸付金などの公金借用が一一万三〇〇〇両（二八パーセント）、江戸商人が七万両（一七パーセント）、升屋平右衛門など京都や大坂などの商人が一五万両（三七パーセント）、横田家など領内農商人から七万両（一七

▼下付
下げ渡し。

松平斉典公御嫡子紀五郎殿初登城の図
（部分・群馬県立文書館蔵）

パーセント）となっており、京坂の豪商が大きな割合を占めていた。

こうした財政難をどうにかしようと、松平大和守家では、廃城となっている前橋城を修築して帰城、二万石の領地を増加、沿岸警備地の所領充実などを基本とする願書を、天保九年八月以降再三にわたって提出した。二万石増加の根拠は、姫路からの転封により減少した収入の補塡《ほてん》、また沿岸防備という軍役負担を理由とし、さらに嗣子が将軍家からの養子という続柄《ぞくがら》をフルに活用しての嘆願であり、翌十年にやっと一万両の拝借金が許された。さらに、藩主斉典と養嗣子大蔵大輔（紀五郎）の名前で、同じように将軍家斉の子息が相続した津山藩や館林藩の事例を引きながら、老中水野忠邦や大奥への内願を続けた。

三方領地替の中止と藩領村々

天保十一年（一八四〇）六月の願書では、前橋への帰城が無理なら、あまり遠隔地でない場所への所替を出願している。こうして同年十一月一日にいわゆる三方領地替が発令された。川越藩主松平斉典を出羽国庄内へ、庄内藩主酒井忠器《ただかた》を越後国長岡へ、長岡藩主牧野忠雅を武蔵国川越に転封する決定である。

藩ではさっそく庄内転封の準備にかかり、領内にも転封が伝えられた。川越城下に住む図司玄真という医師が天保十一年十二月二日に弟へ出した手紙には、藩や藩士たちへの才覚金★や貸金の返済を求める人々で「御城下以之外騒々敷」く、強訴《ごうそ》や駕籠訴★の動きまであったと伝えている。

一方、庄内藩領でも、この手紙の少し前十一月二十三日に、酒井家の転封に反対する嘆願書を持った領民が江戸に向かい、翌年六月まで転封反対と藩主酒井家の留任運動が大規模に展開された。この間、天保十二年閏《うるう》一月晦日に大御所家斉が死去し、外様大名のなかにはこの領地替の理由を詰問するものもあり、身内の水戸家や田安家からも懸念が表明されていた。五月にはいわゆる天保改革が始まり、諸事刷新のひとつとして、城引き渡しの予定日の直前、六月七日に将軍家《いえ》慶《よし》は領地替中止を老中に命じた。その理由として、庄内領民が新藩主の松平大和守家に帰依していないことを上げ、松平大和守家の財政破綻については別途加増の検討を命じたのである。老中水野忠邦は、一度決定した所替を撤回するのは前例のないことで、大名統治上からも認められないと反対した。

しかし、家慶は七月十二日に三方領地替の撤回を正式に関係三家へ伝えさせ、川越藩松平大和守家には、五月十六日に病歿した養嗣子「大蔵大輔願置」もあり「格別之思召」により二万石の加増が伝えられた。大和守家では、同年九月、二万石を川越城付および前橋陣屋付近などに求める願書を提出した。実際に加増の村々が決まったのは翌天保十三年八月のことで、入間・高麗・比企・埼玉四郡四一カ村であった。このなかには、旧藩主山形藩秋元家領の中心となる比企郡中山

▼才覚金　用立てた金。

▼駕籠訴　駕籠で通りかかる大名や幕府の重役などを待ちうけ直訴すること。

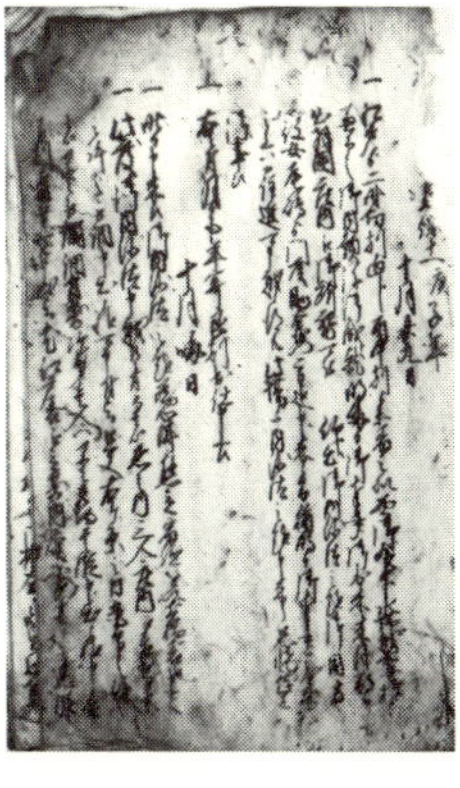

三方領地替の記録
（前橋市立図書館蔵松平大和守家記録）

村（川島町）や埼玉郡騎西町場（加須市）などが含まれていたが、なかには松平大和守家の領分になることを好まない村々も多い、と川越藩の記録にもみえる。

中山村を中心とする川島領の村々が、弘化二年（一八四五）七月に大洪水に襲われると、領内の村々の嘆願をうけ、松平大和守家では大規模な堤防普請工事を実施した。慢性的な藩財政逼迫のなか二四〇〇両余を工面し、前橋領で農村復興に活躍していた郡奉行の安井政章を呼び寄せ、翌年一月から三カ月余をかけて竣工させた。三方領地替を庄内藩領民の反対一揆で阻止され、その代替として手に入れた川島領村々からも必ずしも歓迎されていない状況では、一刻も早く水害から救済することが、今後の藩政運営の視点からも重要なことであった。

強化される江戸湾警備

さて、話を沿岸警備に戻そう。清国がアヘン戦争で敗れたことを知った幕府は、天保十三年（一八四二）七月に異国船打払令を撤回し、燃料と食糧の供給を許す薪水給与令を出すなど、海防政策を大きく転換した。それに続き翌八月には、相州沿岸警備を川越藩、対岸の房総沿岸を忍藩に命じ、海防体制の強化を図った。翌十四年二月には、観音崎（横須賀市）の台場が川越藩に引き渡された。川越藩の警備陣容は、家老・武者奉行以下騎乗の番士だけで二一九人、総数は五〇三名にのぼる。当時の川越藩の番士は三五〇人前後と推定され、このとおり実施すると三分の二以上が相州に派遣されたことになる。川越藩の持場となった観音崎および隣接する十石《じゅっこく》崎、旗山崎の台場には新規に鋳立てた大筒《おおづつ》（大砲）が配備され、付近の大津（横須賀市）に陣屋を設置した。こうして新たな防備体制が整った同年閏九月、藩主松平斉典が現地を巡見し、自筆の『相州紀行』を残している。

また、江戸湾警備の強化を実現するため、天保十四年六月に大幅な所領の変更が行われた。すなわち、武蔵・上野両国に散在する二万二千三百石余を幕府が収公し、代わりに相模国と武蔵国比企郡などに一万九千八百石余が与えられたのである。この結果、相模国の所領は三浦半島の全域三万石に達し、南端に近い三崎にも新たに陣屋が設置された。比企郡の新領は小川村周辺で、大筒の稽古場を確保するため山付の村々を希望したようである。この所領替により、相模と川越城付地における藩領の一円化がさらに進んだ。

弘化年間（一八四四～一八四八）にはいる

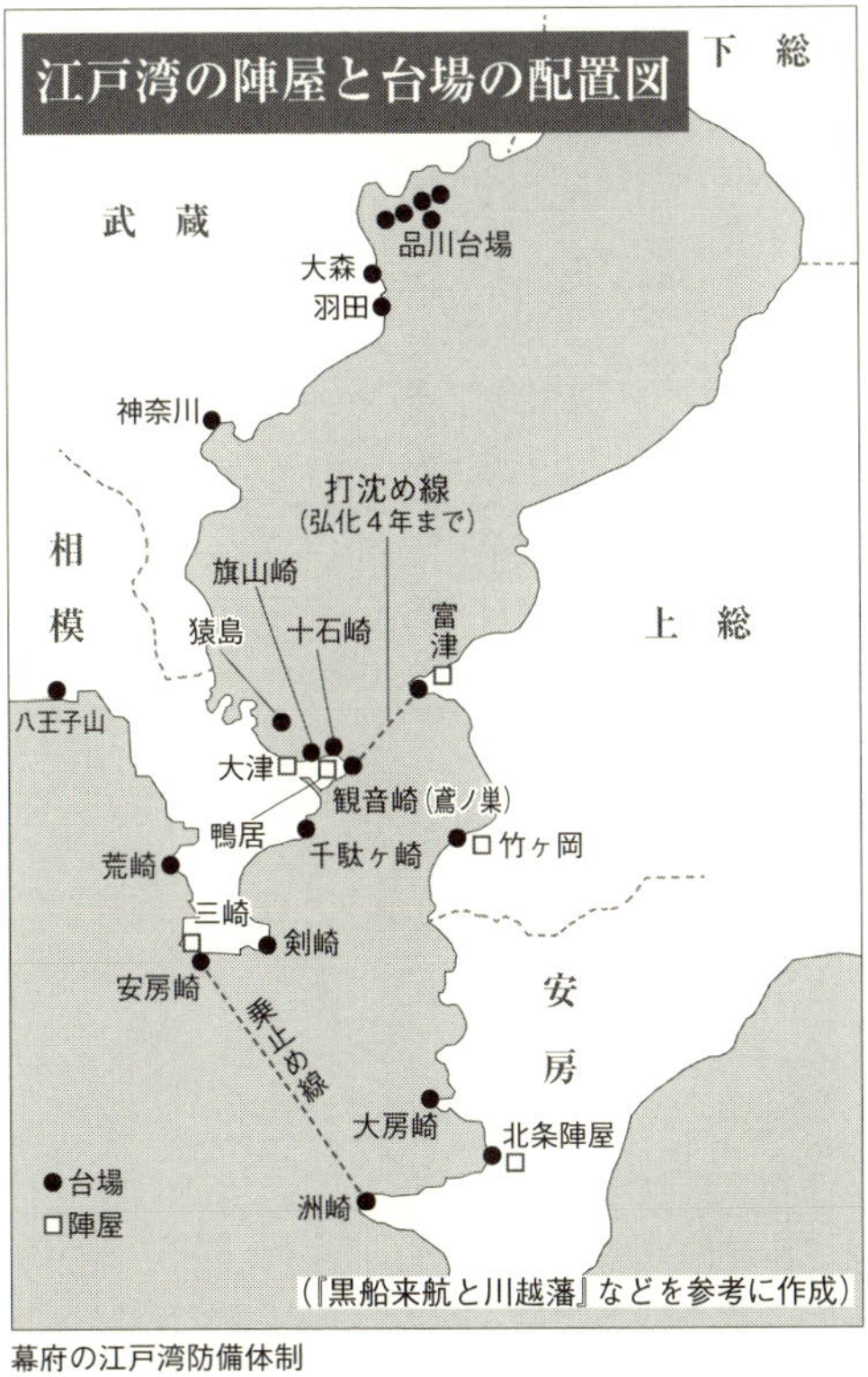

幕府の江戸湾防備体制

乗止め線　このラインで異国船が江戸湾に入らないよう説得を行う

打沈め線　このラインを越えて異国船が侵入したら打沈める

と、米英船がつぎつぎと沿岸に姿を現し、そのたびに川越藩では対応をした。弘化二年三月、房州沖に出現したアメリカ捕鯨船メルカトル号を浦賀に引き入れ、日本人漂流民を引き取り、薪炭や食糧を供与して退去させた。翌三年には、アメリカ東インド艦隊司令官ビッドルが江戸湾に進入し通商を求めた。川越藩では、藩主斉典が観音崎陣屋で指揮を執り、出動した人員は、藩士一〇〇〇人、村方から三〇〇〇人におよんだという。このとき、川越藩士の内池武者右衛門など多くの日本人がアメリカ船に乗り込み歓待をうけたと伝える。こうした状況をうけ、翌弘化四年二月、江戸湾沿岸の警備がさらに強化され、相模側に彦根藩、安房側には会津藩が加わり、四藩体制となった。これにより、川越藩は三浦半島の東岸、江戸湾側の防備に専念することになった。相模国の川越藩領も縮小され、六月に一万四千石余が幕府に収公、十一月に近江・武蔵・上野の三カ国で代わりの領地が与えられた。武蔵国では入間郡の飯能から青梅にかけ、そして比企郡の外秩父から秩父郡の贄川まで、山付の村々が新たに川越藩領となっている。

嘉永二年（一八四九）閏四月にも、イギリス軍艦マリナー号が浦賀沖に現れ、川越藩は観音崎陣屋から出兵し、幕府兵と協力し退去させている。こうした相つぐ出動により、天保十三年から嘉永二年までの八年間に、川越藩が沿岸警備に支出した費用は金一〇万六八〇〇両（うち一万五〇〇〇両は幕府から交付）、米一万八五〇〇俵余に達したと藩では集計している。

川越藩が警備する観音崎砲台
（「江戸防備諸砲台之図」より・船橋市西図書館蔵）

第五章 城下の賑わいと文化

十七万石の御家門大名の城下町川越とその文化。

① 川越城と本丸御殿

各時代の城絵図をもとに、川越城の内部を探る。
嘉永元年に再建された本丸の御殿は、藩主の住居で藩の政庁として利用された。
現存する川越城の遺構は、本丸御殿の一部、富士見櫓跡、中ノ門堀跡などがある。

川越城の内部を探る

城の内部は軍事機密であり、関連する記録は極めて少ない。ここでは、絵図や古文書にたまたま記された断片的な史料をつなぎ合わせ、おぼろげながらでも川越城の具体的な姿を探ってみよう。

川越城を描いた絵図は数十点知られているが、下の図は、松井松平家時代、慶応三年（一八六七）頃の絵図に現代の地図を投影し、比較ができるようにしたものである。近世初頭の川越城は、この図

▼馬出
人馬の姿を敵の目から隠すための土手。
▼瓦塀
目地に漆喰を用いてある瓦張りの塀。

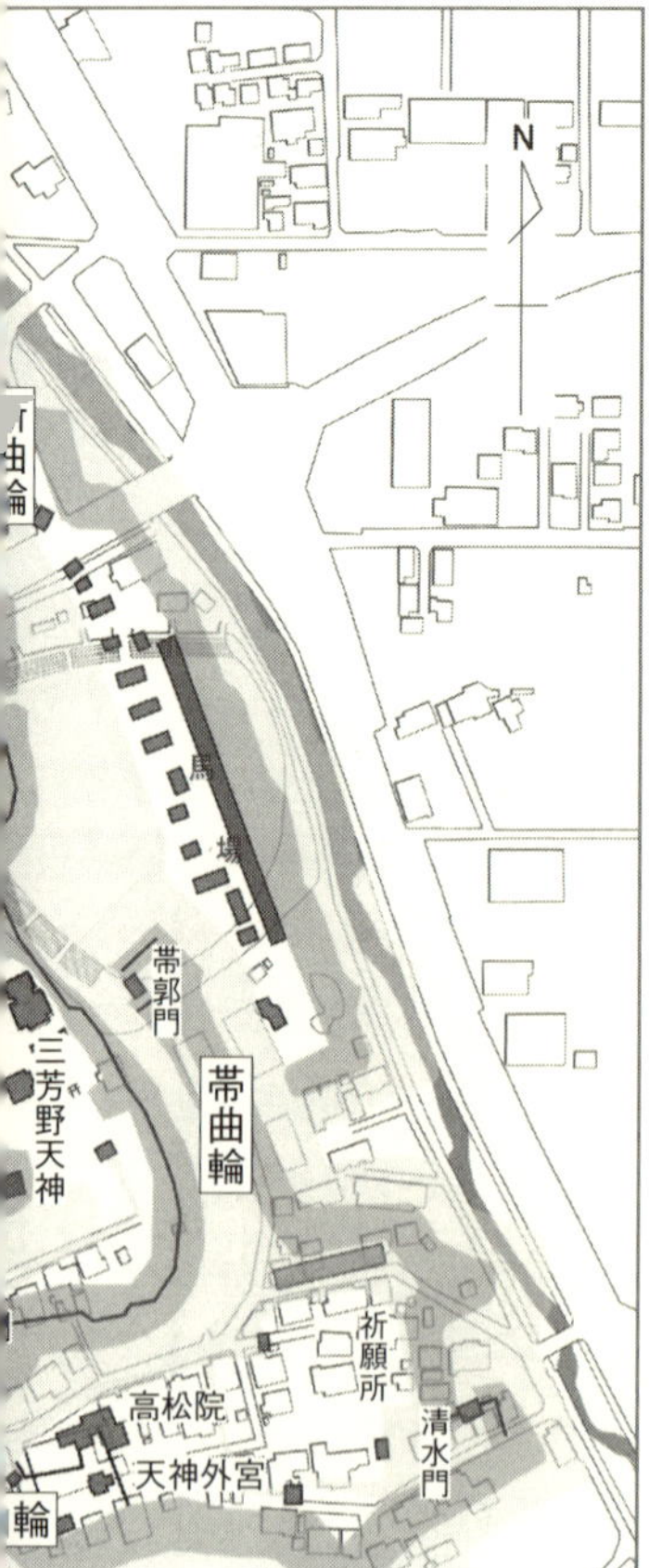

の中央、本丸・二ノ丸・三ノ丸・八幡曲輪などの部分と推定されている。寛永十六年（一六三九）に入封した松平信綱が城の拡張を行い、西側に追手曲輪、南大手の馬《うま》出《だし》★・田曲輪・東側に帯曲輪、東北に新曲輪など、旧来の城郭を囲むように曲輪を増設したのである。

元禄十五年（一七〇二）の「武州河越御領分明細記」によると、城地の東西は五町四〇間（約六一二メートル）余、南北は三町一五間（三五一メートル）余と東西に長い。曲輪は芝の土居で瓦塀《かわらべい》★に囲まれ、堀の外回りは枳殻《からたち》の垣根がめぐっていた。城というよりは、広大な屋敷の雰囲気であろう。藩主の「御屋形（御殿）」は二ノ丸に

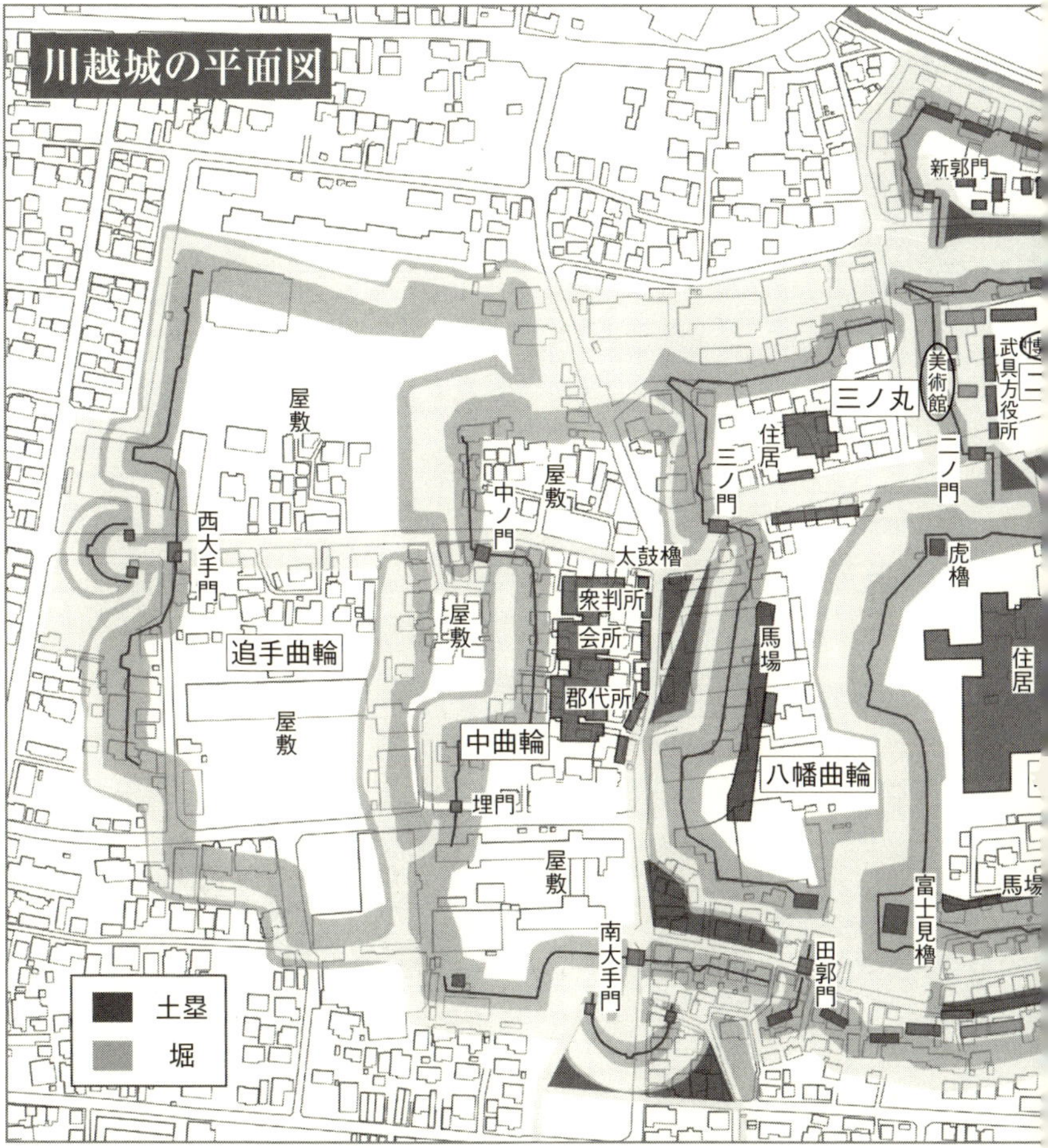

川越城平面図（慶応３年頃「川越城図」に現代の地図を投影・『川越城―描かれた城絵図の世界』より作図）

あり本丸（再建は嘉永元年）、その面積は四二三坪（約三九五六平方メートル）である。櫓は三箇所で、本丸に富士見櫓と虎櫓、二ノ丸に菱櫓があった。城の内外を区切り、また曲輪の境となる門は、全部で一三箇所であった。城米は三千石、それを収める蔵は、本丸と八幡曲輪に各一箇所、田曲輪に三箇所、新曲輪に五箇所の一〇箇所であった。藩士たちの調練の場として、八幡曲輪や新曲輪に馬場があり、幕末期には新曲輪に高島流砲術の稽古場もできた。

藩主が二ノ丸に居住したほか、西大手門を入ったところの追手曲輪には、家老など最上級家臣の屋敷が四区画、中曲輪に三区画あった。また、松平大和守家時代の絵図には、清水門の側に「清水両御住居」、『川越松山巡覧図誌』ではそこに「清水御殿」とある。名称からすると城主一門の住居のようにみえるが、詳細は未詳である。慶応三年の川越城図には、三ノ丸にも住居がみえる。

役所の所在地は余り明確でないが、各年代の絵図を見比べると、城の周辺および城内のほぼ同じ場所にいろいろな役所が置かれていたことがわかる。まず、西大手門を出てすぐ北側、代官町寄りの場所である。十七世紀後半とも推測される浅野文庫所蔵の「武州川越図」には「町奉行」とある。この同じ場所が、享保期の秋元家時代川越図には武家屋敷になり、道を隔てた反対側に「町会所★」がある。さらに、松平大和守家時代の弘化・嘉永年間と推定される川越城下図では、かつての町奉行所の場所が「学講所」となっている。これは、藩校である講学所のこ

二ノ丸跡に建てられた川越市立博物館

▼町会所
城下町の役人が寄り合った役所。

と思われる。同図の南大手の西側には普請関係の「御作事」がある。

西大手門から城内に入り、中ノ門を潜ったところの中曲輪にも代々役所が置かれた。秋元家時代川越図では中曲輪に「元勘定所」とある。享保九年(一七二四)十二月に焼失し、勘定所は三ノ丸に移され、跡地は普請小屋になったという。たしかに、寛延四年(一七五一)の年号がある秋元家時代の城絵図には、中曲輪に普請小屋があり、その傍らが武具方となっている。秋元家に伝わった年代未詳の川越城図では、同じ場所が裁判を行う「評定所」となっている。弘化・嘉永年間と推定される川越城下図になると、「評定所」「諸役所」と記載される。さらに、同じ頃の絵図といわれる「川越御家中新古屋敷絵図」では、「在方(元締役所)」「会所」「衆判所」がみえる。「衆判所」と「評定所」は同じ役所を指しているので、「諸役所」のなかに「在方」と「会所」が含まれているのであろうか。慶応三年の川越城図では、「衆判所」「会所」「郡代所」となっている。また時を報じる太鼓櫓もみえる。こうしてみると、つねに中曲輪に領内統治にかかわる役所が集中していたことがわかる。

城内に所在する寺社としては、本丸の東側に城の鎮守三芳野天神がある。これは川越城の築城以来のものと思われ、寛永の大火以前の川越城を描いている「江戸図屏風」にも明確に描き込まれている。ここを天神曲輪と書いてある絵図もある。寛延四年の絵図には、釈迦堂もみえる。堀を隔てた田曲輪には、三芳野天神の別当高松院やその遙拝所★である天神外宮も造られている。「川越御家中新古屋敷絵図」では、「東照宮御宮」と「別当大興寺」がみえる。これは、仙波喜多院の東照宮とは別に松平大和守家で造営したものである。かつて「清水御殿」があった場所で、慶応三年の川越城図でそのあたりは「祈願所」となっている。

本丸へ御殿を再建

川越城の遺構のうち、比較的よく残されているのは本丸御殿である。川越城には天守はなかった。「江戸図屏風」に描かれた本丸の御殿は、しばしば川越城に鷹狩りに訪れた将軍の御成用御殿であり、藩主が居住し政務を行う御殿は当時から二ノ丸にあったものと考えられている。

その二ノ丸御殿は、弘化三年（一八四六）四月十五日夜、城内の失火で焼失した。藩主斉典はさっそく御殿の再建に着手した。まず、さきの藩主である大河内家と秋元家に、本丸が空き地である理由を問い合わせたが、いずれも明快な回答はなかった。そこで松平大和守家では、二ノ丸は手狭なので、これを機会に本丸に御殿を建てる計画を幕府に出願し、五月九日に許可を得ている。建築資金は、領内の村々から村高百石につき金三両二分の高掛金を徴収、幕府からも一万両の拝借金、さらに領内有力者から「寸志上納」として献金や献木などを組織的に行った。

▼遙拝所　神社などを遠くから拝む場所。

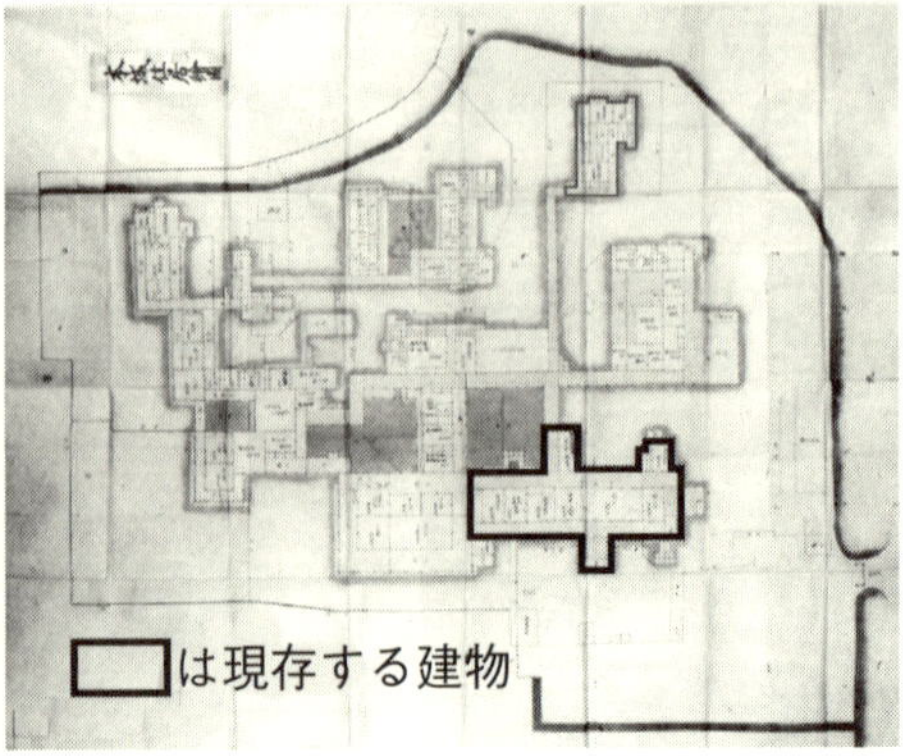

松井松平家に伝えられた本丸御殿の平面図「本城住居絵図」（太線部分が現存・光西寺蔵）

工事は、緊急を要する藩主の住居を確保するため、まず城内にある家老小笠原宅を改造することから始められた。同年十一月に普請用掛以下の担当者を任命し本格的な工事が始まり、翌四年一月十九日に斧初式、翌嘉永元年（一八四八）五月に地祭り、同年九月二日に上棟式、十七日に献金・献木をした寺社・町村役人への見学を許可、十九日に新しい御殿への移転の祝儀が行われ、主要部分の工事は完了したものと思われる。このとき見学を許された者は、寺社四〇人、町在御用達八五人、町在名主・小前《こまえ》★惣代五三〇人、さらに新たに領分となった五九カ村からは二三六人もの多数にのぼっている。

その後も内装などの工事が続けられたようで、嘉永三年六月から安政二年（一八五五）一月まで五年の歳月をかけて描かれた杉戸絵の一部が現存する。作者の舩津蘭山は、藩領岸村の名主で、江戸の狩野章信《あきのぶ》★（素信）および高弟岐部《きべ》時信《ときのぶ》に師事し、この杉戸絵の功により三人扶持を与えられた。建築資金の寸志上納とともに、御殿の建設に上層農民や町人が深くかかわっていたことが知られる。

完成した本丸御殿は一六棟からなり、総建坪一〇二五坪（三三八八平方メートル）と広大なものであった。大唐破風のある玄関を入ると大広間で、襖で六部屋に仕切られ各種の政務に使用された。左手は来客用の大書院、藩主の居間、奥向の局★などが軒を連ねていた。さらに、大広間の右奥は料理賄《まかない》方、さらに奥まったところに家老詰所《つめしょ》がある。このように、御殿は藩主の居宅であるとともに、藩

川越城本丸御殿の現況

▼小前
小百姓、平百姓。

▼狩野章信
猿屋町代地狩野家の当主。

▼奥向の局
日常生活に用いる部屋。特に女性の部屋。

政を取り仕切る政庁としても利用され、藩のシンボルとなる建物であった。

かつての川越城の構造物で現在遺構として確認できるのは、本丸御殿のほかに富士見櫓と中ノ門堀がある。富士見櫓跡は、櫓の土台となった二段の段丘からなる方台状の地形が現存し、櫓の面影を残している。『新編武蔵風土記稿』では、この櫓が城内で一番高いところで、富士山が目のあたりに見える、と述べている。明治十四年（一八八一）の測量図では、本丸跡の標高が一八・六メートルなのに対し、富士見櫓跡は二六・四メートルとなっている。近年、富士見櫓についての調査が行われ、その過程で前橋市立図書館から、川越城内の櫓や門の図面が確認された。そのなかに富士見櫓のものが二枚あり、虎櫓や菱櫓と同じ二層の櫓となっている。これまで知られている川越城図や記録では、富士見櫓は三層の櫓となっているのが多く、なんらかの改築がなされたのであろうか。

中ノ門堀は、西大手門から侵入した敵兵を防禦する施設である。発掘調査の結果、構築当初の規模は、上幅一八メートル、深さ七メートルの薬研堀《やげんぼり》★で、大手門側の勾配が三〇度、それに対し本丸側は六〇度もある。さらに本丸側の土塁の上には土塀が築かれ、敵兵が容易に越えられないようになっていたことがわかった。また、急勾配の堀の斜面を支えるため、木杭と横木でつくった木枠に粘土を突き固める版築《はんちく》工法が使用されている。これは、松平信綱時代に造成された城内の他の堀と同じような構造である。

伊佐沼から見た川越城富士見櫓（右奥）
（国立公文書館蔵『新編武蔵風土記稿』より）

川越城の富士見櫓跡

▼薬研堀
薬草などを刻む器の形がV字であることに因み、底面が狭くなった堀のこと。

②城下町の構成と賑わい

上級家臣の屋敷は城内および城の周辺、下級武士の屋敷は城下町の南に配置される。
城下町は西大手門から札の辻を中心に四方へ広がり、その外縁に寺院が所在する。
歴代の藩主が鋳換え、現代に伝わる「時の鐘」は、城下町のシンボルである。

武家屋敷と寺社門前

川越の城下町の基本が形つくられたのは、寛永十五年（一六三八）の大火の翌年に入封した松平信綱の時代といわれている。その結果、十ヶ町《じゅっかちょう》四門前《しもんぜん》からなる城下町が形成された。城の西大手には町人町が、南大手には武家屋敷が広がり、道路は碁盤目割を基調としながらも、容易に敵を寄せ付けないよう所々に屈折や馬溜《うまだまり》★がつくられていた。町の入口や武家屋敷と町人町との境など、要所には木戸が設置され非常の場合に備えていた。時代は下るが、城下志多《した》町の寛政三年（一七九一）の絵図には、赤間《あかま》川に架かる橋のたもとに木戸や藁葺きの番小屋、常夜灯などが描かれ、当時の情景をよく伝えている。

城下町の災害の代表は火災である。秋元家時代の享保三年（一七一八）十二月、

▼十ヶ町四門前
川越では城下の町人町と寺社門前町を合わせこう呼んでいる。

▼馬溜
多くの馬をつないでおくための空き地。

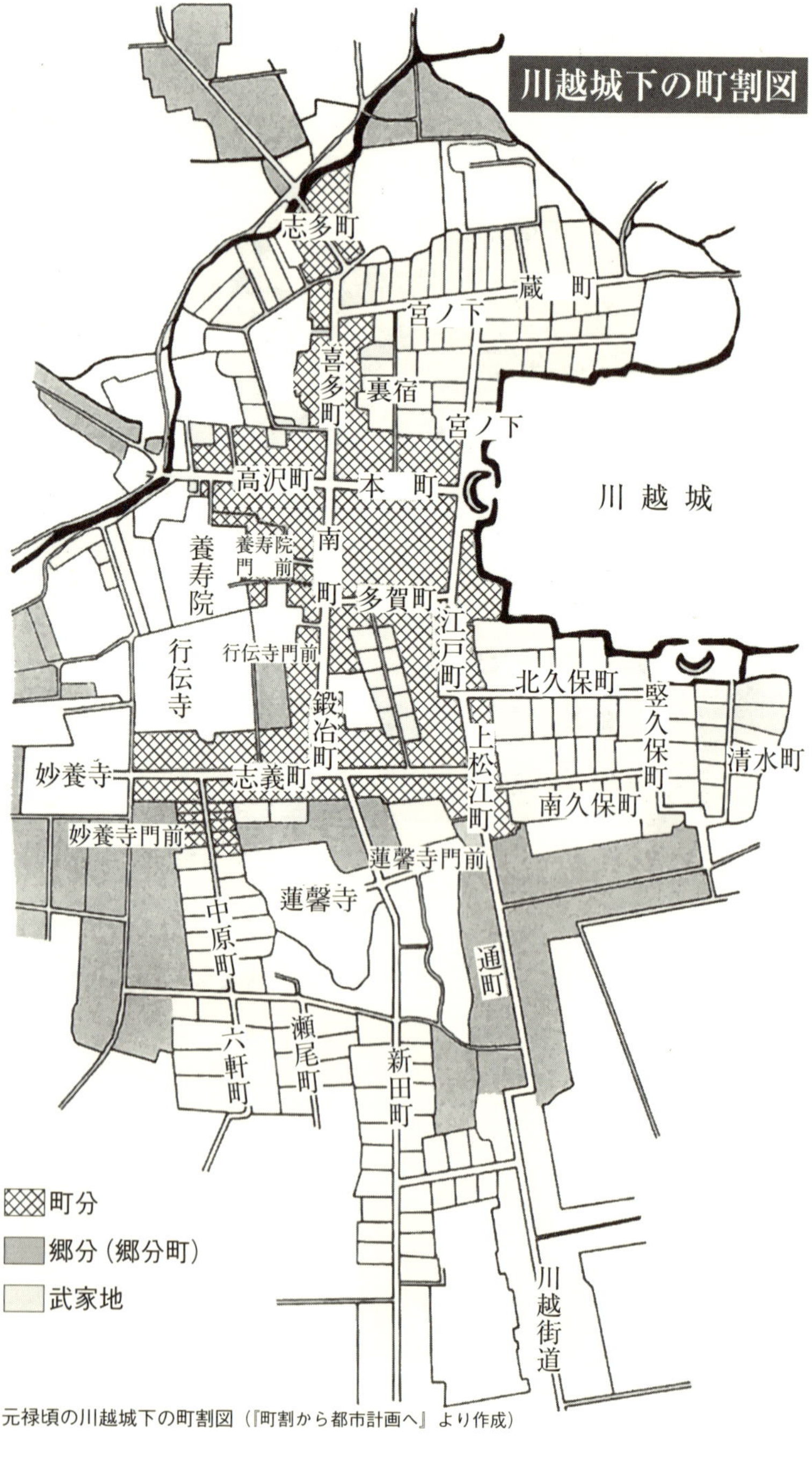

元禄頃の川越城下の町割図（『町割から都市計画へ』より作成）

城下西側の杉原町から出火、南東へ志義《しぎ》町・蓮馨寺《れんけいじ》門前、中原町・瀬尾町から三番町などの武家屋敷地、さらに上松郷まで燃え広がり、焼失家屋一〇〇〇軒という大火になった。大火の後、藩では要所に火除地★を設定し、樹木を植えるなどの防火対策を実施した。また、享保十四年二月には西大手前の武家屋敷地である裏宿から出火し、城下北部の喜多《きた》町・志多町方面が類焼、防火のために志多町に広小路を構え、土手や堀を造成している。

また、城下町の周辺部に位置し、町場化していった下松郷・久保宿・猪鼻《いのはな》町・六軒町・杉原町・境町・石原町・五カ《ごか》村などは、城下町と農村との中間地域である郷分町として把握された。このように、城下町の部分的な改造や拡張が時々行われたものの、信綱時代につくられた町割が基本的には明治維新まで引き継がれたといえる。

城下町を構成するのは、武家地と町人町、寺社門前町の三つである。武家屋敷の数は、元禄十五年（一七〇二）の記録には、一般の侍屋敷が一五九軒、足軽屋敷が二六一軒とあり、これらはほぼ知行高に応じてまとまって配置されていた。藩主の一門や家老・年寄など千石を越すような最上級家臣には、西大手門を入った城内に広大な屋敷が与えられていた。三百から五百石程度の比較的上級の家臣は、西大手門を出て北西へ続く宮ノ下・蔵町・裏宿や、南大手門南側の北久保町・南久保町・竪久保町・清水町などに住んでいた。これにつぐ百から百五十石く

▼**火除地**
火事が拡大するのを防ぐために設けられた空地。

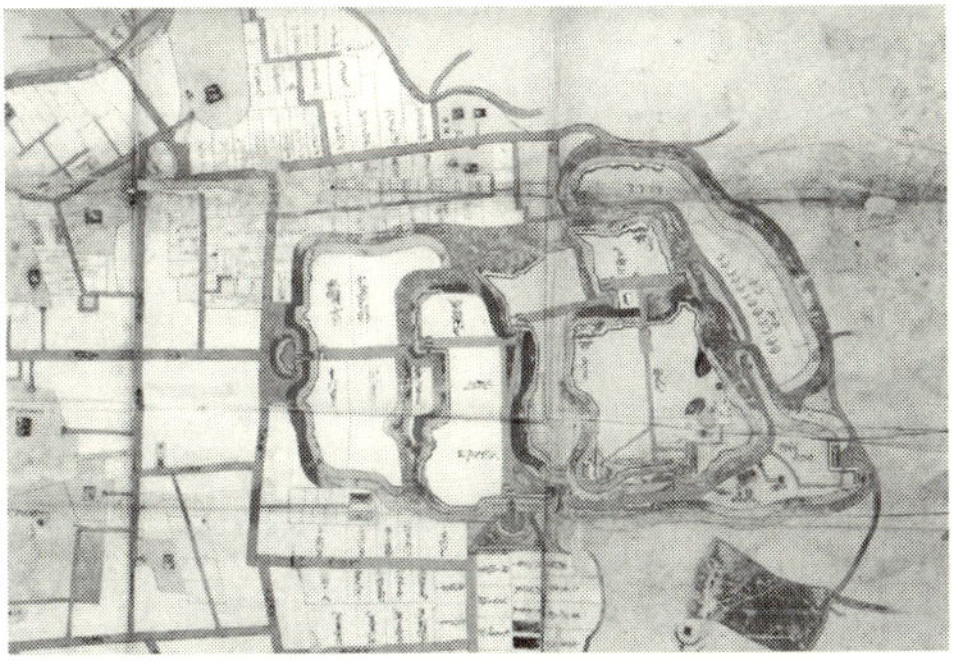
城内およびその周囲に配される上級家臣の屋敷
（「川越城下図」より、個人蔵）

らいの者はその外側になり、城の南から西へ、大久保町・瀬尾町・中原町、さらに城北の坂下町・坂上町などに居住した。下級の与力・徒士・足軽などは、さらに南方の西町・通組町・一番町・二番町・三番町などが居住地となっていた。このほか六軒町・三軒屋・五反畑・六反畑・坂上町・坂下町・江戸町などには、小屋敷・大部屋・仲間小屋・長屋などと呼ばれる武家屋敷が散在した。藩士の人数は藩主の拝領高により異なるので、十七万石となった松平大和守家時代には、川越街道沿いなどさらに周辺部へ武家屋敷地が拡大されていった。

寺社の配置についても、城下町特有のあり方がみられる。すなわち、城を中心に北西から南西にかけて、町人町を外側から保護するような形で存在し、これも城と城下町を防禦する役割を果たしていた。こうした配置は初代藩主酒井重忠の入封当初からのものではなかった。行伝寺・常蓮寺・妙養寺・妙昌寺・十念寺・西雲寺・真行寺・法善寺・栄林寺など、かつて城の周辺にあった寺が、火災などを契機に十七世紀前期の元和年間（一六一五〜一六二四）に移動させられたものと伝えている。寺社の門前には街並みが形成され、そのうち養寿院・行伝寺・蓮馨寺・妙養寺の門前町は特に大きく、城下十ヶ町と並び四門前と呼ばれた。

町人町の景観

元禄15年　武家屋敷数

町名	町長	家数	町名	町長	家数	町名	町長	家数
南門通	98.5	8	瀬尾町	87	10	高沢御厩前		4
清水町	112.3	10	中原町	210.3	21	志義町		2
北久保町	139	10	代官町	234	23	志多町		9
南久保町	131.3	9	会所前通	119.5	10			159
新田町	99	8	蔵町	98	8	足軽屋敷（江戸海道、西町、同心町、一番町、二番町、三番町）		261
大久保町	228.3	20	裏町	145	7			

（『新編埼玉県史』資料編14「武州河越御領分明細記」より」作成。「町長」の単位は間、空欄は記載ナシ）

城下町の中心となるのは、商人や職人の居住する町人町である。川越では、城の西大手前に位置する江戸町・本町・南町・喜多《きた》（北）町・高沢町を上五ヶ町と称し、その南側の周辺に位置する上松江（郷）町・多賀《たが》町・鍛冶町・志義《しぎ》（鴫）町、および北側の志多《した》（下）町を合わせ下五ヶ町といい、都合十ヶ町からなり立っていた。上五ヶ町は商人、下五ヶ町は職人が多かったといわれることもあるが、両者の区別が整然としているわけではなかった。町人町全体の規模は、西大手門から高沢町木戸までの東西が三町三九間四尺（約三九五メートル）、下松郷から志多町木戸までの南北が一〇町二〇間（約九九二メートル）と、南北に長く、その中心となるのが、上五ヶ町の本町・南町・喜多町・高沢町の結節点となる札の辻であった。秋元家時代の城下町図によると、この札の辻に集まる道路の幅は、七間三尺（約一三・五メートル）に統一され、城下から外に出る道は、北方の志多町が五間（約七・五メートル）、南方の上松江町が六間二尺（約一一・六メートル）とやや狭くなっていたという。

町人町の景観について、江戸小日向《こびなた》の津田大浄（十方庵）が書いた『遊歴雑記』に、城下町は「いかにも賑かに恰《あたか》も江戸 麹《こうじ》町壱丁目より六丁目までの面影あり」と記し、さらにその繁華な縦横の大通りでは、家々の雨落から一間ほどのところに五郎太石《ごろたいし》★を伏せ、土地の人はこの一間ほどのところを通

元禄15年　川越城下十ケ町の家数・人口

	町長（間）	名主	家数	店数	人数	男	女	家店 *1	氷川社 *2	伝馬役 *3	風土記 *4
江戸町	166	八郎右衛門	36	28	365	191	168	64	60	36	60余
本町	109	弥右衛門	20	35	361	196	169	55	52	23	60余
高沢町	110.4	孫衛門	31	15	287	160	127	46	52	35	
喜多町	166	与右衛門	48	16	296	162	134	64	54	38	
南町	168	甚右衛門	51	49	467	270	195	100	87	44	
上松江	118.3	作兵衛	30	32	263	145	118	62	56	32	
多賀町	98	長兵衛	13	17	124	73	51	30	32	14	
鍛治町	63	次兵衛	15	8	122	78	44	23	24	16	
志義町	270	甚兵衛	55	62	405	218	187	117	137	59	
志多町	60.3	喜右衛門	19	17	138	90	48	36	36	21	47
計	1329		318	279	2824	1885	1237	597	590	318	

（元禄15年「武州河越御領分明細記」『新編埼玉県史』資料編14、人口合計は史料の記載。
*1 家店は家数と店数の合計、*2氷川社は元禄8年「氷川大明神宮建立奉加帳」の人数、
*3 伝馬役の人数は宝永2年で大野政己「川越の城下町と川越街道」（板橋区立郷土史料館『川越街道展』）
*4 風土記は19世紀初頭の『新編武蔵風土記稿』の家数、空欄は記載ナシ）

▼**五郎太石**
地面に転がっている小さな丸い石。

商人と職人

り、旅人および馬にまたがる者は往還の真ん中を通行していた、と記録している。おそらく、歩道と車道の区分のようなものがあったのであろう。

この『遊歴雑記』の記事をそのまま描いたかのような挿絵がある。いずれも『遊歴雑記』と同じ十九世紀初頭のものである。ひとつは『武蔵三芳野名勝図会』に収録するもので（一五七頁）、多賀町の時鐘を主題とし、その手前に南町の商店街が描かれている。建物は二階建で、角の店舗は瓦葺で塗壁のようにみえるが、板葺のような店もある。店の内部が詳しく描かれ、その前の道路を荷物を持った人々が忙しく通行しており、非常に活気がある。もう一枚は『川越松山之記』収録の高沢町の図で、ここも二階建の商家が並ぶが、平屋も二棟みえる。屋根には石を置いている家が多く、人物が描かれていないのでやや寂しげである。手前の川が赤間《あかま》川で、高沢橋を渡ると石原町である。右上部には、喜多町との接点に札の辻の高札場が描かれ、その奥には川越城の西大手門らしきものがかすかにみえる。道路の両脇には、石のようなものが　まっすぐに並べられている。これが、『遊歴雑記』の著者が注目した五郎太石の配石であろう。歩道と車道を分けるような配慮が必要なほど、人馬の通行が多かったものと思われる。

現在の札の辻、南町方面を望む

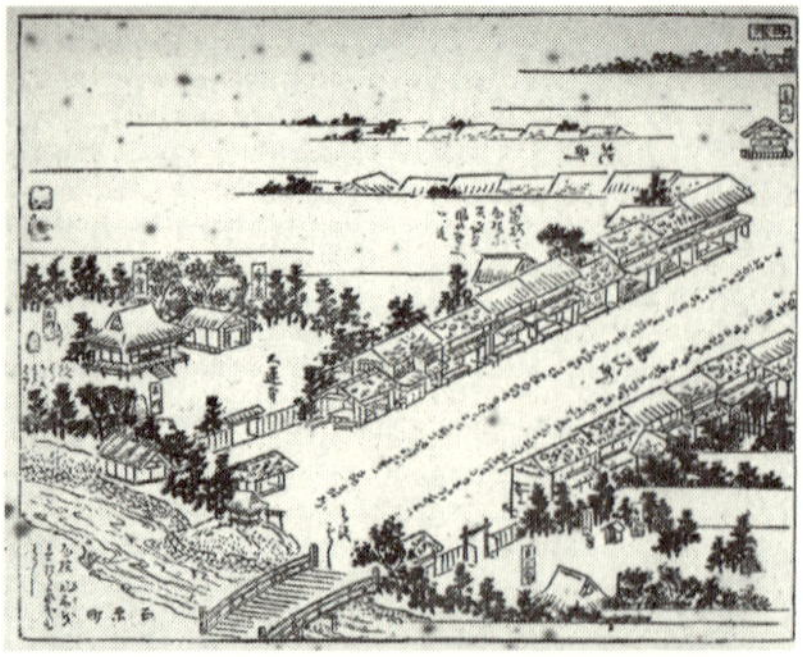

右奥に札の辻の高札場が見える高沢町の鳥瞰図
（『川越松山之記』より、『埼玉叢書』第二）

町方の商業活動の中心となったのは、当初は定期市であった。十七世紀の半ば、正保から慶安の頃には、九斎市★が開かれた。上五ヶ町で順番に市立《いちだて》を行い、江戸町の加茂下《かもした》家がその差配にあたったという。さらに元禄十二年（一六九九）には、上松江町で四の日に月三回の定期市が開かれるようになった。

しかし、享保十六年（一七三一）には、これまで市立を行ってきた上五ヶ町のうち南町の市だけが繁栄し、ほかの四カ町と訴訟になった。そこで問題となったのは、南町はもとより、市立のない鍛冶町や志義町にかけて、せり商人が進出したり、常設店舗の発達などにより定期市が衰退していたことである。上松江町の三斎市も、享保大火の影響もあり、年二回に縮小されたという。こうして、市をめぐる争論がたびたび行われたことが、寛政元年（一七八九）の市立願書に詳しく述べられている。それから十年ほどのち、上松江町の歳の市を描いた図がある。二階建の常設店舗は棟割にされ、さまざまな商品が並べられている。その前の道路一杯にせり商人が所狭しと店を広げ、常設店舗と市商人が競い合う状況が活写され、人々の熱気が伝わってくるようである。

常設店舗を構えた城下町の商人は、文化三年（一八〇六。天明四年・一七八四という説もあり）頃には、江戸にならい十組仲間《とくみなかま》の組織を結成している。それを構成する商人は、綿糸、呉服（絹織物）、太物（綿織物）、煙草、醤油、塩など日常生活品全般にわたっている。各組の大行事には、川越藩の御用商人として知られる

▼九斎市　月に九回の定期市。川越の場合は二・六・九のつく日。

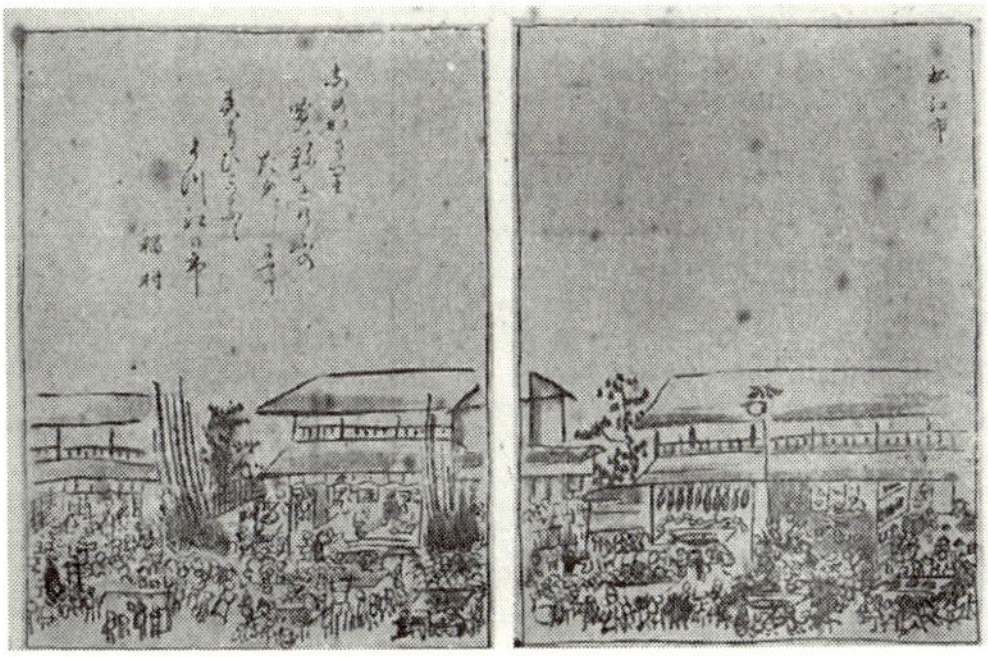
上松江市の賑わい
（『武蔵三芳野名勝図会』より、『埼玉叢書』第一）

横田家をはじめ、城下町の有力商人が名を連ねた。

幕末期、慶応三年（一八六七）の「川越町諸色明細帳」によると、商人の総数は六〇〇人、職種は三七である。一〇人以上を列挙すると、穀問屋二六、穀中売★三五、搗米挽割《つきごめひきわり》屋★三一、乾物青物三五、糠干鰯《ぬかほしか》塩炭二五、菜種砂糖二一、酒小売四二、煮物屋三三、魚類商売三〇、餅菓子干菓子二〇、煙草刻小売一〇、蕎麦屋一六、着物屋三九、呉服反物二五、綿屋木綿二二、小間物屋三一、古着屋二九、古道具屋二七、質屋仲買二〇などである。

一方、職人についてみると、他の城下町と同様に職種名を冠した町名が鍛冶町・鉄砲町・多賀町・大工町などいくつかみられる。このうち鍛冶町は、戦国時代に相模国から来住した鍛冶職人によって形成されたと伝え、鉄砲町は松平信綱時代に近江国国友《くにとも》村から来住した国友佐五右衛門によって開かれたといわれ、いずれも領主の軍事的需要に応じるもので、近世中期以降には衰退していった。これに対して、日常生活品を供給する職人の住んだ町としては、桶の箍《たが》に由来する桶職人の多賀町や大工町がある。また、鍋釜を製造する鋳物師には、城下町周辺の東明寺《とうみょうじ》村に住んだ矢沢家や小久保《おくぼ》村の小川家などがある。幕末には藩の命令により、大砲や鉄砲の弾丸などの製造にも携わった。

なお、前記「川越町諸色明細帳」よると、職人の総数は一六七人、職種は四〇にのぼる。そのうち比較的人数の多いのが、足袋《たび》職一五、仕立屋一三、箱屋指物《さしもの》

▼中売
問屋と小売りの間に入って仲介する商人。

▼搗米挽割屋
精白米や挽き割り麦を売る店。

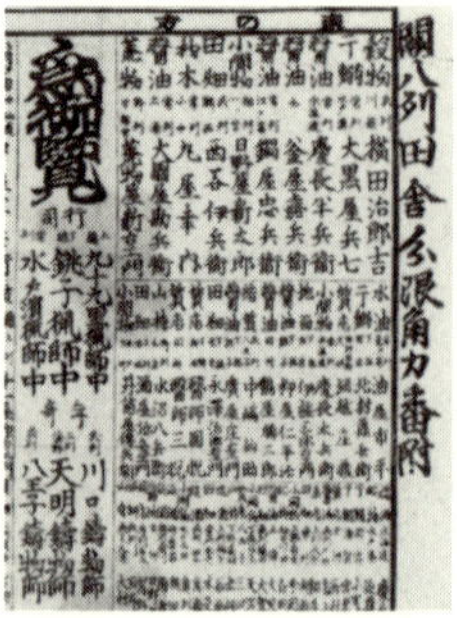

最上段に川越横田次郎吉の名前が見える（「関八州田舎分限角力番附」部分・川越市立博物館蔵）

川越十組仲間の諸帳面入（右は裏書）
（川越市立博物館蔵）

一一、建具屋一〇、大工一〇などである。

城下町のシンボル「時の鐘」

城下町でひときわ目立つのは多賀町の「時の鐘」である。この鐘が最初に造られたのは、十七世紀前半の寛永期、酒井忠勝の時代であり、その後たびたび火災で焼失し、その都度、ときの藩主により再建されてきた。

松平信綱時代の承応二年（一六五三）に新たに鐘が鋳造され、鐘撞《つ》き人足の制度も整ったようであるが、鐘の音色《ねいろ》はよくなかったという。宝永元年（一七〇四）に入封した秋元家は、甲斐国谷村から鐘を持参して信綱時代の鐘に換えたという。明和四年（一七六七）、秋元家はこの鐘を持って山形に転封した。あとをうけた松平大和守家では、太鼓を使用したが大きな音が出ず、やむなく城下にある長喜院の鐘を借用した。

明和七年十一月、新藩主松平直恒の就任を祝うかのように新たな鐘が完成した。鋳物師は、川越の小川五郎右衛門である。ところが、この鐘は四年後の安永三年（一七七四）の大火で焼失し、再び長喜院の鐘を借り出した。二年後に鐘楼が完成すると、今度は城下の行伝寺の鐘に換えられた。この鐘は音色も音響もよく、実に七十年以上にわたって使用された。しかし、時を知らせるのは藩主の威厳を示

現在の時の鐘

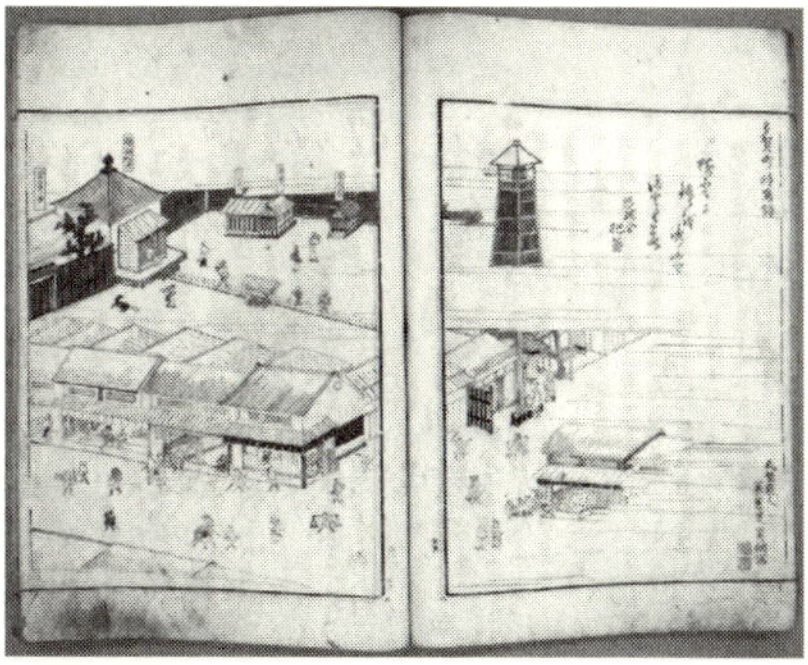

多賀町の時の鐘
（『武蔵三芳野名勝図会』より、個人蔵）

すものでもあり、それが借り物では、ということもあってか、嘉永元年（一八四八）に鋳造の運びとなり、資金の一部は城下および周辺の人々から寸志として一〇五両を集めた。翌二年には、信綱時代に比べ四倍の大きさの鐘ができあがったが、この鐘も音響が悪く、再び行伝寺や大蓮寺、広済寺などから借りてその場を凌いでいた。

幕末も押し迫った文久元年（一八六一）、松平直侯《なおよし》の代になり再び鋳立てられた。安政三年（一八五六）の火災で焼け落ちた行伝寺の鐘を材料としたものであるが、この鐘も明治二十六年（一八九三）の大火で焼失した。翌年再建された現在の鐘楼は、『武蔵三芳野名勝図会』に描かれたものとのほぼ同じで、江戸時代の姿をよく伝えている。

③

城下町を彩る氷川祭礼

城下町の整備とともに松平信綱が始めた氷川祭礼は、歴代の藩主が引き継いだ。
隔年の九月十五日を中心に、城下十ケ町から趣向を凝らした行列が繰り出した。
江戸天下祭りにも勝ると評された氷川祭礼は、川越祭りとして現代に伝えられている。

歴代藩主の引き継いだ氷川祭礼

この城下町を舞台に繰り広げられたのが、鎮守氷川社の祭礼である。川越の地誌として著名な『武蔵三芳野名勝図会』には、氷川祭礼が挿絵入りで紹介されている。画面の中央を左に向かって神輿《みこし》、馬上の神主、そして右端に町方の先頭を行く「出し」（出車）が見える。この絵にはないが、以下城下十ヶ町から出された練物《ねりもの》（行列）が続いているはずである。祭礼行列は画面の左側で手前へ大きく曲がり、右手中央には群衆が描かれる。正面奥にも見物人がビッシリと集まり、その喧噪《けんそう》が聞こえるようである。左上部には、この祭礼の主催者である藩主の住む川越城が聳《そび》えている。

この絵から十年ほどあとになるが、江戸小日向の廓然寺《かくねんじ》隠居で広く江戸近郊を

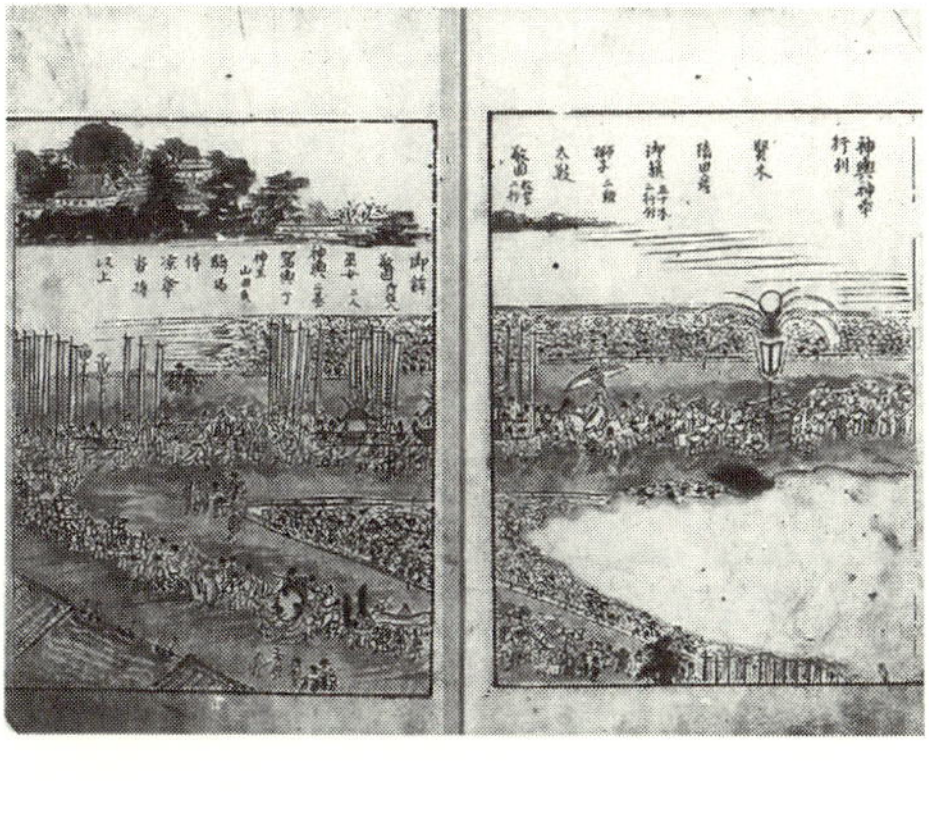

氷川祭礼の図
（『武蔵三芳野名勝図会』より、個人蔵）

旅していた津田大浄（十方庵）は、その見聞記『遊歴雑記』で川越氷川祭礼を取り上げている。やや誇張はあろうが、祭礼の練物は毎回趣向を異《こと》にし、江戸から呼びよせた「芸子」の華麗さで、神田明神《かんだみょうじん》の祭礼にも匹敵する、と賞賛されている。

この氷川祭礼の始まりは、城下町の整備に尽力した松平信綱の時代である。城下町商人榎本弥左衛門の覚書には、「川越程のところに祭礼が無くては」という藩の強い意向で、慶安四年（一六五一）に開始された経緯が記録されている。新たに整備された城下町を、精神的に統一するシンボルとして位置づけられたのであろう。

その後、歴代藩主に受け継がれ、柳沢吉保時代の元禄十一年（一六九八）には、踊り屋台も出現し祭礼の行列が城下町を盛大に練り歩いた。氷川社の祭礼は、ほんらいの神事と、新たに付け加わった祭礼行列、いわゆる付祭《つけまつり》とからなる。江戸の天下祭りは山王権現と神田明神で隔年交代に実施されていたが、川越の氷川祭礼では、付祭は隔年の九月十四日・十五日を中心に実施された。

秋元家の享保年間（一七一六～一七三六）には城下鍛冶町の記録が残っていて、毎年の祭礼の様子がわかる。また、この頃の祭礼を描いた絵巻物が、ニューヨークのスペンサーコレクションに所在することが、近年の調査で判明し紹介されている。城下十ヶ町の祭礼行列を華麗な色彩で描いたもので、警備する藩士や桟敷《さじき》

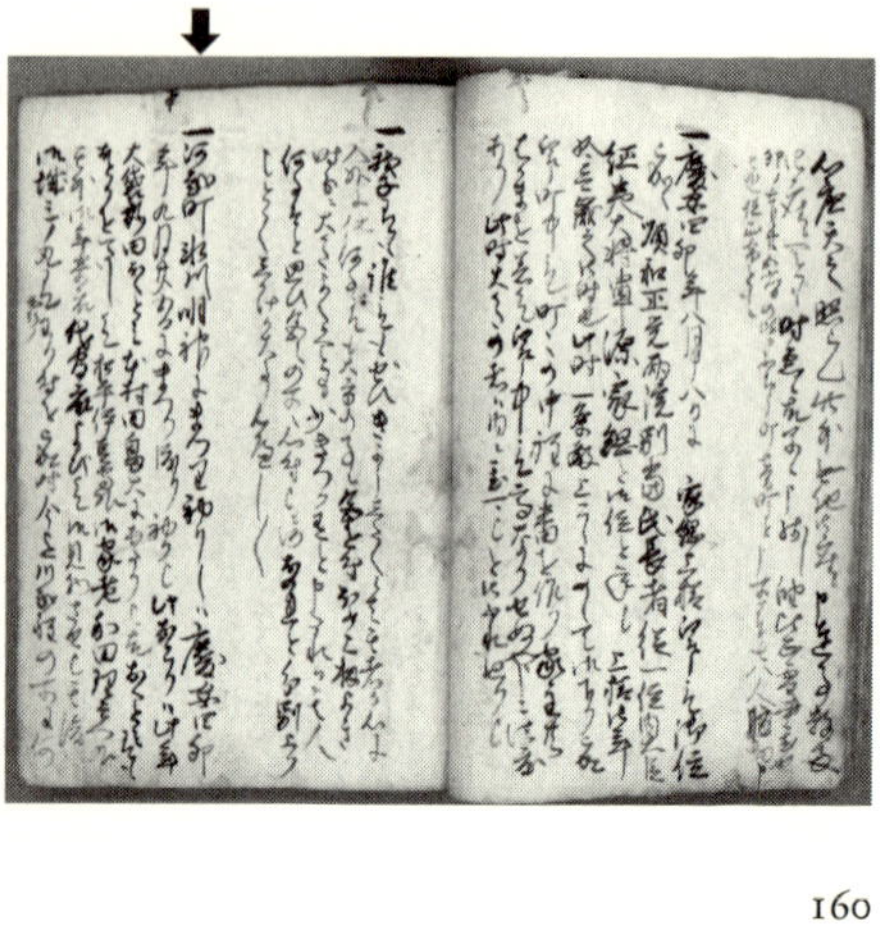

氷川祭礼始まりの記事
（『榎本弥左衛門覚書』より・個人蔵）

で見物する町民などもみえる。

十八世紀後半の、松平大和守家時代になると、世の中一般の華美な風潮もあり、祭礼はいっそう豪華なものになっていった。松平大和守家は藩の公式な日記が保存されているので、毎年の実施状況もほぼ判明する。それによると、川越に入封して最初の祭礼である明和五年（一七六八）から文化十四年（一八一七）までの五十年間に一四回の祭礼（付祭）の実施を確認できる。ほんらいは隔年実施なので、実施率は六〇パーセント程度になる。自然災害や藩財政の窮乏にともなう質素倹約で、休止されたこともかなりあったことがわかる。

文政九年の氷川祭礼

文政期（一八一八～一八三〇）に入ると、藩も町方も財政難から祭礼の実施にかける意気込みが急激に薄れていったようにみえ、氷川祭礼の歴史にとっても大きな曲がり角となった。文政元年から慶応三年（一八六七）までの五十年間に、祭礼（付祭）の実施は、文政九年、天保十五年（一八四四）、文久二年（一八六二）のわずか三回だけであった。ここでは、比較的関係史料の豊富な文政九年の祭礼についてみておこう。

文化十一年（一八一四）に実施されてから十二年間、なにかと理由をつけて祭

現在の氷川祭礼（川越祭り）

現在の氷川祭礼（川越祭り）

城下町を彩る氷川祭礼

礼は休止され、松平斉典が藩主になってから一度も実施されていなかった。そんな状況をうけてか、文政九年の祭礼年には早くから町方で祭礼実施の動きがあり、藩も大層にならなければ認める方針を固めていた。祭礼日のほぼ一月前、町方と氷川社から祭礼実施の願書が藩に出され許可された。また、高沢町・鍛冶町・志義町の三町では、諸経費を切り詰めるため、前回、文化十一年のときに用意したが、華美を理由に使用できなかった「出し」を、部分的な手直しで利用することを出願した。ほかの町もそれぞれ準備を進め、藩でも警備の体制などを整えていった。こうして、斉典が藩主になってから初めて祭礼が実施されたのである。

ほかの年の例なども参照しながら、祭礼準備の動き追ってみると、九月九日・十日頃から町々に祭礼旗が立てられ、十二日・十三日は屋台を各町内で披露する「内揃」となる。十四日・十五日は早朝四時前に勢揃いし、六時にはそれぞれの「芸場《げいば》」から開始する。芸を行う場所は、各町の入口、有力者や寺院の屋敷前などと予《あらかじ》め決められていた。祭礼中のトラブルを防ぐため、十四日は町中禁酒とし、さらに屋台が曳き違うとき、いわゆる「ひっかわせ」のときには、囃子《はやし》などを交換し警固の者も挨拶をするなどして、屋台同士のいざこざが起きないよう注意することなど、細かな申し合わせをしている。

いよいよ本番の十五日には、神主の出願を受けて藩主の名代が午前六時に氷川社に参詣、藩から同心や祭礼用の神馬が提供される。祭礼の行列は、神輿と馬上

の神主を先頭に、各町の行列が城下町を練り歩いた。この行列は、氷川社から出て、城の西大手門先、藩主や藩士の桟敷が設られた南大手門、そして武家屋敷から城下の十ヶ町四門前を廻り再び氷川社に戻る。十五日の祭礼は午後六時までに終了することになっていたが、雨天などの場合は一部順延することもあった。文政九年の場合は、あいにく十四日の午後二時頃から雨で中断、十五日も開始が午前十時となり、実施できなかった分は、藩の指示で十九日に行なっている。

高沢町の祭礼行列と費用

さて、この文政九年（一八二六）の祭礼については、克明に描かれた祭礼絵巻や各町の練物を詳細に記した祭礼番付、さらに高沢町については経費の記録もあり、祭礼の全体像をつかむことができる。

まず絵巻を見ると、巻首には一段と高い所から祭礼行列を見下ろしている藩主らしき人物が描かれ、その下の桟敷には多くの藩士が詰めている。この場所は、城の南大手門である。行列は、神輿と神主を先頭に、各町の趣向を凝らした出し物が続いている。三番目に描かれた高沢町の行列は、烏帽子狩衣《かりぎぬ》姿の猿の人形を掲げた「出し」を先頭に、二見ヶ浦の曳物《ひきもの》、女子の乗った花駕籠、犬連れの伊勢参宮の姿、女子どもの練子、「松之木造物」、「地踊り」、「底抜家（屋）台★」、警固、

文政９年の高沢町の祭礼行列を描いた「川越氷川祭礼絵巻」（部分・川越氷川神社蔵）

「二見潟蒔絵盆」を演じる屋台、警固、荷茶屋と続く。先頭の曳物から屋台までは伊勢参宮のテーマで統一されている。町内の女子どもが着飾って表舞台に立ち、若い衆は引き手として参加、後半の屋台には江戸から呼び寄せた芸人が芸を披露し、旦那衆が警備にあたるという構成になっている。当時の高沢町の家数は六〇軒程度であったが、出し物の引き手や担い手の総数は一六四人にのぼり、芸人は二四人である。高沢町と同じように、各町とも先頭に歴史上の人物や動物などの人形を掲げた「出し」、そして趣向を凝らした花駕籠や仮装行列、歌舞伎や浄瑠璃を演じる屋台が続き、最後を荷茶屋で締める構成である。高沢町では伊勢参宮がテーマであるが、喜多町では竜宮城、本町では朝鮮通信使《ちょうせんつうしんし》★がテーマになっている。

この祭礼に高沢町でかけた費用は二六〇両余にのぼった。そのうち六三両余、すなわち全体の四分一強が江戸から雇い入れた踊子や三味線など芸人への支出であった。残りの二〇〇両弱は、品物代金、飲食、日雇給金などで、そのほとんどが町内の商人へ支出されている。そのため、祭礼は町方の住人、とりわけ商人には、それなりの経済的効果を与えたものとみられる。藩にとっては、自らが主体となって城下の人心統合を図る絶好の機会ではあるが、せっかく質素倹約、緊縮財政をとっているところに、華美な風潮がはびこり、また警備などに出役する藩士の手当ても嵩み、大きな負担でもあった。

▼底抜屋台
祭礼用の床のない屋台。縁を持って歩く。

▼朝鮮通信使
将軍職就任など慶賀のために朝鮮国王が派遣した使節。

④ 藩士の学問と講学所（藩校）

松平大和守家では、藩士子弟に学問を授けるため藩校の講学所を開設した。藩儒保岡嶺南が校訂・刊行した頼山陽の『日本外史』は、「川越版」として愛読された。松井松平家も藩校長善館を設置したが、廃藩置県となり二年半ほどの活動であった

御城講釈と儒者の家塾

松平大和守家では、川越入封以来、川口静斎《せいさい》、斎藤良介、朝岡芳所《ほうしょ》などの儒者を召し抱え、藩主へ御前講釈をさせた。儒者は、自宅で家塾を開き藩士の子弟を教える者も多かった。また民間の儒者が教える私塾に通わせる藩士もあった。明和七年（一七七〇）のこと、城下町続きの石原町で私塾を開いていた佐藤用之助という儒者が、江戸へ移ってしまった。すると、佐藤に学んでいた藩士たちは、佐藤を呼び戻すことを藩へ出願した。これに対して藩は、牢人者を呼び戻すのはどうか、そもそも武士道に学問は不可欠なのか、どうしても佐藤に学びたいのなら、江戸は近いのでこちらから出向いたらどうか、などと却下してしまった。ところが、九年後の安永八年（一七七九）には、佐藤へ七人扶持を給し家中の読書

指南をさせ、寛政二年（一七九〇）に正式に藩儒に取りたてている。佐藤に対するこの二十年間の対応の変化は、藩士教育に積極的に取り組むようになった藩の姿をよく示している。

天明三年（一七八三）に、川越藩では武術、学問の稽古に励むよう触を出し、師範の御前講釈や城中での稽古などを積極的に進めた。文政元年（一八一八）には、幕府の昌平黌《しょうへいこう》に学んだ石井択所《たくしょ》と、佐藤一斎の門人今井八郎を新たに召し抱えたので、旧来の三人に加え藩儒は五人となった。こうして、文政二年から毎月三回、定例日に藩士に経書《けいしょ》を講釈する御城講釈が行われるようになった。対象は「番外」以上の藩士で、それ以下の藩士は席に空きがあれば許すことにした。また、今井の家塾「述古堂」の学則を提出させ、その内容を確認するなど積極的な姿勢を示している。

ところが、文政四年三月、今井は不祥事から突然暇を出された。その後任には、大坂懐徳堂《かいとくどう》の中井竹山《ちくざん》に学んだ長野豊山《ぶざん》を迎えた。しかし、豊山は病気がちで、門弟の中から代講として抜擢されたのが保岡嶺南《やすおかれいなん》であった。この頃、藩士子弟の風俗取締の触も出され、教学の充実が必須の課題となっていた。

講学所の設置と運営

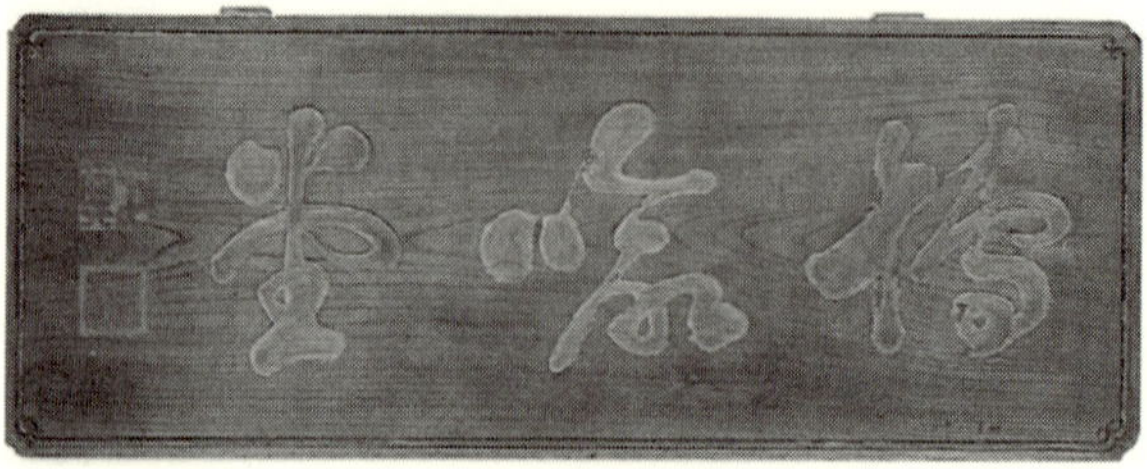

博喩堂の扁額
（複製、川越市立博物館蔵、原資料東松山第一小学校蔵）

こうした過程を経て、文政八年（一八二五）頃にまず江戸赤坂溜池の上屋敷に、同十年七月には川越に、藩士の教育機関である講学所が開設された。川越の講学所は、大手門の北側、前年から石井択所が住んでいた屋敷を改造した小規模なものであった。藩主斉典は講学所の開設にあたり六箇条からなる直筆の条目を下付し、大きな期待を寄せていた。なお、松平大和守家の藩校は後世「博喩堂」の名をもって知られ、斉典の直筆と伝える「博喩堂」の額も現存するが、藩日記では明治元年（一八六八）十二月まですべて講学所と記しているので、以下それに従う。

教授は、石井択所、保岡嶺南、朝岡操の三名であった。当初、受講生は十五歳以上四十歳以下の二、三男までとし、上級の藩士と下級の藩士では出席日が異なり、いずれも月三回ないし六回の講義日であった。講義の内容は、素読《そどく》★は行わず、講釈が中心であった。従来の御城講釈の受講生が番外以上であったのと比べ、大幅に枠が広げられたが、講学所の収容能力は一〇〇名程度であった。受講料は無料であったが、下級の藩士には書籍の用意がなかったり、素読が満足にできない者もあり、思うような運営ができなかったようである。そこで、文政十二年に規則を改め、藩士の子弟は八歳で講学所に入り素読から学べるようにした。

藩主斉典の肝いりで開始された講学所であるが、藩財政の窮乏は続き、とりわけ江戸湾沿岸警備の強化もあり、その後の運営は順調ではなかった。天保七年（一八三六）十一月には凶作の影響を受け講学所は一年休止となり、翌八年に再開

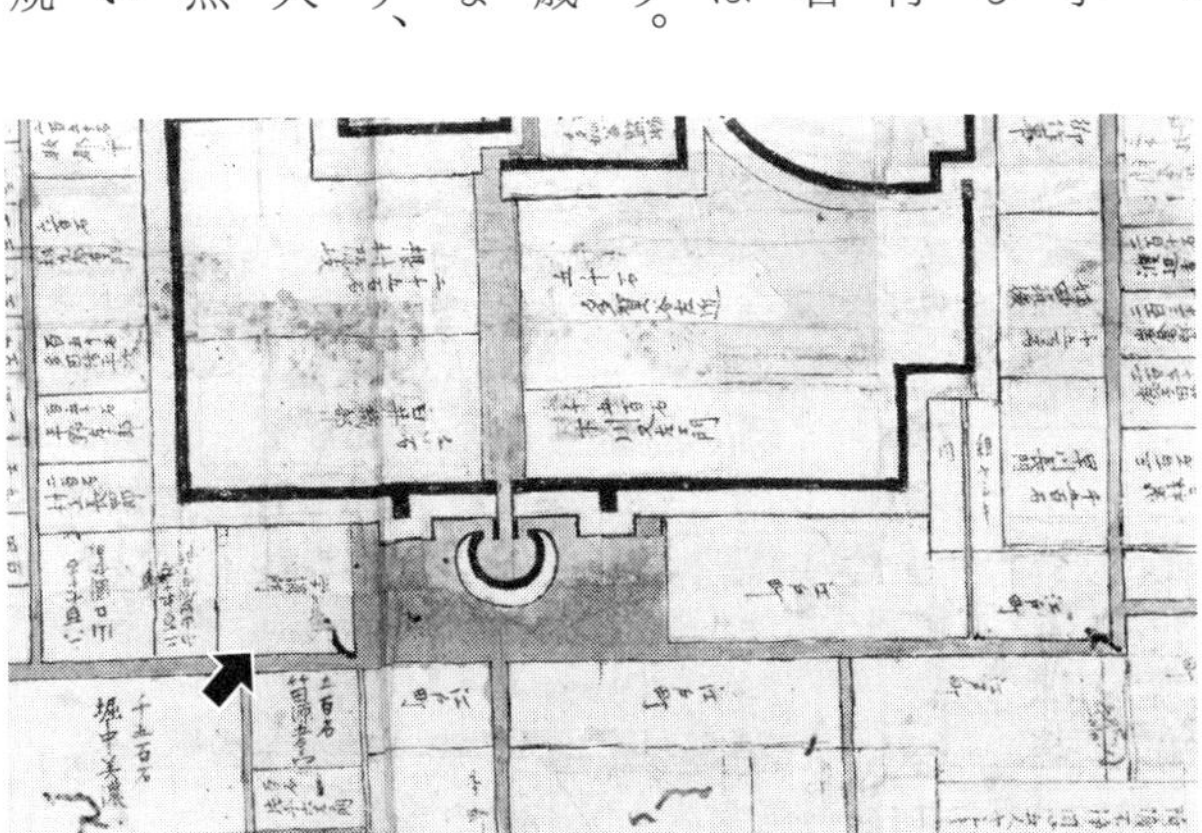
城下町図にみえる講学所（図では「学講所」）（「川越城下図」より・東北大学附属図書館狩野文庫蔵）

▼素読
漢文学習の初歩、教科書を声を立て読むこと。

されたが規模、職員は大幅に縮小された。弘化二年（一八四五）には二ノ丸御殿の焼失、嘉永三年（一八五〇）には藩主斉典の死、相続した典則《つねのり》も四年で隠居と、講学所は引き続き厳しい状況に置かれていた。

ところが、嘉永七年に水戸の徳川斉昭の八男から養子となった直侯《なおよし》の治世になると、講学所は再び充実してくる。それは職員数に顕著で、創設された文政期には三〇名前後、弘化四年の衰退期には一九名にまで減少したが、安政五年（一八五八）には五一名に増大している。この頃、受講生の質問を専門に受け付ける役職が新設されているが、これは水戸彰考館の質問所という制度に倣ったものといわれる。

川越藩校の名前を世に広めたものに川越版『校刻日本外史』がある。これは、藩主斉典の命を受けた保岡嶺南が、頼山陽の『日本外史』を校訂して自らの序文を付し、天保十五年に開版したものである。「川越版」として各地の藩校はもとより、広く流布し明治三十二年まで一四版を重ねた。

慶応三年（一八六七）一月、松平大和守家が前橋に転じると講学所も移転したが、武蔵に残された領地を管轄する比企郡松山の陣屋にその分校が建てられ、博喩堂の扁額などを伝えている。

松平大和守家に代わり川越に入封した松平周防守康英は、西大手門の外、宮ノ下に藩校長善館を建てたが、わずか二年半で廃止された。

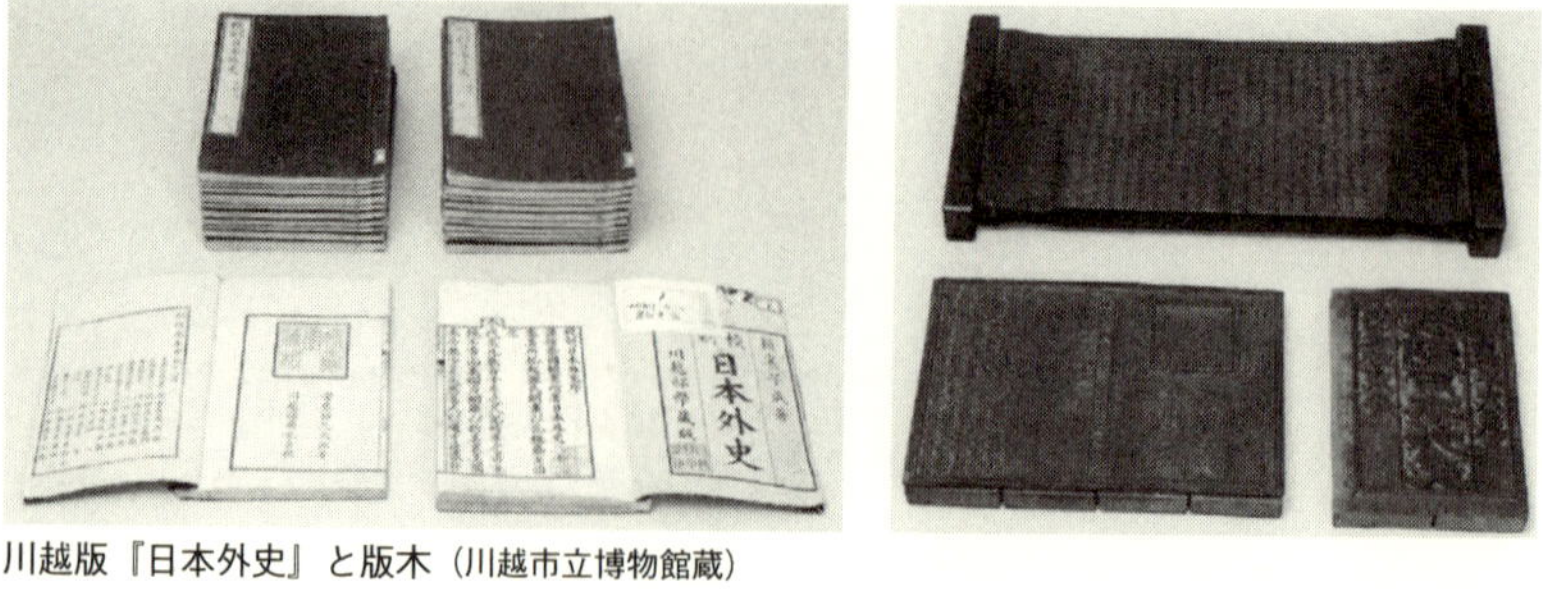

川越版『日本外史』と版木（川越市立博物館蔵）

⑤ 花開く城下町文化

藩士のなかからは、国学や和歌・俳諧などにすぐれた者が数多く輩出した。川越の地誌を集大成した『武蔵三芳野名勝図会』が、城下町町人の手で編纂された。川島堤の桜並木を題材に、武士も農民も一緒になって詩歌と俳諧を楽しんだ。

藩士の文化活動

藩校の儒者以外にも、さまざまな分野で活躍した藩士がいた。さきに秋元家家臣と平賀源内について述べたときに言及した関修齢は、川越に移った明和四年(一七六七)の冬、『川越地理略』という地誌を著している。本書の跋文で、修齢は自らを川越の出身といい、幼児より見聞したことを記憶のままに記述した、と述べている。他の川越関係の地誌と比べ、本書の大きな特色は城内の記述が比較的詳しいことである。この内容と執筆時期から、修齢が新たな領地の案内書として著したものではないかともいわれている。

川越に移ってきたときの松平大和守家の当主朝矩《とものり》は、入部翌年の明和五年(一七六八)六月に三十一歳で死去するが、生前には回雪と号して俳諧を嗜み、没後の寛政六年（一七九四）にその句集『雪後集』が刊行された。そんな藩風もあってか、家臣にも俳諧に堪能な者がいた。なかでも、時雨庵麦鴉《ばくあ》はよく知られている。城下志多町の東明寺にある墓石から、本名は鹿子田維清、享保二年（一七一七）に陸奥国白河（福島県白河市）で生まれ、寛政十年に川越で没、行年八十二歳であった。明和四年、川越に来たときすでに五十一歳、安永六年（一七七七）に自序を書いた独吟集『俳諧　春の雨夜』がある。各地の俳人との交流も深く、尾張藩士で俳文の名手と称された横井也有《やゆう》は、麦鴉老人のためにと、川越夕暮塚の記事を俳文に撰したという。また、蕪村門人の京都の維駒編『五車反古』（天明三年・一七八三）にも「川越　麦鴉」として収録されている。

蕪村との交流といえば、松平大和守家の京都留守居をした樋口道立《どうりゅう》が著名である。俳諧の事績としては、安永五年に洛東金福寺の芭蕉庵を再興するため『写経社集』を出版、天明元年（一七八一）に芭蕉庵を竣工させている。蕪村とはごく親しく多数の関連書状が残され、そのなかには道立に茶屋遊びを戒められた蕪村が反省の弁を述べた書状もある。なお、道立は丹後国（京都府）宮津藩青山家の京都留守居を務め、『日本詩史』を著した江村北海の二男である。宮津藩青山家の家臣といえば、川越藩の財政再建策を論じた海保青陵と同じで、その面からも気になる人物である。文化四年（一八〇七）の「松平大和守役付」には「京都御留主居　高百五十石　役料五十石　樋口源左衛門」とある。松平大和守家の役

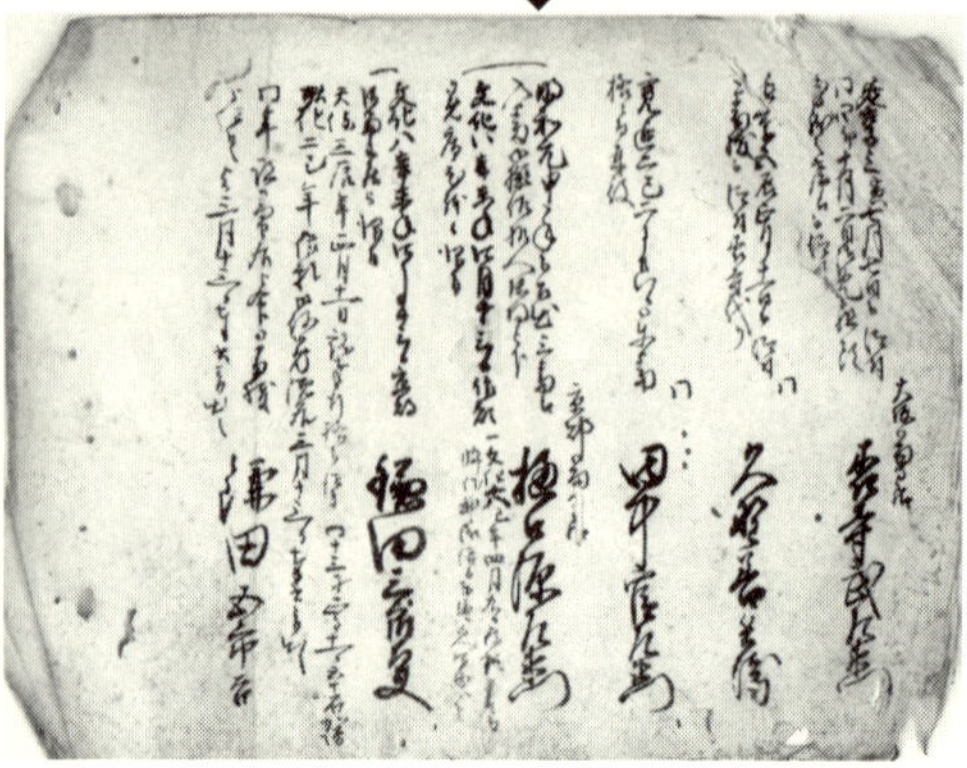

樋口道立（源左衛門）の履歴を記す「松平大和守家臣役職名鑑」（川越市立博物館蔵渡辺刀水収集文書No.134）

職名鑑では、明和元年（一七六四）召出、文化八年四月に依願免職とある。翌文化九年没、享年七十六歳であった。

国学の沼田順義と和歌の尾高高雅

国学では、沼田順義《ゆきよし》が知られる。寛政四年（一七九二）、上野国群馬郡新高尾村（前橋市）の農家に生まれる。幼児から眼病を患い、そのため医学に志したという。十五歳の時に村を出て諸国で修行、病を得て郷里の伊香保で滞在中に、たまたま川越の豪商横田五郎兵衛の知遇を得た。横田の援助で、川越で私塾と医業を行ない名声を博した。楽水堂道意、また三芳野城長と号した。横田の推挙もあり、藩主斉典《なりつね》へ国学を進講し扶持をうけたという。学問的には、儒学の合理性も取り入れ、本居宣長の学説を批判する「級長戸風《しなとのかぜ》」（文政十三年・一八三〇）、賀茂真淵を批判した「国意考弁妄《こくいこうべんもう》」（天保四年・一八三三）などが知られる。

なお、順義の養嗣子一斎も学問を好み川越藩に仕え、領内赤尾村（坂戸市）の名主で国学を学んだ林信海《のぶうみ》、信徒父子との交際も深い。

尾高高雅《たかまさ》は、文化九年（一八一二）に佐渡で生まれ、佐渡奉行の書記などを勤めたのち江戸に出て清水光房に和歌を学び、さらに京都へも遊学した。天保十三年に川越へ移り、南町の豪商横田五郎兵衛の持ち家で、群鶴堂という文武の指南

華やかな城下町文化の様子を伝える高沢町名主井上権兵衛（梅暁堂盤雨）が描いた「川越の四季屏風」（個人蔵）

所を開いた。そこで近隣の子弟を教育していたが、藩主斉典に見いだされ、国学や歌道の指南として七人扶持で召し抱えられたという。前橋へ移城後は、郡《こおり》奉行など行政面でも活躍した。

松平大和守家時代を代表する沼田順義や尾高高雅が、ともに藩財政再建の後ろ盾ともなっていた豪商横田家の斡旋で仕官したと伝えられているのは、裕福な町人に支えられた当時の文化のあり様をよく示している。

風説書を集成した京都詰役人

やや広い意味での文化活動になるが、松平大和守家の京都詰役人である高岡九郎左衛門は、同時代の膨大な風説書《ふうせつがき》を収集し『聞集録』一〇八冊にまとめている。高岡九郎左衛門はわずか十二石三人扶持の下級武士であるが、松平大和守家の近江分領六地蔵村（滋賀県栗東市）の地侍の系譜で、早くから在地支配にかかわっていたものと推測されている。『聞集録』に収録された情報は、自藩の京都留守居や大坂勘定所はもとより、諸藩の京都詰役人や旧知の公家など、広範な人々から入手したものである。天保期からの記録が充実し、幕末期の内政・外交上の重要な政治情報が豊富に収録されている。それらのなかには、機密度の高いものや幕政を批判する内容も多く含まれている。明治七年（一八七四）に新政府へ献上され、『維新史料綱要』などの編纂に活用された。川越藩士による特色ある文化的な業績のひとつといえよう。

活発化する文化活動

この時代になると、城下町の町人にも幅広く、俳諧や和歌、漢詩、狂歌、書画など、さまざまな文化が受け入れられていった。享和元年（一八〇一）の序文がある『武蔵三芳野名勝図会』は、そうした文化を川越という場所で総合した記念碑的な著作といえる。著者は城下鍛冶町の名主でもあった中島孝昌《たかまさ》である。歴史書はもとより、数多くの詩歌や挿絵により川越の歴史と地誌を紹介したもので、秋元家時代からの地誌の編纂を、当時流行の図会《ずえ》という形式で集大成したものといえる。本書の跋文を書き、画や狂歌を寄せた松本藻彦は、墨池庵《ぼくちあん》四世を称し行伝寺門前に住んだ。この墨池庵の初代は、書、俳諧、挿花に秀でた尾海であり、儒者・俳人として知られた天沼履仁《りじん》も庵主のひとりであった。

その後、文政三年（一八二〇）には、『武州川越善行録』が刊行された。これは、幕府の『孝義録』に倣い、秋元家時代の宝暦二年（一七五二）から文政元年（一八一八）までに表彰された孝子三三人の事績を三冊にまとめたものである。人物の選択は城下町に片寄ることなく、入間郡はもとより埼玉郡や大里郡さらに上総国

江戸の国学者橋千蔭が賛をした赤間川の蛍狩り図（『武蔵三芳野名勝図会』より、個人蔵）

『武蔵三芳野名勝図会』を著した中島孝昌の画像（部分・個人蔵）

の領地にまで広がっている。序文は蝦夷地探検で著名な最上徳内《もがみとくない》、跋文は川越の国学者で医者としても知られる楽水堂道意こと沼田順義である。著者は城下近くの今成村に住む栗原満啓、当時七十九歳とされている。墓碑銘によると、満啓は入間郡紺屋村（坂戸市）の出身で、城下南町で近江屋茂八と名乗り肴《さかな》屋を家業とした。壮年のときから和歌や心学などを学び、七十歳で隠居したという。版元は江戸の須原屋、三〇枚にものぼる挿絵が入れられ、あたかも孝行の絵解きの感がある。広範囲な人物選択と本格的な体裁《ていさい》、どれをとっても城下周辺の一商人の出版としては出色なでき映えである。沼田順義は跋文で、川越に孝子が多いのは上《かみ》に賢君がいるからだ、と述べているが、藩主斉典の襲封から数年のことである。

　また、城下鍛冶町の鉄物商釜屋小兵衛こと北野操六は、江戸にも出店をもち、江戸の文人と幅広い交流のあったことで知られる。幕末三筆のひとりと称される市河米庵に書を学び、狂歌師の宿屋飯盛《やどやのめしもり》こと石川雅望《まさもち》に師事している。彼ら江戸の文人が北野家を来訪することも多く、石川雅望は老松のある北野家を翠樹園と命名している。操六は鍛冶町の名主や川越町の頭取《とうどり》名主などとして町政でも活躍し、文久四年（一八六四）一月に七十歳で没している。

川島堤の桜を詠んだ詩歌集の刊行

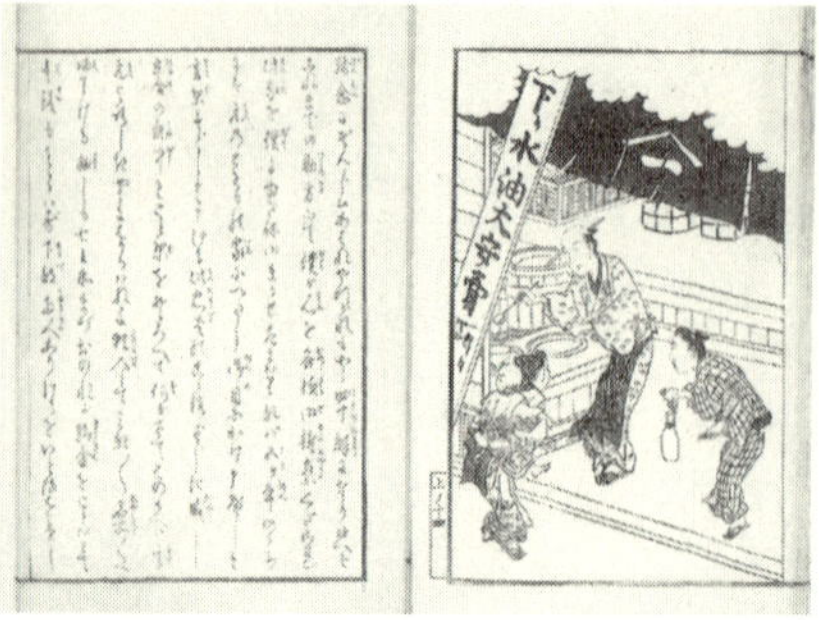

若死した主人に代わり家をもり立てた城下南町油屋庄右衛門の下男七兵衛
（『武州川越善行録』より・埼玉県立図書館蔵）

幕末も押し迫った安政六年（一八五九）から文久元年（一八六一）にかけて、比企郡川島領大囲堤（川島堤）の桜並木をテーマに、和歌集『めぐみの花』、漢詩集『桜華帖』、俳諧集『つゝみの花』が相ついで刊行された。この桜並木は、弘化三年（一八四六）に竣工した川島堤の修築にともない、一五〇〇本余の桜を植えたものである。花見の人出で堤防を踏み固めることなども意図され、藩では制札を立てて保護した。『めぐみの花』に跋文を寄せた江戸の文人井上文雄は、隅田川堤の桜に比べると、八重桜で花期が長く酔客も少ないことを評価している。

本書の序文で尾髙高雅は、『めぐみの花』の「めぐみ」は、川島堤を修築し桜を植えさせた藩主斉典の「御恵み」をさしている。それを顕彰するための企画なので、家臣の高雅が編者にならず、藩領外の人でこうした「みやびごとにたけた」石井村（坂戸市）の井上淑蔭《よしかげ》に白羽の矢が立てられた、と述べている。そうした意味では、極めて「政治的」な歌集といえる。淑蔭は高雅より九歳年長で、高雅と同じ江戸の清水浜臣《はまおみ》・光房《みつふさ》父子に学んでおり、家中と在野の違いはあるが同じような文化環境にあったといえる。

『めぐみの花』への投稿者は一五六名、そのうち八一名は、身分や居住地を他の資料などから推定できる。その内訳は、江戸の文人仲間が九名、川越藩士およびその妻女が一一名、城下町の有力町人が五名、忍藩関係者が九名、僧侶が一三名、神官が五名、村方では入間郡が一六名、大里郡が五名などとなる。また高雅

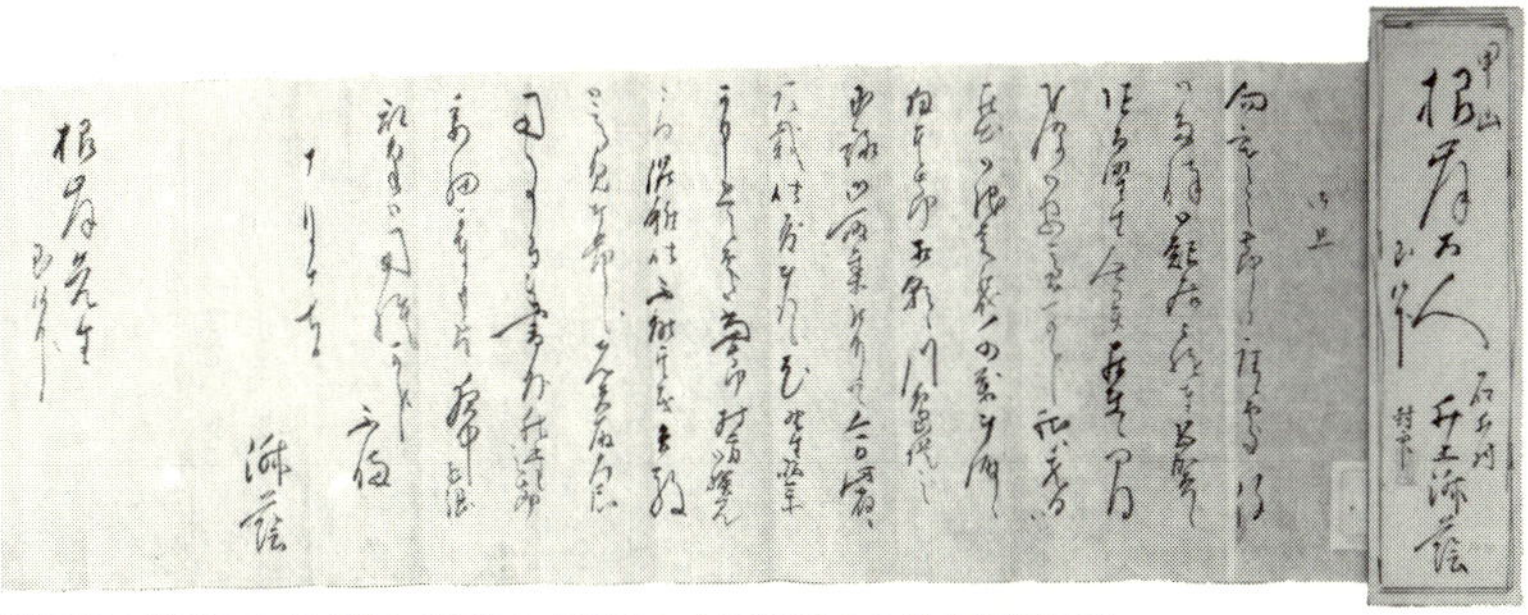

川島堤の桜花に因む詩歌の取集めを根岸友山に依頼する井上淑蔭書状
（埼玉県立文書館収蔵根岸家文書No.5078）

は、三五人の歌を取り纏めて淑蔭へ送っているが、これらも家中または城下の町人であろう。川越藩と藩領の村々を中心に、江戸や近隣の忍藩なども含め、極めて広範囲に同好の士がいたことがわかる。

漢詩集『桜華帖』も井上淑蔭の編集であるが、甲山《かぶとやま》村（熊谷市）の根岸友山やその師でもある寺門静軒が積極的に関わっていた。また、俳諧集『つゝみの花』は、淑蔭の三男亀友の編集である。本書の特色は巻末に作者姓名録があり、入集者二二二人の村名と実名が判明することである。編者の居住地である石井村が二五名と飛び抜けて多く、川越はわずか一四名に過ぎず、俳諧が農村社会に広く普及している状況をみることができる。

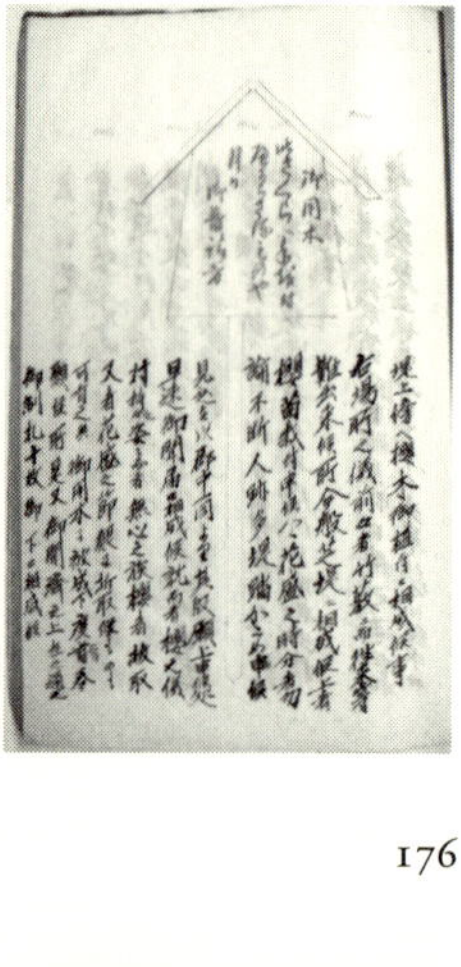
桜の木の採取を禁止した藩の制札
（「河嶋堤桜記坤」より・川越市立中央図書館蔵）

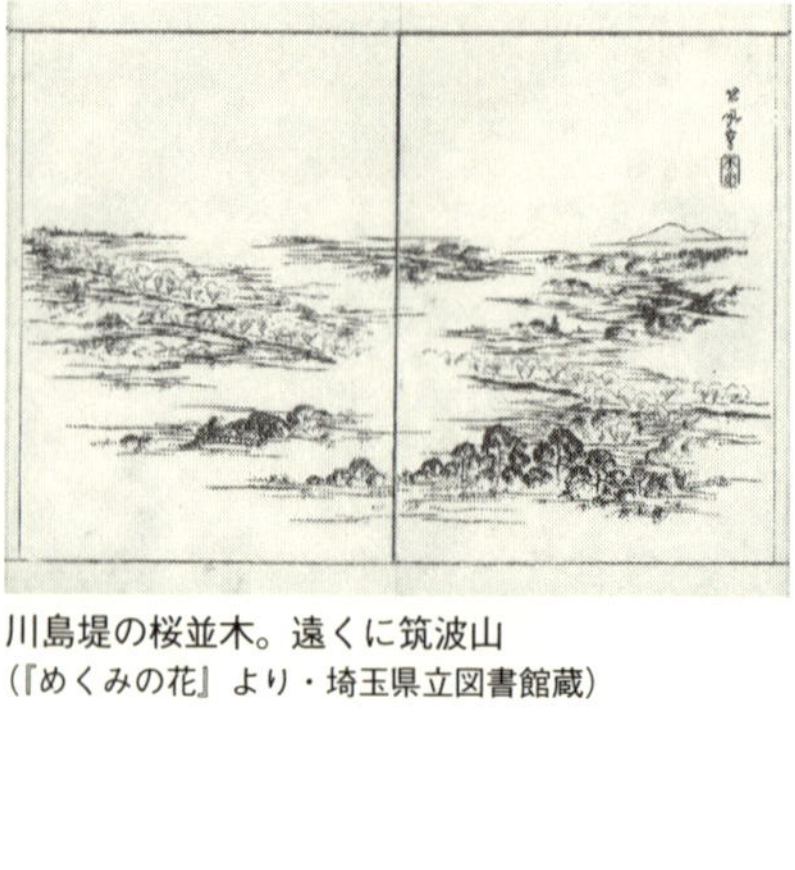
川島堤の桜並木。遠くに筑波山
（『めくみの花』より・埼玉県立図書館蔵）

第六章 幕末維新期の川越藩

ペリー来航と世直し一揆の争乱のなかで迎えた幕末維新。

1

ペリー来航から世直し一揆

沿岸警備に当たる川越藩士と藩領の農民は、久里浜でペリーを迎えた。
大規模な世直し一揆に、川越藩は大筒を用いて対処した。
農兵反対一揆のなかで、松平大和守家は念願の前橋帰城を成就した。

ペリー来航への対処と品川台場の警備

嘉永六年（一八五三）六月三日、アメリカ東インド艦隊司令長官ペリーがアメリカ大統領の親書を携え浦賀に来航した。六月九日、川越・彦根・忍・会津の四藩と浦賀奉行などが厳しい警備をする久里浜（横須賀市）で、開国を求めるアメリカ大統領の親書が渡された。

この場に詰めた藩士は、川越からの応援を含め一四七名という。また、川越城付の村々から徴発された農民も多数いた。例えば、比企郡宮前村（川島町）の名主鈴木久兵衛は道中武具方付を命じられ、六月七日に川越を出立した。一行は、差配役一〇人、人足六五〇人、馬二五匹であった。九日に相模国走水《はしりみず》（横須賀市）に到着し、久里浜でアメリカ兵の上陸を見聞、蒸気船のスケッチを記録に残

中央手前の陣で久里浜を固める川越藩
中央は浦賀奉行本陣、奥が彦根藩
（「久里浜異人上陸の図」横浜市立中央図書館蔵）

している。十二日に異国船が去ると久兵衛らも陣所を引き払い、十六日には帰村している。

同年八月、幕府はペリー来航を機に品川沖に台場の築造を着手し、江川太郎左衛門★がその任にあたった。築造中の十一月、川越藩は相州沿岸警備を解かれ品川第一台場の警備を命じられ、高輪村の今治藩邸が陣屋として川越藩に与えられた。

翌嘉永七年一月十六日、ペリーは親書への回答を求めて再び江戸湾に現れた。この時点では、川越藩から熊本藩への相州警備の移管も十分でなく、川越藩は品川の台場ほか二カ所の警備にあたることになった。横浜村の応接所で日米の交渉が行われ、三月に日米和親条約を締結し日本は開国することになった。警備にあたった川越藩の藩士や徴発された農民は、この日本の新しい一歩を間近で見守っていたのである。

宮前村の鈴木久兵衛は、今回は賄役付として一月二十九日に川越を出立、台場付の高輪陣屋に二七〇人の農民とともに一カ月近く詰めた。この間、鈴木久兵衛は異国船や沿岸警備にかかわる数多くの情報を収集し、詳細な記録を作成した。交替の人足も同じ城付の村々の者で、三月二十二日まで勤めており、今回は長期間にわたり農民生活への影響も大きかったといえる。宮前村に残された記録によると、嘉永六年六月のペリー来航のとき川越城付の村々から徴発された人馬の延《のべ》勤《つとめ》高《だか》は一万三四〇〇人、翌年正月からの再来航のときは、相州警備に延三万四

▼江川太郎左衛門　諱は英龍。伊豆韮山の代官。学んだ高島流砲術を広めた。

鈴木久兵衛の記録に描かれた異国船図（「相州御用中手控」より・埼玉県立文書館収蔵鈴木庸家文書No.5322）

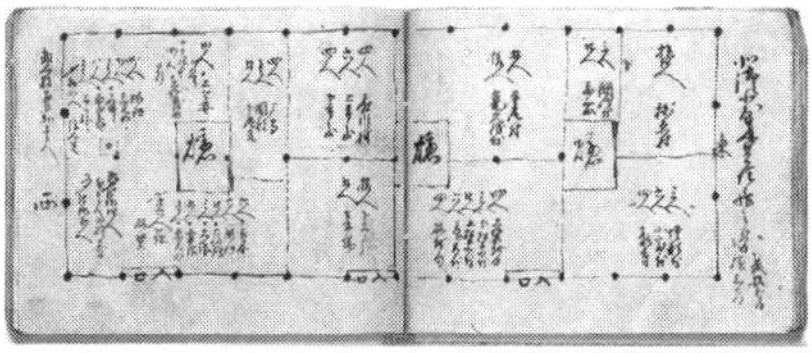

農民たちが泊まった住居の平面図
（「異国船渡来ニ付高輪御備場詰合中御用日記」より・埼玉県立文書館収蔵鈴木庸家文書No.5323）

六〇〇人余、高輪警備に同二万六六〇〇人余という膨大な数字となっている。このほか、領内の村々に村高百石につき三両二分の高掛かり金を賦課し、豪農商からは「寸志上納金」も献納させた。

この間、藩では武備の強化に努め、嘉永六年十一月に刀工藤枝英義《てるよし》を藩お抱えの刀鍛冶として召し抱え、刀や長刀など各二〇〇振をつくらせたという。一方、沿岸警備の強化のため、肥田波門や岩倉弥右衛門などの藩士を江川太郎左衛門に入門させ、高島流の西洋砲術を学ばせていた。嘉永七年二月に、川越城下松郷の鍛冶屋万吉が金山大権現へ奉納した高島流《たかしまりゅう》の鉄砲台を鍛える職人絵馬は、藩領全体が異国船防備に総動員されている様子をよく伝えるものである。また、刀工藤枝英義の弟は鈴藤勇次郎《すずふじゆうじろう》と改称し、江川太郎左衛門の配下から幕府普請役格となり、長崎海軍伝習所へ派遣され軍艦操縦の技術を習得した。万延元年（一八六〇）、勝海舟艦長の咸臨丸《かんりんまる》に運用方として乗船、その苦難の航海を描いたのが有名な「咸臨丸難航図」である。

さて、第一台場は嘉永七年（一八五四）四月に竣工するが、川越藩へ正式に引き渡されたのは、命令から一年後、嘉永七年十一月のことであった。この間所領の変更もあり、同年六月、武蔵国久良岐郡と相模国の藩領を幕府に返納し、武蔵国と安房国に替地が与えられた。

品川の台場の警備は、文久三年（一八六三）十月、川越藩主松平直克《なおかつ》が幕府の

品川第一台場を臨む川越藩の陣屋
（オイレンブルク『東アジア遠征記』より）

政事総裁職に就任したので一時的に免除されるが、翌元治元年（一八六四）六月、職を辞すると再び品川第二、第五台場の警備に復帰し、慶応二年（一八六六）十月、松平大和守家の前橋帰城が実現し、文政三年（一八二〇）以来の沿岸警備は終了した。

武州世直し一揆への対処

慶応二年（一八六六）は早春から低温続きで麦が不作となり、米価の異常な高騰も加わり、食糧を自給できない町方の住民に大きな打撃となった。そうした状況をうけ、六月七日に川越城下や近郷の大工職人が鎮守氷川社境内に集結、藩に対して物価の引き下げを要求した。具体的には銭一〇〇文に米五合の安売りで、当時の小売りが銭一〇〇文で米一合六勺《しゃく》という記録もあるので三分の一の値段である。藩は町方の頭取名主らと協議し、米一〇〇〇俵を急遽搗き立て、一〇〇文に米三合で売り出すことを約束した。こうして徒党を解散させ、一週間後には窮民救助のための詳細な安売米仕法を発表し、事態の収束を図っていた。

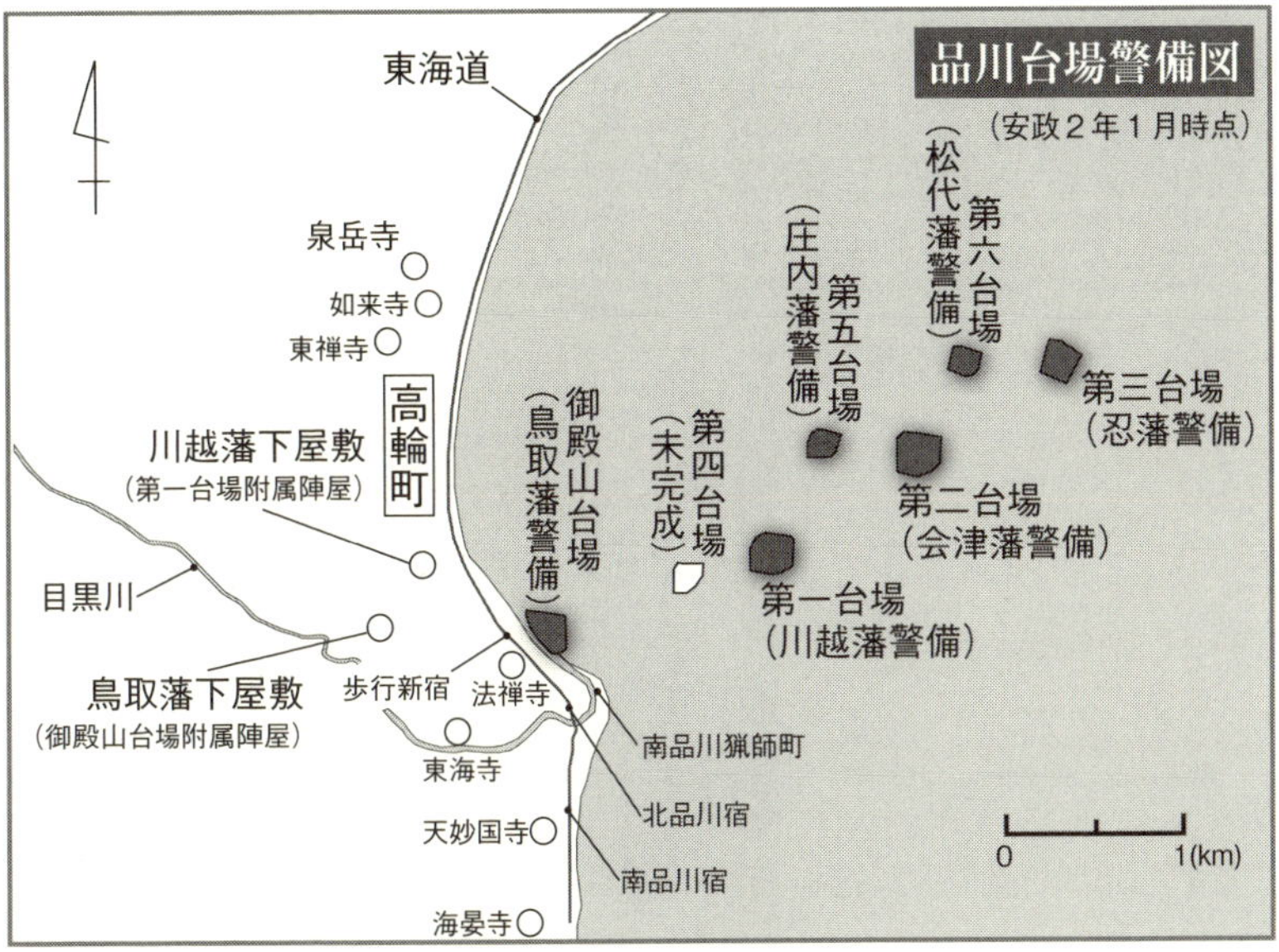

（『品川御台場』より作成）

ちょうどこの六月十三日、川越城下の西方、外秩父の山村、名栗谷から蜂起した貧民が飯能河原へ押し出し、一週間近くにわたり武蔵一四郡と上野二郡を席巻する大世直し一揆となった。川越藩領を含む各地の豪農、とりわけ物価騰貴の元凶とみられた横浜貿易に関係した商人を打ちこわし、また穀屋や質屋などの富裕者にも金穀の施行《せぎょう》、米の安売りなどを要求した。こうした打ちこわし勢力に対し、藩では城下への進入を食い止めるため、十七日には比企郡三保谷（川島町）方面に鎮圧軍を出している。比企郡野本村（東松山市）から入間郡赤尾村（坂戸市）を経て川島領に入った打ちこわし勢に、大筒を携えた鉄砲方が、宮前村と平沼村・白井沼村境（以上、川島町）の二箇所で発砲し鎮圧している。また、南方の新河岸や鶴馬村の貝塚山（富士見市）に大砲を据えて発砲、その砲弾とみられるものが新河岸川から発見されている。大久保村（富士見市）では、鉄砲の使用も伝えられている。

農兵反対一揆の中で前橋へ移城

世直し一揆の嵐が一段落すると、藩では領内の村々に一揆勢への妥協を禁じ、村役人・豪農層を中心に村落を防衛するよう議定書を作成させている。これに対し、鉄砲の拝借を願い出る村もあり、藩では慶応二年（一八六六）七月二十六日、

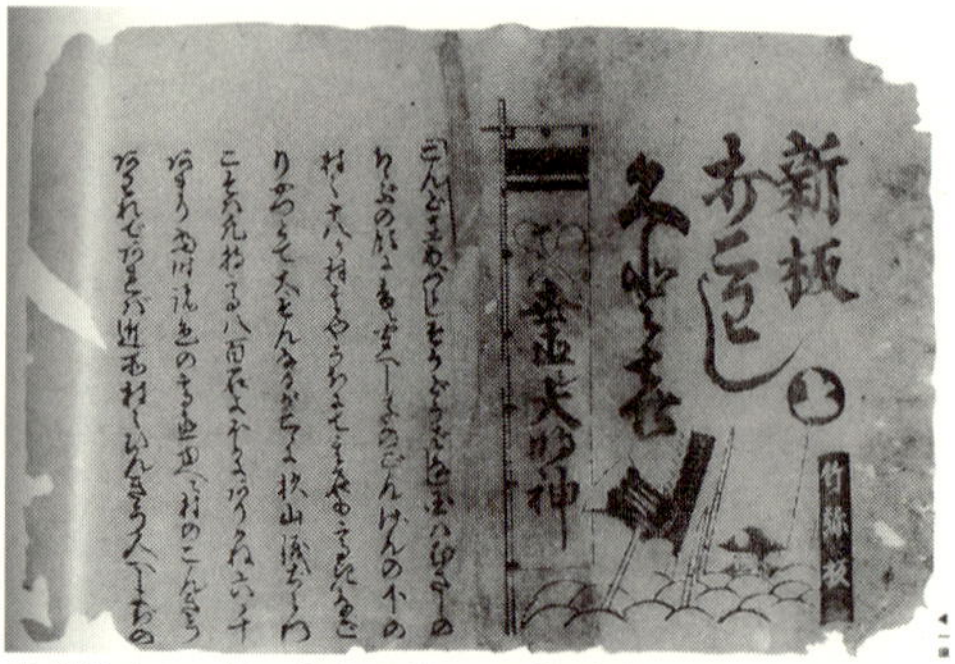

武州世直し一揆の経過を述べる「新板打こわしくどき」
（埼玉県立歴史と民俗の博物館蔵）

農兵の取りたてを命じることになった。今回の一揆の鎮圧に、江川太郎左衛門の代官所村々で養成した農兵隊がもっとも効果的であったことをふまえた策である。具体的な取り立て方法は、頭取名主や小組合《しょうくみあい》惣代名主が村高百石に一名程度の割合で人選し、藩から貸し出す鉄砲で稽古をすること、また農兵として勤役中は名字帯刀を許可するが、農兵の給与は領内の村々から徴収するというものである。結局、藩は農民の負担で新たな軍事力を調達しようとしたのである。

　この方針に対し、川越藩領南方の大井町組諸村では、給与の負担に反対が強く村役人が嘆願したが不調となり、一九カ村の農民が独自に惣代をたて嘆願書を作成、強訴の動きを示すなかで、ようやく九月二日、願書が藩に受理された。藩では再検討の結果、農兵の給与負担を撤回し、上層農民を対象に無給の農兵取り立てを提案した。これに対して惣代側は、上層農民でも武芸の稽古などをしている暇はない、と厳しく反論した。長引く反対運動の過程で脱落する村も出たが、十月三日、九カ村の農民は江戸藩邸に向けて直訴の行動を起こした。しかし、白子宿（和光市）で藩役人に押しとどめられ、大井町に引き戻され解散を命じられた。藩では執拗《しつよう》に農兵取り立てを命じるが、十月二十七日、松平大和守の前橋転封が命じられ、農兵は実現しなかった。しかし、この一揆で永牢に処された二名は身柄を前橋に移され、釈放されたのは明治元年（一八六八）十二月のことであった。

松井松平家
三河蔦紋

②赤尾村名主林信海の異国船体験

慢性的な藩財政の危機を農村で支えたのは、藩領の名主たちであった。異国船の情報を求めて川越へ、江戸へ出掛け、またお互いに情報を交換した。自分の生きてきた激動の時代を記録し、未来へ伝え作業を営々と続けた。

凶作を記録し財政再建を建言

近世初期から川越藩領であった赤尾村（坂戸市）の名主林信海《のぶうみ》は、膨大な記録を書き残した農村の知識人である。近隣の石井村（坂戸市）出身で、学者として身をなす井上淑蔭《よしかげ》とは同じ歳の親類であった。彼らの共通の師は、江戸の国学者として知られる清水浜臣《はまおみ》★とその養子光房《みつふさ》★である。地域の先達《せんだつ》としては、近くの吹塚村（川島町）の田中正勝《まさかつ》や、江戸でも活躍した飯能町の大河原亀文《きぶん》などがいる。亀文は三人を、「博聞多識」（正勝）、「強記」（信海）、「流麗」（淑蔭）と評している。

著作に没頭する淑蔭は、国文や言語に関係する書物をつぎつぎと著し学者として自立していく。一方、信海は、天保二年（一八三一）、二十七歳で病気の父に代わり名主代役に就任、そのかたわら和歌や国学の勉強を続けた。そんななか、天

林信海の画像
（部分・個人蔵）

▼清水浜臣・光房
浜臣は近世後期の歌文派の国学者。村田春海の門人。光房は養子。ともに現在の埼玉県域にも多くの門人をもつ。

保八年三月、おりからの凶作を目のあたりにして、それを歌に詠んだ。その趣旨は、遠い山里での飢饉の様子は聞いていたが、この赤尾村でも子どもを連れ門前に立って物を乞う貧しい人々の姿がみられるようになった。こんな情景を記録に残した先人は知らないが、あえて惨状を歌に詠み、飢えに直面したこの年のことを子孫に伝えていきたい、と述べている。信海の思考のなかには、現実社会で見聞したことの問題点を析出《せきしゅつ》し、将来の人々に伝えていこうとする強い志向が働いている。

その後、弘化二年（一八四五）五月、正式に名主に就任し、その翌年二月三日付で、信海は藩財政の再建を訴える建言書を執筆した。このなかで、常陸国土浦藩では家中や領民が協力し、夜なべ仕事の縄綯《なわな》い代金を藩財政の再建に充て、三年間で借財を無くした、という事例を紹介している。この種の方法は、二宮尊徳《にのみやそんとく》の報徳仕法のひとつとして知られる。川越藩の相模国分領でも、文政十年（一八二七）から毎日一軒一房充ての縄を綯い、その代金を積み立て一割の利子で貸し付ける仕法を行った。その結果、天保三年までの六年間に三八五〇両が積み立てられ、そのうち一〇〇〇両を上納、藩財政の一部に充てられている。

信海がこの建言書で訴えたかったのは、藩が財政破綻に本気で対応せず、肝心の農村を荒れるままにしている現実であり、そうした役人を自分では何もしない「懐居之士」に等しい、と強く非難しているのである。藩から要求される各種

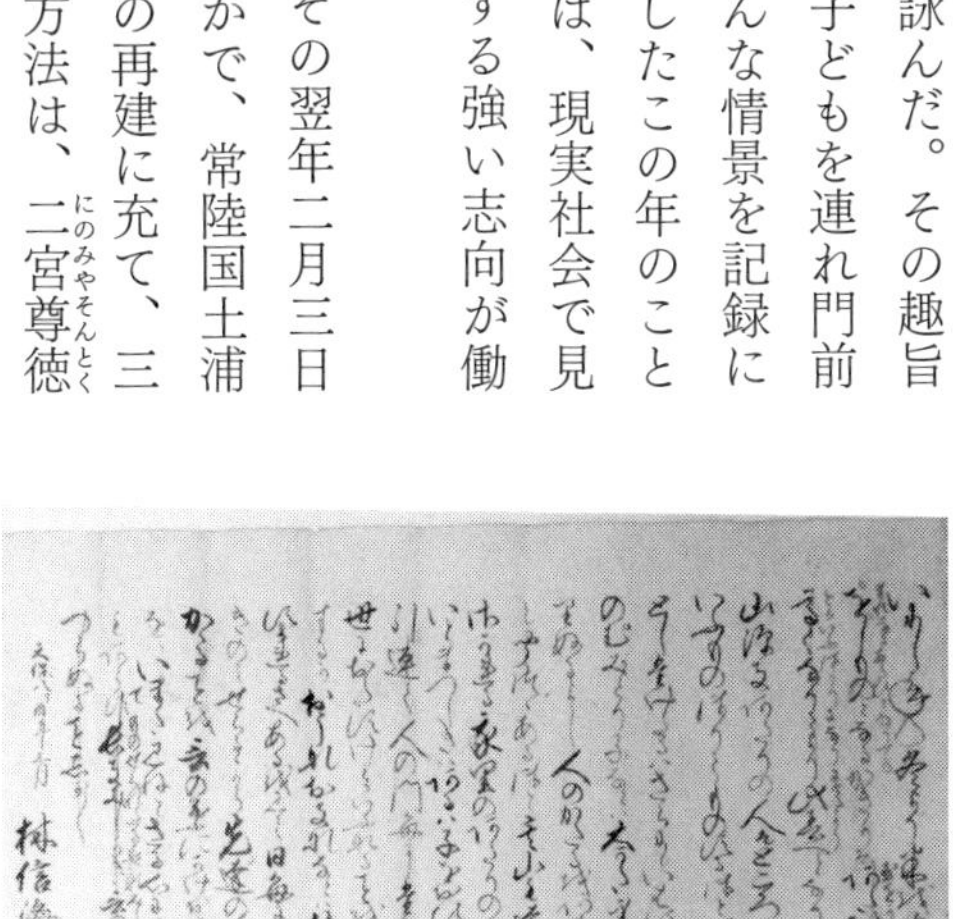

天保の凶作を詠んだ林海信の歌稿
（埼玉県立文書館収蔵林家文書No.9064）

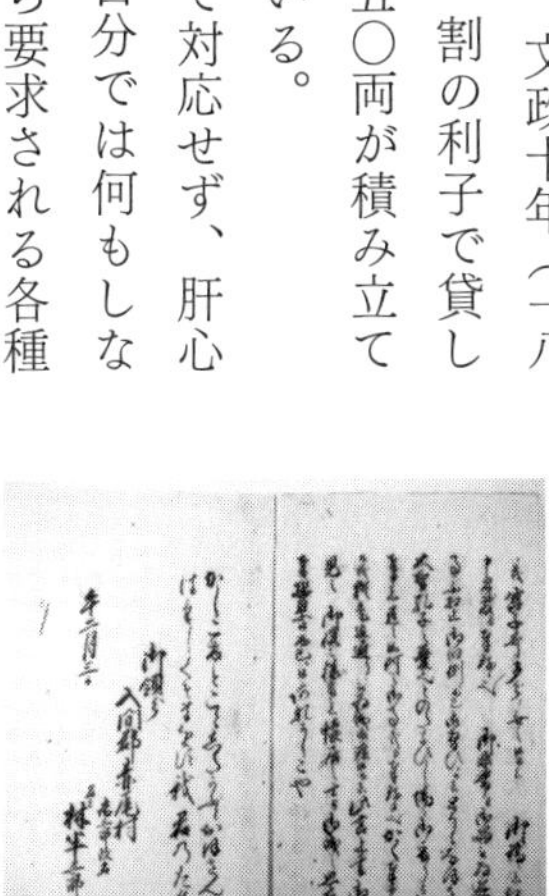

林信海の藩財政再建についての建言書（埼玉県立文書館収蔵林家文書No.250）

の上納金に対応し、名主として奔走してきた信海らしい主張である。この建言書は、目安箱に投じるために書かれたもので、文中には弘化元年十二月十一日にも建言したとある。藩では信海の献金の功に対し、天保十四年十二月に御紋付の羽織を下賜、弘化四年一月には帯刀も許している。しかし、当時の信海が詠んだ和歌や記録からは、際限のない藩の要求と、村人の反撥のなかで悩む様子がうかがえ、それがこうした建言書になっていったのであろう。

異国船情報の収集と思索

ちょうどこの頃、弘化三年（一八四六）閏五月にアメリカ東インド艦隊ビッドルが浦賀へ来航し、藩主松平斉典《なりつね》を陣頭に一〇〇〇人以上の藩士が警備に動員された。信海の「和歌詠草」によると、村々からも人足が徴発され、六月一日に出立し十三日に帰村している。金銭の負担だけではなく、夫役として徴発された農民が異国船の前に立つことになったのである。こうした厳しい現実をうけて、信海は「歌日記」の嘉永三年（一八五〇）三月の箇所につぎのように記した。「中国でのアヘン戦争を紹介した『海外新話』を読み、イギリスが日本に通商を求め、それを断れば軍艦で攻めてくるのではないか、しかも昇平の世が続いた今の武士では、元寇《げんこう》のときのように神風でも吹かなければ防ぎようがないであろう」と心

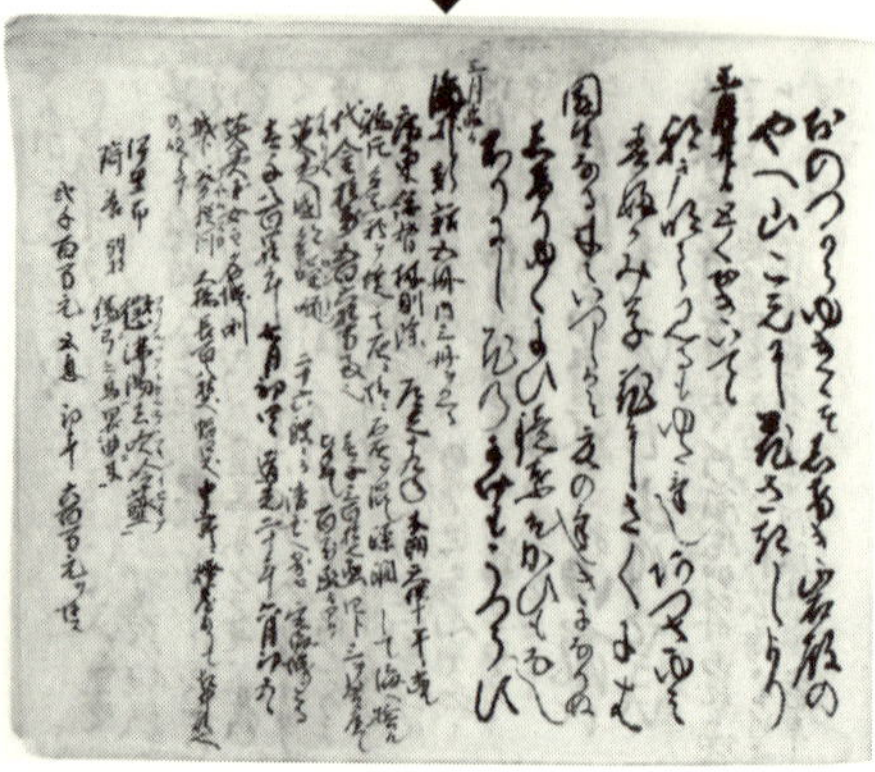

アヘン戦争の情報などを記した林信海の「歌日記」（埼玉県立文書館収蔵林家文書NO.２４１８）

配している。ビッドル来航時の体験が書物で得たアヘン戦争の恐怖に重なってみえたのであろう。林家の蔵書のなかには、高野長英の『夢物語』の写本などもある。

嘉永六年六月三日、アメリカのペリー艦隊が開国を要求する大統領の国書を携え浦賀に来航した。藩からの命令で慌ただしく農民を徴発し出立させるが、十二日にペリーは浦賀を去り、江戸の川越藩上屋敷から村へ引き返した。長らく沿岸警備にあたってきた川越藩領の名主の経験からか、信海にはペリー来航は想定内のことのようにみえる。

七月一日、アメリカの開国要求にどのように対処するか、幕府は諸大名に異例の諮問《しもん》をする。七月二十三日、信海はこの老中の達書を、川越城下杉原町の渋谷八十八宅で写し取った。渋谷は知行高七石、会所勤めの下級藩士である。この達書には藩の相州陣屋から出された別紙も添付され、ペリー艦隊の性格および今後の動向が記されている。諮問に対する川越藩の上申は八月付で提出されているので、検討中の重要事項が部外者である信海に藩士から伝わっているのである。

同年十月十日、川越藩の前橋分領で藩医をしている沼田一斎から長文の手紙が来た。一斎は赤尾村の出身で、長じて川越の国学者として知られる沼田順義の養子となった人物で、信海とは昵懇《じっこん》の間柄である。一斎も十年来「外夷」の問題に関心をもち、しばしば信海と意見を交わしてきた。この書状では林子平《はやししへい》の『海

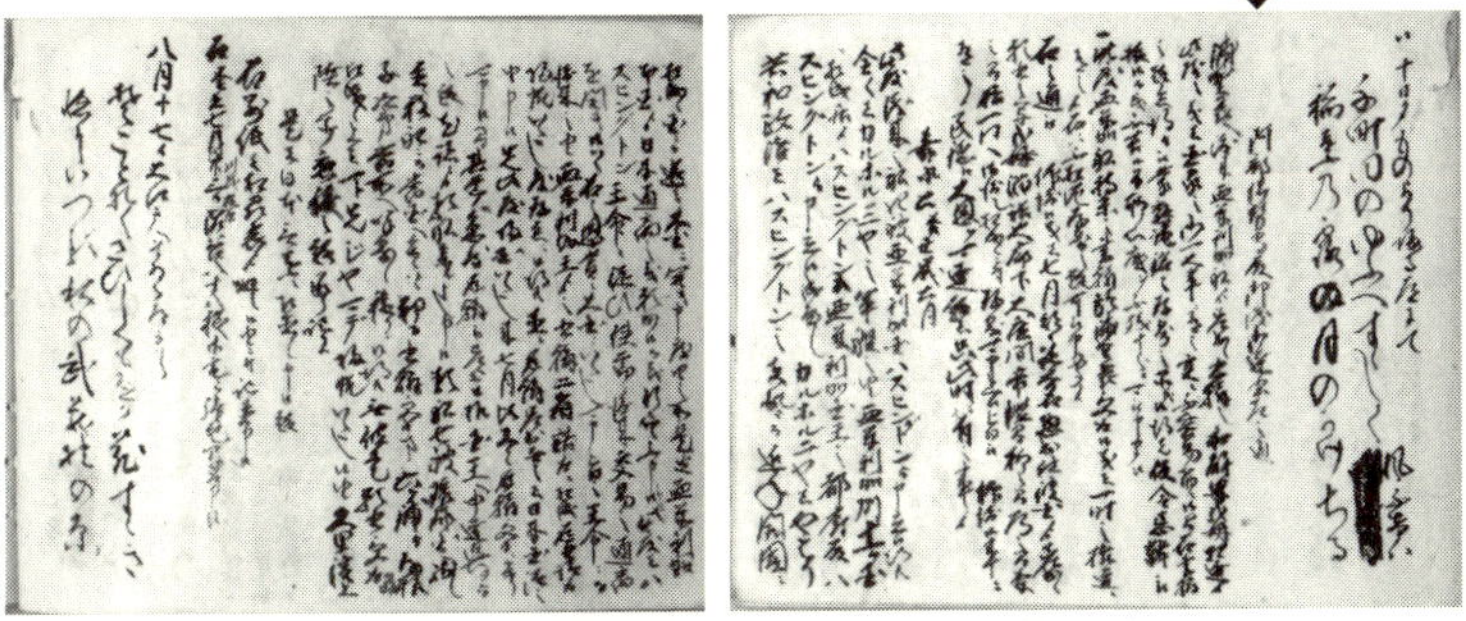

藩役人の自宅で写し取ったペリー国書の取扱いに関する老中や藩の記録
（同右「歌日記」より）

国兵談』から始まり、水戸の尊王攘夷論者会沢正志斎《あいざわせいしさい》と同藩主徳川斉昭の天保改革を評価する。翻《ひるがえ》って現実問題として、アメリカの国書を読んでみたが、交易の許可が出なければ、ペリー再来航のときに戦闘になるであろう。そのため、斉昭が幕政に参与し、品川台場の築造など海防策を進めており、豪傑の士の奮起を期待する、と一斎は攘夷論を述べている。また、上野国では日本海側との交通を確保するため、三国峠《みくにとうげ》から越後湯沢への道や前橋から江戸への通船を整備しており、さらに前橋城再建の風説などにも言及している。

これに刺激をうけたのか、十月十六日に信海は江戸へ行き、芝田町の大木戸跡から品川沖に建造中の台場を遠眼鏡で実見する。その見料は二四文であった。その後も、江戸や川越に出かけたときに、異国関係の地図や記録をこまめに収集している。

翌嘉永七年一月八日、ペリーの再来航を心配する人々の噂を聞きながら、信海は親友の井上淑蔭とまた江戸に出かけた。翌九日には、伊豆沖に異国船数百艘が来るという噂も耳にして数日で帰村した。ペリーとの応接地を決める交渉が行われている同月末頃の「歌日記」には、つぎのような書き込みがある。「世間のひとびとは、弘安の神風を期待しても、世は末で仏事のみ盛んになり神慮は得られ無いだろう、と心配しているが、自分はあくまでも神を信じる」、と自らに言い聞かせるように和歌を詠んでいる。日米和親条約の調印も済んだ四月頃には、国

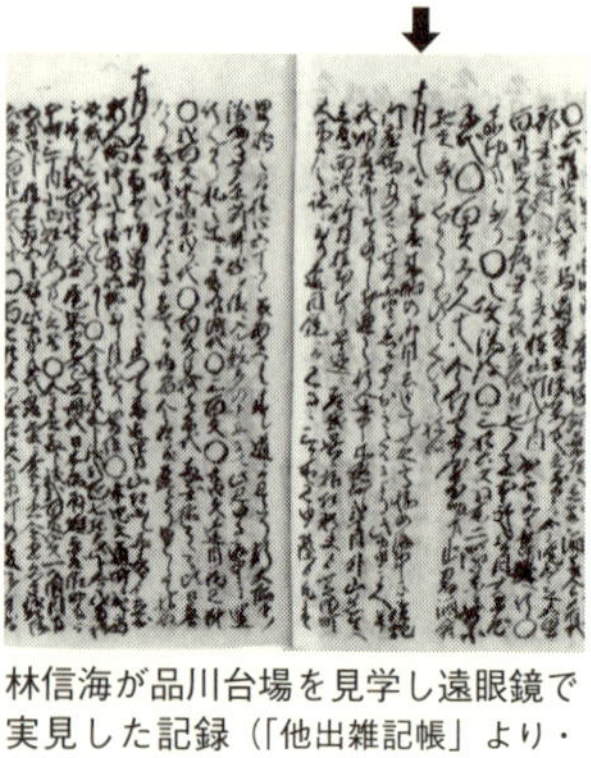

林信海が品川台場を見学し遠眼鏡で実見した記録（「他出雑記帳」より・埼玉県立文書館収蔵林家文書NO.2495）

遠眼鏡を片手に異国船を見物する人々
（『黒船来航風俗絵巻』より・埼玉県立歴史と民俗の博物館蔵）

の疲弊を心配しながらも田植えを寿《ことほ》ぐゆとりもでてきている。

そして、同年閏七月二十五日、信海はこれまでの異国船体験を総括するかのように「未来之記」という意味深長な標題の文章を書き記した。「再筆記」とあり、何度も推敲を重ねたものであろう。まず冒頭で、記録することを好むという自己の性格を明記する。そして、ペリーの開国要求に対する諸大名の上書《じょうしょ》を入手し読んでみたので、当たるかどうかわからないが将来についての感想を記す、と本論に入る。太平が続き身分不相応な奢侈《しゃし》、それに対する「神慮《しんりょ》（神のみこころ）」としてこの難事を招来した。自分は古学（国学）の一端を勉強し、仏教渡来以前の大御世《おおみよ》のことも知った。また外国のことを書いた書物や地図もみてきた。たしかに、アメリカやロシアからの書簡には威《おど》し言葉もあるが、三年待てと回答すれば、その期限に異国は大砲で脅してくるであろう。そのとき、二〇〇年来徳川家に仕えてきた武士たちは、必死で戦う者と農民同様に拙《つたな》き者とに二分され、これにより「我国家」は必ず一変するであろう。

信海の武士社会に対する不信感は、さきの藩財政再建の建言に通じるものがある。さらに、こんなときに生まれ合わせた「御百姓」は、「必死之場之役」に「苦使《くし》」され辛い目に遭うに決まっている、と述べる。ペリー来航にともなう夫役の徴発を体験した信海の強烈な発言である。ここまでは現実を直視する冷静な視線であるが、やはり結論は神風を待ち望む気持ちの表明となってしまうが、時

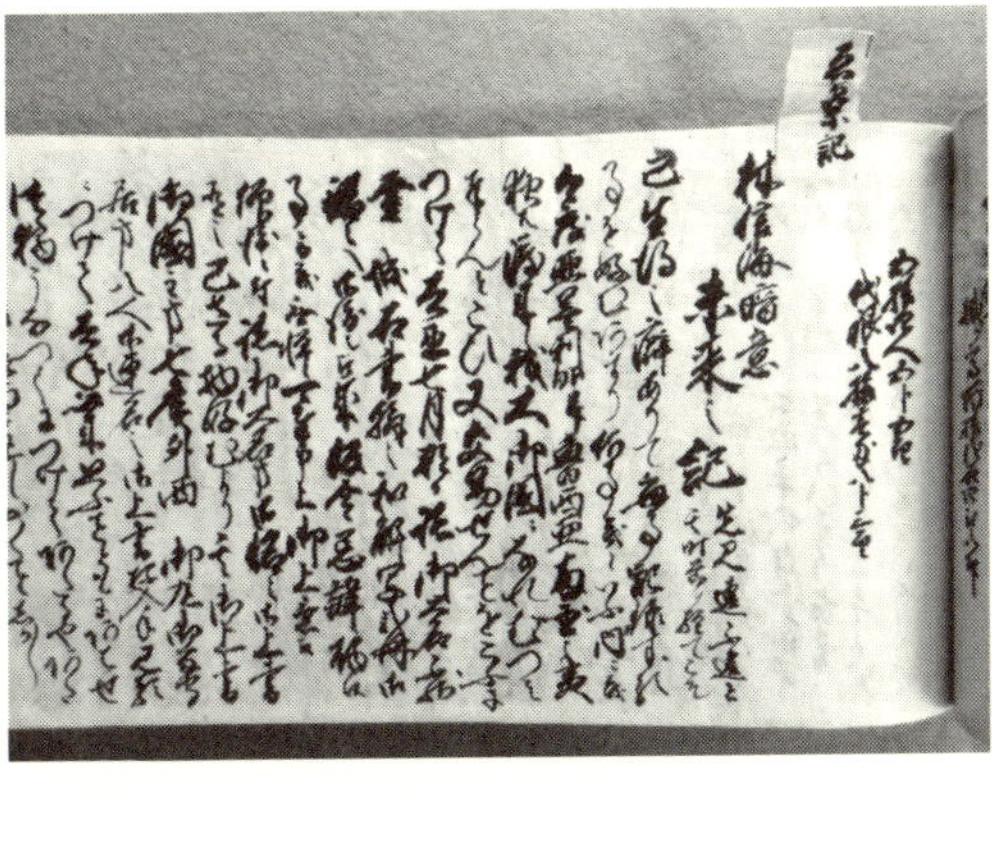

林信海が異国船対策を論じた「未来之記」（「役用向諸記録」より・埼玉県立文書館収蔵林家文書NO.1918）

代の変化については鋭い感覚を示している。

子孫のために記録を保存

信海はこまめに記録するとともに、先祖から伝えられた古文書類をきちんと整理し、一括の文書は袋詰めにしてその伝来を記し、重要な古文書には補修を加え、さらに子孫へのメーセージを書き込んでいった。しかも、それらはある時期に集中的に行われている。

最初は、父に代わり名主代役となる天保二年（一八三一）前後である。文政十三年七月には、慶長二年（一五九七）の「古水帳」を補修し、もし名主役が他家に代わることがあってもこの帳面は引き渡さないこと、これには屋敷坪数が記載され村内各家の新古がわかるので、決して書き加えることをせず、家系同様に秘蔵するよう求めた。また、文禄元年（一五九二）の田畑の譲り証文には、こんなささいな記録からも大変重要なことが判明するのだから、「古書紙面」は格別大切に秘蔵し、毎年虫干しを怠ることがないように、と書き記している。

その後、しばらくはまとまった補修の記録はなく、つぎの画期はペリー来航を挟んだ嘉永末年から安政初年の数年である。嘉永六年（一六五三）九月には、元禄十二年（一六九九）の検地帳を補修し、その奥書《おくがき》に「村宝」として「永久不朽」

を願う、自分のこの志を子孫をはじめ、のちにこれを見る人は感じて欲しい、と書き付けている。さらに、ペリー来航の騒ぎが一段落した安政二年（一八五五）五月には、曾祖父の時代、明和元年（一七六四）十二月に起きた百姓一揆、すなわち伝馬騒動のときの証文などの補修をする。信海は二〇通ほどある関連古文書のなかから、打ちこわしに参加しないよう赤尾村で確認した請書や川田谷村での攻防で手負い者や死人の身元調べの廻状など数通を選び、裏打ち補修を加え、さらに自分が聞き伝えていることを子孫のために書き添えている。

信海の古文書補修は、物として修理をするだけでなく、その作業を通して信海が子孫に伝えたいこと書き足していることに特徴がある。自分の生きてきた時代を子孫にどのように伝えるか、それが「未来之記」であり古文書の整理や補修であったのだろう。執筆時期は明らかでないが、信海には子孫への遺訓がある。そのなかで、林家は代々の当主が身持ちが堅く、火災にも遭わなかったので、持高を大きく増減させずに維持してきた。家運でも人生でも、だんだん盛んになるときが「滅亡之発端」と思うべきなのだ。そうならないようにするには、書物を好んで代々の盛衰を弁《わきま》え知り、世の中の変転をよく考えなければならないと諭《さと》している。信海のいう「書物」は、過去の記録のことである。

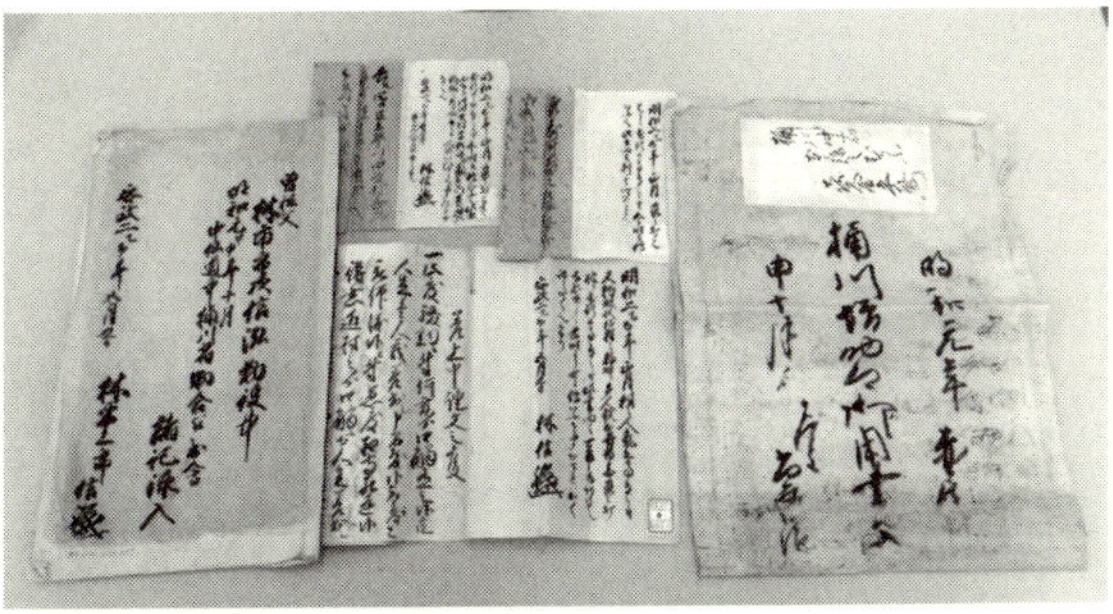

伝馬騒動の証文などへの補修と書き込み
（埼玉県立文書館収蔵林家文書No.6615等）

③ 最後の藩主となった松井松平家

明治維新の直前に藩主の交替があり、松井松平家が新たな藩主となる。当主康英は幕府の老中などを務めていたので、新政府軍を迎え厳しい局面に立たされる。廃藩置県直後に川越城は取り壊され、新政府の官公署が建てられ新しい時代を迎える。

維新直前の領地替

百年近くにわたって川越に在城した松平大和守《まつだいらやまとのかみ》家に代わり、幕府老中の松井松平家の周防守康英《すおうのかみやすひで》が城を受け取った。松井松平家は徳川譜代の大名で、天正十八年（一五九〇）八月、武州騎西（加須市）で二万石を領したが、関ヶ原合戦後に西国へ移り、長く石見国浜田（島根県浜田市）藩主であった。天保七年（一八三六）、陸奥国棚倉（福島県棚倉町）に移り、幕末風雲の中、故地の武蔵国に戻ってきたのである。

康英は分家の出であったが能吏《のうり》で、安政六年（一八五九）に外国奉行兼神奈川奉行となり、文久元年（一八六一）には幕府の遺欧使節の副使として一年間ヨーロッパ諸国で外交折衝にあたった。このとき康英の従者として同行した市川渡は

松平康英の写真
（『松平周防守と川越藩』より）

『尾蠅欧行漫録《びようおうこうまんろく》』というすぐれた紀行文を書いたことで知られる。康英は、帰国後も勘定奉行、南町奉行などを歴任し、元治元年（一八六四）十一月に本家を継いだ。その後、慶応元年（一八六五）に奏者番兼寺社奉行から、同年四月に老中となる。同年十月にいったん免職されるが、十一月に復帰し、老中や会計総裁など幕府の要職に就いた。川越を拝領した慶応二年十月には、康英は老中職にあり、主として京都で朝廷との交渉にあたっていたといわれる。

幕府の松平大和守家に対する転封命令は慶応二年十月二十七日に出されていたが、前橋城の完成を待ち城の引き渡しをすることになっていた。川越へ入封する松井松平家の近習の山取熊五郎が記した「引越日記」によると、転封が家中に知らされたのは翌慶応三年一月四日で、城の引き渡しがあったのは一月二十八日のことであった。山取たちの川越への移動は、棚倉から途中六泊七日で、川越には、二月十一日に着いた。

最初は旅宿生活の者もいたが、三月に入ると正式な屋敷割、出火の節の心得、祝儀の規制、殺生《せっしょう》禁止など細かに触出され、四月二十八日には、転封が滞りなく済んだので赤飯などを振る舞うことが通知されている。後日の回想であるが、棚倉から引越してきた藩士の眼に映った川越は、遠くからみえる城の櫓、瓦屋根で整然とした城下の町家、広大な城地、茅葺きながらも整然とした藩士屋敷など、「未だ江戸ハ見ざれども其の小なるものであらふかとまで考え」るほどのものと、

先祖松平康親が家康から拝領したと伝える葵御紋大旗
（光西寺蔵）

松平康英所用の胴丸具足
（光西寺蔵）

伝えられている。

城の引き渡しとともに作成された「川越城置附武器帳」は、寛永期の酒井忠勝時代から歴代の藩主が引き継いだ武器の目録である。その内容は、大筒・鉄砲・銃弾・弓などの武器から装束《しょうぞく》・糒《ほしいい》★まで含まれている。鉄砲の多くはさびており、弓は弓蔵とともに以前に焼失したという。この台帳に記載された武器は極めて貧弱なものであるが、大河内松平時代の大筒は、相州海防のため三貫目筒に鋳替えて活用されている。

松井松平家の所領は、版籍奉還直後の明治二年（一八六九）六月の記録で、武蔵国は入間《いるま》郡だけで五万三百六十六石余、常陸国多珂《たが》郡に七千九百七十石余、三河国幡豆《はず》郡に六百六十五石余、そして近江国が蒲生《がもう》郡を中心に四郡で二万二千五百六十二石余と、入間郡および近江国に集中している。一方、前橋に帰城した松平大和守家は、松山町（東松山市）に陣屋を置き、引き続き比企・高麗・埼玉を中心に武蔵国一〇郡・六万石余を支配していた。ちょうど、かつての山形に転封した秋元家とおなじような状況になっていた。

▼糒
備蓄用の乾燥した飯。

東征軍と川越藩

時代は幕末政争の真っ最中、松平康英が新しい領地に入る間もなく、慶応三年

（一八六七）十月の大政奉還から翌年一月の戊辰戦争へと、歴史は一挙に進んでいった。藩主康英は幕府の要職にあったので、川越藩は厳しい局面に立たされることになった。まず、慶応四年一月二十七日、新政府軍により川越藩の近江分領二万二千石余が没収された。同年二月五日、康英は老中を退いて恭順《きょうじゅん》の意を示し、同月二十五日には謝罪のために京都へ向け江戸を出立した。しかし、上京の遅れを問責され名古屋で待機を命じられた。四月二日、ようやく上京が許可されたが、すぐさま謹慎を命じられ、それが解かれたのは五月十三日のことであった。この間、閏四月には松平姓から旧来の松井姓にもどした。その後、帰国の許可が出たのは七月五日で、同月二十一日に京都を出立し、八月五日、拝領後はじめて川越城に入った。

この間、川越藩では、江戸へ向かって進軍中の新政府軍へ藩士小池晋が藩主康英の勤王の素志を陳情するなど、ひたすら協力を申し出ていた。ようやく三月十二日、前橋藩や忍《おし》藩とともに凶徒鎮圧や兵食供給、人馬継送りを命じられた。さらに十七日には、新政府軍の指示をうけ、領内の治安確保のため藩士が廻村することを触れ出している。

四月十一日に江戸城に入った新政府軍は、五月十五日に上野寛永寺に立て籠もる旧幕臣の彰義隊《しょうぎたい》を一斉攻撃する。その直前の五月十三日、福岡藩兵五〇人を川越城に差し向けるとの通知があった。ちょうど、京都で康英の謹慎が解かれた日である。新政府軍は十五日の夕方には川越城に到着、軍監尾江四郎左衛門から上野の脱走兵の討伐を命じられた。早速、川越藩では城を警備するとともに、近辺を巡邏し情報収集にあたった。十八日払暁《ふつぎょう》には、脱走兵が扇町屋（入間市）付近に集結したという情報を得て、入間川村（狭山市）、坂戸村（坂戸市）方面に出陣したが、脱走兵とは遭遇していない。

ちょうどこの頃、上野で彰義隊から分かれ、田無村《たなし》（東京都西東京市）付近で形勢を窺っていた渋沢成一郎の率いる振武軍《しんぶぐん》が、飯能村に入り能仁寺《のうにんじ》や智観寺《ちかん》などに陣を置いていた。また、上野戦争から敗退してきた兵もそれに合流してきた。飯能村に集結した振武軍など旧幕府軍の人数は七〇〇〇名にもおよぶという斥候《せっこう》の報告もあった。五月二十一日には岡山藩兵一五〇人が川越城に入った。また、二十一日から二十二日にかけては、大村・佐土原・福岡・久留米などの諸藩兵からなる新政府軍が相ついで江戸を出立、田無・所沢を経て扇町屋・飯能へ向かっていた。こうして飯能戦争が始まるのである。

川越藩は、五月二十二日に福岡藩との混成部隊で、高麗郡鹿山村《かやま》（日高市）方面へ出兵、二十三日払暁から進軍して砲撃戦となったが、旧幕府軍は秩父方面へ散乱してしまったという。この戦闘で、振武軍などが拠った寺院はもとより、周辺四カ村の民家の半数近くが焼失したという。川越藩兵は、近隣で引き続き敗残兵を探索し、二十五日未明に川越城に戻っている。また、岡山藩兵は、二十二日に川越藩から大砲二挺を出させ、黒須村（入間市）へ進軍している。このように新政府軍の一員として飯能戦争を戦えたことは、藩主康英が旧幕府の要職にあった川越藩にとって、新政府への恭順の意を示すうえで大きな意義があった。

さて、つぎに領内の動きをみておこう。一月に近江国二万二千石余が没収されたことは藩財政に大きな痛手であった。藩から二月二十日に出された触書によると、昨年来旧領棚倉の不作のところ、川越への所替費用、そして今度は藩主の上京と臨時出費が続いている。また、近江領の没収は二万二千石余の領地だけでなく、江戸賄い費用に充てる昨年の収納米金などを含むものであった。そこで致し方なく、領中村々へ高百石につき金一六両という高額の高掛《たかがかり》金の徴収と身分相応の寸志を「御当家」を救う気持ちで献納するよう命じたのである。

近江国の領地については、康英の謝罪が認められ勤王の実が上がれば、なんらかの沙汰《さた》が下されることになっていた。六月には、新政府側から二万石を川越近在で返却する内意が示されたが、川越藩では謝罪が認められた証として、まずは旧領地での復活を出願した。九月五日に川越藩の希望どおり返還されたが、こんどは近江領の農民から復領反対の強訴が起こり、多くの農民が捕らえられ、十二月に川越藩に引き渡された。

翌明治二年（一八六九）、川越で大火が発生した。一月十六日、川越城下地続きの小久保村から出火し、おりからの強風に煽られ、類焼家屋は、武家屋敷が四八

川越市光西寺にある松井松平家廟所（『川越市の文化財』より）

二戸、町家が四二〇戸（うち、社寺八軒）に及んだ。ただし城内は別条なかったという。藩では、この大火の復興資金として三万金の拝借を新政府に出願している。

版籍奉還から廃藩置県へ

こうして怒濤《どとう》の如《ごと》き維新の一年が過ぎた明治二年（一八六九）四月十日、藩主松井康英は版籍奉還を出願した。同時に、隠居願いも認められ、家督《かとく》は養子の康《やす》載《とし》に譲ることになった。その後、五月二十一日には「藩職録」を新政府に提出し、国政司・会計司・文武司による新たな藩政運営の骨格を示し、また、家中及び領内の人口、国郡別の領知高取調も提出している。こうして、六月二十五日、版籍奉還の日を迎えるのである。松井松平家の古文書や遺品は、菩提寺の光西寺に伝えられた。

一方、旧藩政の象徴ともいえる城の維持に関しても新たな動向がみられた。明治二年十一月二十三日に、川越藩は政府に対して、城の惣郭《くるわ》・塀・櫓などで大破した箇所は、従来の修復方法では莫大な経費がかかり事業が進まない。諸藩の動向もみながら、差し障《さわ》りのない部分は取り払うことを出願し許可されている。さらに翌三年閏十月十三日には、これまでは塀や櫓など破損した箇所から順次取り壊していく予定であったが、今後は城郭をことごとく廃棄し、竹木を伐り払い、

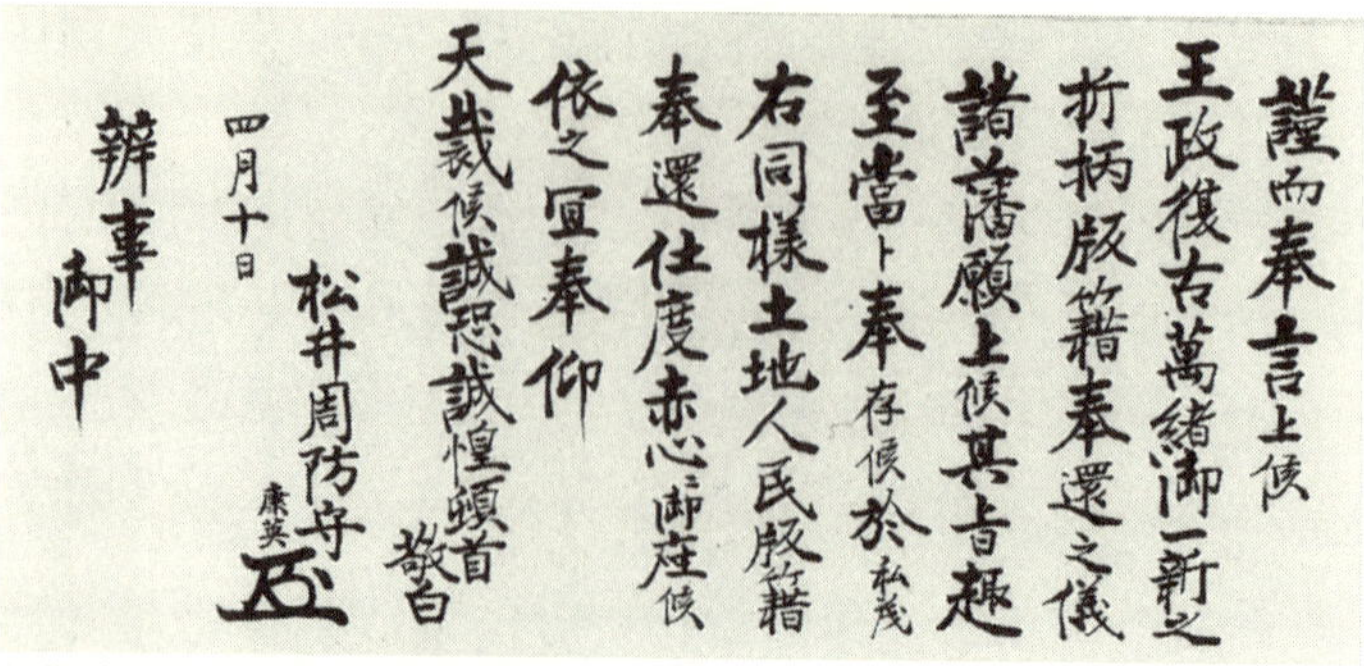
謹而奉言上候
王政復古萬緒御一新之
折柄版籍奉還之儀
諸藩願上候其旨趣
至當ト奉存候於私茂
右同様土地人民版籍
奉還仕度赤心ニ御座候
依之冝奉仰
天裁候誠恐誠惶頓首
敬白
四月十日
松井周防守 康英
辨事
御中

松井（松平）康英の版籍奉還申出書
（光西寺蔵）

開墾することを新政府に出願し翌日許可されている。また、本丸御殿も、玄関から大広間にかけての中心部だけに大幅に縮小され、廃藩置県後は一時入間県庁舎として使用された。

明治十四年の地図では、本丸に中学校、二ノ丸に囚獄所と警察署、中曲輪に三芳野学校などがみえる。その後も、施設の入れ替はあるが、川越町や入間郡の官公署の地として使用され現在に至っている。

さて、明治四年七月十四日の廃藩置県により、川越藩は川越県となる。これにより、川越藩の歴史は終結することになる。ただ、この段階では藩が県に名称が代わっただけで、藩知事は県知事として存続した。前橋県や幕領、旗本知行地を引き継ぐ諸県の領域もそのままであった。こうした状況が一掃され、現在の埼玉県域が、入間県と埼玉県に統合されるのは明治四年十一月十四日のことである。新たに、福井県士族小笠原幹が入間県参事に就任し、松井松平家は完全に県政から退くことになった。その後、明治六年六月十五日、入間県は群馬県と合併し熊谷県となり、明治九年八月二十一日に、熊谷県の旧入間県部分と埼玉県が合併し、ほぼ現在の埼玉県域が形成されることになる。

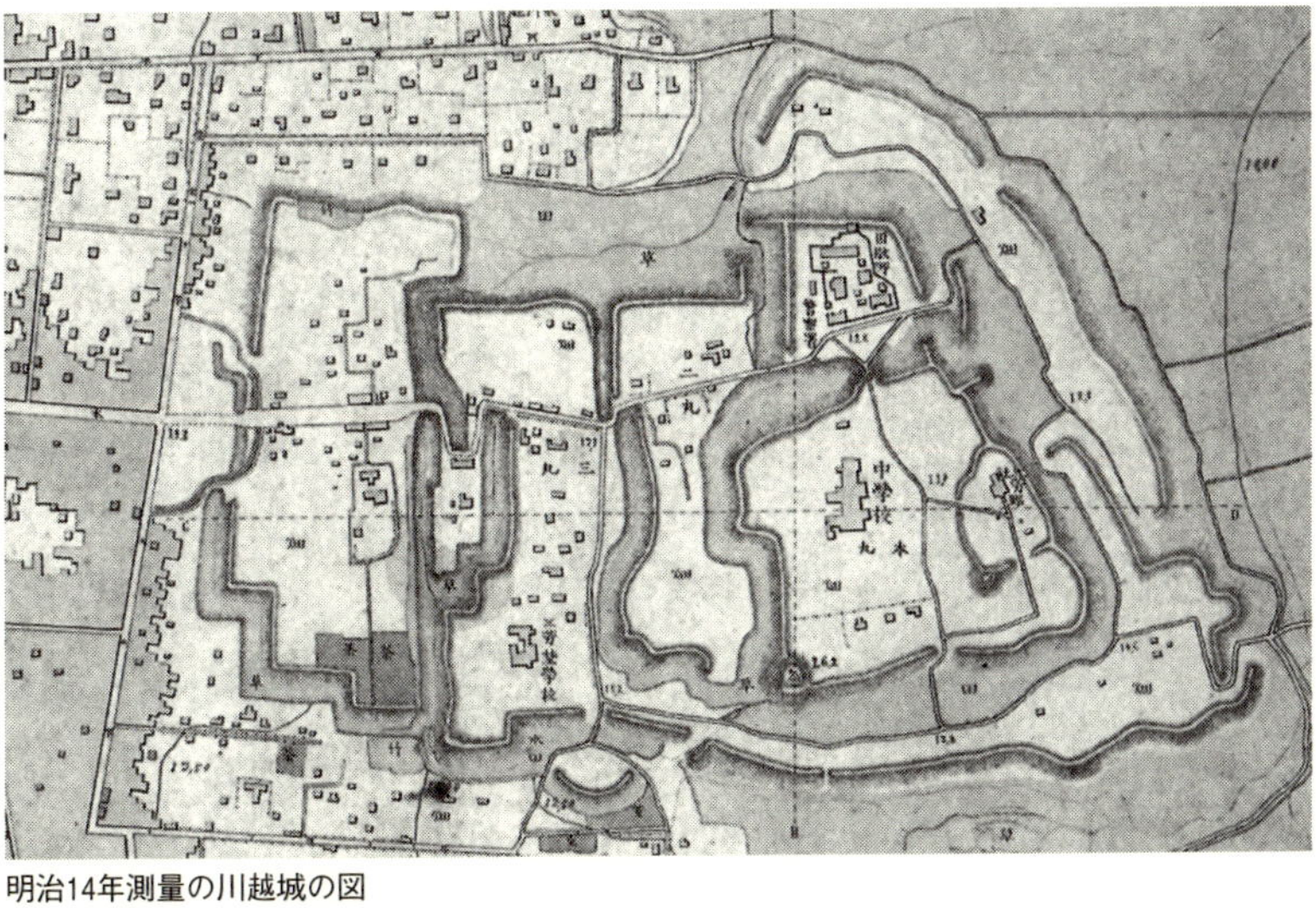
明治14年測量の川越城の図
（「明治初期手書彩色関東実測図」より）

エピローグ

「小江戸川越」の系譜

現在、川越の町を歩くと、いたる所に「小江戸川越」のコピーが目につく。東京に近く、城下町の趣を残す街並みには、ぴったりの言葉である。では、「小江戸川越」という言い方はいつ頃から始まったのであろうか。そして、どのように定着してきたのであろうか。

本書で紹介してきた史料のなかにも、川越の街並みなどを江戸と比較した記述がいくつかみられた。江戸の文人津田大浄は、文化十一年（一八一四）頃に書いた『遊歴雑記』で、川越城下中心部の街並みをさして、「江戸今川橋通より神田須田町筋」によく似ている。「碁盤割」の道路は賑わい、商家の風情から商品まで江戸に酷似している。城下町外れの石原町は、旅籠が両側に軒をつらね、江戸「馬喰町の面影」がある。また、城下の道筋には家並みが続き、あたかも「江戸麹町」のようである、と指摘している。また、氷川祭礼についても囃子方や舞子などは「江戸より雇」い、その華麗さは江戸「神田明神の祭礼に倍せり」、藩主が在国しているときの祭礼は特に盛大で「武城（エド）の山王神田の祭礼にも十倍」する、と江戸との類似を繰り返し指摘している。やや誇張気味ではあるが、津田大浄は実際に現地を旅しており、貴重な証言である。

それから五十年ほど経った安政六年（一八五九）、同じ江戸の文人井上文雄は、川島堤の桜を詠んだ歌集『めぐみの花』に跋文を寄せ、江戸の桜の名所隅田川と比較している。それによると、川島堤の桜は、八重なので花期が長く、堤も三里（一二キロメートル）を超えるほどで、人々の騒がしさがなく、酒に酔い踊り狂うような人もいない。関東ではもっとも素晴らしい桜の名所である、と賞賛している。江戸と隅田川との関係を、川越町と川島堤に置き換えており、都市近郊をも含めて、江戸と川越を比較した観察といえる。

そして、明治維新の直前、慶応三年（一八六七）に川越へ転封となった松井松平家の家臣は、城下町の立派な区画と瓦屋根の家屋を見て、「未だ江戸ハ見ざれども其《そ》の小なるもの」のように感じた、と回想している。ここでは、江戸の小なるもの、すなわちほぼ「小江戸」という表現になっているが、この回想記が書かれたのは大正期になってからのことである。

川越の街並などを江戸との関連で記述した事例をいくつか紹介してきたが、いずれも外から来た人の観察であることが共通している。そして、たんに江戸と似ていることに止まらず、川越の優れた点を具体的に指摘している。なお、幕末期の藩領赤尾村の名主林信海は、その日記に頻繁に「大江戸」の表現を用いている。「大」があれば「小」もあってよさそうであるが、いまのところ信海の日記に「小江戸」という表現は確認できない。

こうした川越を江戸との関連で観察した結果を、明確に「小江戸」という言葉で表現した早い例は、大正二年（一九一三）に川越商業会議所が刊行した『川越案内』であろう。そこには、柳沢氏が藩主の頃に川越は空前の賑わいをみせ「小江戸《せうえど》の称空しからざるに致れり」と記され、ルビが「こえど」になるのは大正五年版からである。さきの松井松平氏家臣の回想とほぼ同時期の文章である。ちょうど、大正デモクラシーの風潮のなかで、『入間郡誌』の著者安部立郎《あんべたつろう》を中心に、図書館の建設や郷土史料の刊行などが積極的に進められてきた時期である。しかし、ここで使用された「小江戸」の称は定着することなく、戦争の時代に入っていった。

戦後、昭和三十年代後半から再び文化財や川越祭り関係の新聞記事などに「小江戸」の言葉が散見されるようになる。さらに、昭和五十年代に入ると観光の視点から取り上げられ、「小江戸・川越」をタイトルとしたガイドブックも刊行された。

平成八年（一九九六）からは、川越市と同じような性格をもった栃木県栃木市、千葉県佐原市（現香取市）とともに、毎年「小江戸サミット」を持ち回りで開催している。この三市は、江戸との舟運で栄え、江戸情緒を残す蔵造りの街並みがあり、江戸天下祭りの影響を受けた山車祭りが行なわれていることを共通点としている。川越はそれに加え、「江戸図屏風」で江戸城と対比して描かれ川越城があり、そこには幕府の老中など要職に就いた譜代大名が歴代配置され、まさに「老中の城」として、江戸と不可分なかたちで歴史をつくってきた。

川越の象徴ともいえる蔵造りの街並みは国の重要伝統的建造物群保存地区に選定され、かつての氷川祭礼は、川越氷川祭りの山車行事として同じく重要無形民俗文化財に指定された。これらのほかにも、無数といえる貴重な文化財が引き継がれ、「小江戸川越」を形成している。

江戸の雰囲気が濃厚に漂う街並を歩きながら、こうした文化財を鑑賞し、かつての川越藩の姿を思い描いてみてはいかがであろうか。本書がそんなときの御参考になれば、望外の幸せである。

あとがき

川越藩関係の文献や史料を、筆者がある程度まとめて調査したのは、二十年以上も前、ある地名辞典で川越市を担当したときである。また、これも十年以上前になるが、川越氷川祭りの調査に参加し、松平信綱以来の祭礼史料をまとめたこともあった。その際、松平大和守家の膨大な記録から関係記事を抜き出す作業をしたことが、強く印象に残っている。現在、川越市立博物館では、この記録の全文を翻刻する事業が行われ、ボランティアの一員として私も参加している。その記念すべき一冊目が刊行される年に、本著がまとめられたことに感慨深いものがある。

川越関係の史料の収集や研究は、一九一五年に開館した私立川越図書館（三年後に町に移管）を中心に進められ、戦後、一九五四年から岸伝平氏らにより『川越叢書』がまとめられた。さらに、川越市立図書館の岡村一郎氏は基礎的な史料を綿密に考察し、それを一九七二年から『川越歴史新書』として集大成した。これと並行して市史編さん事業が進められ、近世編として藩政、町方・寺社、村方の三冊の史料集と通史一冊が、一九八三年までに刊行された。また、市内外の研究者により膨大な量の研究が公表され、本書もそれらの成果によるところが多大である。紙幅の関係で巻末の引用・参考文献には、その一部しか掲げられなかったが、御容赦をいただきたい。

また、これら先人の貴重な研究成果をどれだけ消化し、本書に取り入れられたのか、甚だ心許ないところがある。それでも、酒井家の家臣団形成、「江戸図屏風」と川越、平賀源内と秋元家、海保青陵の財政再建策、林信海の異国船情報の収集などは、自分なりに新たな視点、新たな史料で叙述しようと努力した項目である。

本書の構成や内容、とりわけ膨大な数の図版に関しては、一九九〇年に開館した川越市立博物館で、継続的に開催している藩政関係の企画展示の成果によるところが極めて大きい。その図録を内容の年代順に並べれば、そのまま川越藩の通史となることであろう。これらの展示を企画運営された歴代の学芸員の皆さまに深く感謝申し上げます。とりわけ、大野政己前館長には、文字通りの拙稿を読んでいただき、数多くの貴重なご教示を賜わり、御礼の申しあげようもございません。

このような企画へ御推挙くださいました埼玉大学名誉教授の田代脩先生をはじめ、図版掲載などにご協力をいただいた多くの方々、不慣れな筆者をつねに温かく励ましてくださった現代書館の菊地泰博社長に、改めて感謝を申し上げます。

二〇一五年九月

重田正夫

参考・引用文献

※各章○数字は節を示す。

全体に関する文献

●『川越市史』第三巻・近世編（一九八三年）、『川越市史』年表（一九八六年）
●『川越市史』史料編近世Ⅰ・領主、Ⅱ・町方・寺社、Ⅲ・村方、（一九七二～一九七八年）
●『新編埼玉県史』通史編近世1・2（一九八八～一九八九年）
●『新編埼玉県史』資料編近世1～8、宗教、（一九七九～一九九一年）
●『新編埼玉県史図録』（一九九三年）
●川越市立博物館『常設展示図録』（一九九一年）
●川越市立博物館『博物館だより』（一九九〇年～、既刊75号、同館ホームページに掲載）
●川越市教育委員会『川越市の文化財』（第6版　改訂、二〇〇二年）
●川越市立図書館『校注武蔵三芳野名勝図会』（一九九四年）
●川越市教育委員会『川越の人物誌』第1～3集（一九八三～一九九四年）
●川越市『本の中の川越』（山野清二郎執筆、二〇〇二年）
●『新編物語藩史』第三巻（大舘右喜「川越藩」、新人物往来社、一九七六年）
●大野瑞男校注『榎本弥左衛門覚書』（平凡社、東洋文庫695、二〇〇一年）

第一章　徳川将軍家と酒井家の支配

①川越市立博物館『よみがえる河越館跡』（二〇一〇年）
①川越市立博物館『後北条氏と河越城』（二〇〇七年）
①川越市立博物館『戦国時代の河越―城・城下・村―』（二〇一三年）
②『前橋市史』第二巻（一九七三年）
②川越市立博物館『絵図で見る川越―空から眺める江戸時代の川越―』（二〇一四年）
③根岸茂夫『近世武家社会の形成と構造』（吉川弘文館、二〇〇〇年）
④⑤川越市立博物館『酒井忠勝にみる近世大名の姿』（一九九五年）
④小浜市教育委員会『わかさ小浜の文化財』（一九八九年）
⑤『川越市史』民俗編（一九六八年）
⑥『小浜市史』藩政史料編一（一九八三年）、二（一九八五年）
⑦川越市立博物館『徳川三代の時代と川越』（二〇〇一年）
⑦有元修一『喜多院』（上・下、さきたま出版会、一九九一年）
⑦『喜多院日鑑』第16巻（宇高良哲「喜多院の歴史」、喜多院、二〇〇四年）
⑧新宿歴史博物館『酒井忠勝と小浜藩矢来屋敷』（二〇一〇年）
⑧福井県立若狭歴史民俗資料館『若狭小浜藩―大老酒井忠勝とその家臣団―』（二〇〇九年）
⑧水藤真・加藤貴編『江戸図屛風を読む』（東京堂出版、二〇〇〇年）
⑧黒田日出男『王の身体　王の肖像』（平凡社、一九九三年）
⑧水藤真「『江戸図屛風』制作の周辺」（『国立歴史民俗博物館研究報告』第31集、一九九一年）

第二章　松平信綱の藩政

①根岸茂夫『近世武家社会の形成と構造』（吉川弘文館、二〇〇〇年）
②③④大野瑞男『松平信綱』（吉川弘文館、二〇一〇年）
②川越市立博物館『知恵伊豆　信綱―松平信綱と川越藩政―』（二〇一〇年）
②中村彰彦『知恵伊豆と呼ばれた男』（講談社文庫、二〇〇九年）
③新井博『川越市今福の沿革史』（川越市今福菅原神社氏子会、一九七五年）
④山本英二『慶安御触書成立試論』（日本エディタースクール出版部、一九九九年）

第三章　柳沢家から秋元家へ

①川越市立博物館『柳沢吉保と風雅の世界』（二〇〇六年）
①川越市立博物館・美術館『柳沢吉保とその時代』（二〇一四年）
①・②大舘右喜『近世関東地域社会の構造』（校倉書房、二〇〇一年）
①福留真紀『将軍側近　柳沢吉保―いかにして悪名は作られたか―』（新潮社新書、二〇一一年）
②『三芳町史』通史編・史料編Ⅰ（一九八六年）
③川越市立博物館『譜代大名秋元家と川越藩』（二〇一二年）
③城福勇『平賀源内の研究』（創元社、一九七六年）
④川越市立博物館『名主奥貫友山と寛保2年の大水害』（二〇一一年）
④重田正夫「豪農奥貫友山の行動と「思想」」（川越市立博物館『講演集』、一九九七年）

第四章　松平大和守家の藩政と海防問題

①川越市立博物館『黒船来航と川越藩』（一九九八年）
②蔵並省自編『海保青陵全集』（八千代出版、一九七六年）
②斎藤貞夫『川越舟運―江戸と小江戸を結んで三百年―』（さきたま出版会、一九八二年）
②川越市立博物館『新河岸川舟運と川越五河岸のにぎわい』（二〇一三年）

③青木美智男編『日本近世社会の形成と変容の諸相』、ゆまに書房、二〇〇七年）
③川越市立博物館『大名行列―描かれた松平大和守家の行列―』（二〇〇八年）
③森田武「文政・天保期における川越藩の公儀拝借金と知行替要求について」（『埼玉大学紀要　教育学部（人文・社会科学）』31号、一九八二年）
③上白石実「三方領地替事件における川越藩」（『地方史研究』347号、二〇一〇年）

第五章　城下の賑わいと文化

①川越市立博物館『川越城―失われた遺構を探る―』（一九九二年）
①川越市立博物館『川越城―描かれた城絵図の世界―』（二〇一一年）
①川越市立博物館『川越城が知りたい！―川越城本丸御殿保存修理工事の概要―』（二〇一二年）
①岡村一郎『川越歴史点描』（川越地方史研究会、一九七八年）
①新井博「武蔵川越城二の丸の火事と本丸の再建」（『埼玉地方史』第5号、一九七八年）
②川越市立博物館『町割から都市計画へ―絵地図でみる川越の都市形成史―』（一九九七年）
②岡村一郎『川越の城下町』（川越地方史研究会、一九七二年）
②・⑤新井博『川越歴史渉猟』（西田書店、一九八七年）
③川越市立博物館『川越氷川祭礼の展開』（一九九七年）
③川越市教育委員会『川越氷川祭りの山車行事』（二〇〇三年、本文・資料編）
④埼玉県教育委員会『埼玉県教育史』第二巻（一九六九年）
⑤岸伝平『川越夜話』（川越叢書刊行会、一九五五年）
⑤岸伝平『川越藩政と文教』（川越叢書刊行会、一九五八年）
⑤岡村一郎『川越歴史随筆』（川越地方史研究会、一九七四年）
⑤保谷徹編『幕末維新論集10　幕末維新と情報』（吉川弘文館、二〇〇一年）
⑤重田正夫「川島堤の桜と文芸」（『埼玉の文化財』第44号、二〇〇三年）

第六章　幕末維新期の川越藩

①『前橋市史』第二巻（一九七三年）
①『川島町史』通史編、中巻（二〇〇八年）、資料編近世2（一九九九年）
①川越市立博物館『黒船来航と川越藩』（一九九八年）
①川越市立博物館『刀工藤枝英義とその時代』（二〇〇四年）
①品川区立品川歴史館『品川御台場―幕末期江戸湾防備の拠点』（二〇一一年）
②保谷徹編『幕末維新論集10　幕末維新と情報』（吉川弘文館、二〇〇一年）
③『川越市史』第四巻・近代編（一九七八年）
③川越市立博物館『松平周防守と川越藩』（一九九一年）

コラム

●井上浩「川越いもと江戸・東京の焼芋屋」（『埼玉史談』27-3、一九八〇年）
●『三芳町史』通史編（一九八六年）、史料編Ⅰ（一九八六年）

エピローグ

●松崎憲三編『小京都と小江戸―「うつし」の文化研究―』（岩田書院、二〇一〇年）
●川越市立博物館『川越学事始め―郷土史の系譜を追う―』（一九九五年）

川越藩関係の古文書

各地の図書館・文書館などに収蔵されている川越藩関係の大名文書については、埼玉県立文書館で以下のように写真版を収蔵している。括弧内は原文書収蔵機関名。酒井家（小浜市立図書館）、大河内松平家（国文学研究資料館・豊橋市美術博物館）、柳沢家（郡山城史跡柳沢文庫）、秋元家（館林市立図書館）、松平大和守家（前橋市立図書館）、松井松平家（川越市光西寺）などが主要なものである。

詳細については、埼玉県立文書館のホームページにある「収蔵資料検索システム」のうち「文書群の概要」を「川越藩」で検索すると、関係文書群が表示される。大名文書以外に、同館が収蔵する川越藩領の村方文書の概要も併せて把握できる。村方文書については、さらに「古文書データベース」で個別文書の検索も可能である。

川越市立博物館でも、市域の藩領村々の古文書を多数収蔵し、目録も作成されている。

協力者

川越市立博物館
埼玉県立文書館
大野政己

＊図版などでご協力いただいた方は、キャプションに記載させていただきました。

重田正夫（しげた・まさお）
一九四八年（昭和二三）、埼玉県浦和市（現さいたま市）生まれ。
埼玉県立文書館の学芸員・副館長を経て退職。現在は埼玉県地方史研究会副会長。
共編著『埼玉県の歴史』、『『新編武蔵風土記稿』を読む』など。

シリーズ藩《はん》物《もの》語《がたり》 **川越藩《かわごえはん》**

二〇一五年十月三十一日 第一版第一刷発行

著者――重田正夫
発行者――菊地泰博
発行所――株式会社 現代書館
東京都千代田区飯田橋三―二―五 郵便番号 102―0072 http://www.gendaishokan.co.jp/
電話 03―3221―1321 FAX 03―3262―5906 振替 00120―3―83725
組版――デザイン・編集室 エディット
装丁――中山銀士＋杉山健慈
印刷――平河工業社（本文）東光印刷所（カバー・表紙・見返し・帯）
製本――越後堂製本
編集――加唐亜紀
編集協力――黒澤 務
校正協力――二又和仁

 ISBN978-4-7684-7138-8

江戸末期の各藩

松前、八戸、七戸、黒石、**弘前**、**盛岡**、**一関**、秋田、亀田、本荘、秋田新田、仙台、松山、**新庄**、**庄内**、天童、長瀞、**山形**、上山、**米沢**、米沢新田、相馬、福島、**二本松**、三春、**会津**、**守山**、棚倉、平、湯長谷、泉、**村上**、黒川、三日市、**新発田**、村松、三根山、与板、**長岡**、椎谷、**高田**、糸魚川、松岡、笠間、宍戸、**水戸**、下館、結城、**古河**、下妻、府中、土浦、麻生、谷田部、牛久、大田原、黒羽、烏山、喜連川、**宇都宮・高徳**、壬生、吹上、**足利**、佐野、関宿、高岡、佐倉、小見川、多古、一宮、生実、鶴牧、久留里、大多喜、請西、飯野、佐貫、勝山、館山、岩槻、忍、岡部、**川越**、沼田、前橋、伊勢崎、館林、高崎、吉井、小幡、安中、七日市、飯山、須坂、**松代**、**上田**、**小諸**、岩村田、田野口、**松本**、諏訪、**高遠**、飯田、金沢、荻野山中、小田原、沼津、小島、田中、掛川、**相良**、横須賀、浜松、富山、加賀、大聖寺、郡上、高富、苗木、岩村、加納、大垣、高須、今尾、犬山、挙母、岡崎、西大平、西尾、吉田、田原、大垣新田、尾張、刈谷、西端、長島、**桑名**、神戸、菰野、亀山、津、久居、鳥羽、宮川、彦根、大溝、山上、西大路、三上、膳所、水口、丸岡、勝山、大野、**福井**、鯖江、敦賀、小浜、淀、新宮、田辺、紀州、峯山、宮津、田辺、綾部、山家、園部、亀山、福知山、柳生、柳本、芝村、郡山、小泉、櫛羅、高取、高槻、麻田、丹南、狭山、岸和田、伯太、豊岡、出石、柏原、篠山、尼崎、三田、三草、明石、小野、姫路、林田、安志、龍野、山崎、三日月、赤穂、鳥取、若桜、鹿野、津山、勝山、新見、岡山、庭瀬、足守、岡田、岡山新田、浅尾、松山、鴨方、福山、広島、広島新田、高松、丸亀、多度津、西条、小松、今治、松山、新谷、大洲、**伊予吉田**、**宇和島**、徳島、**土佐**、土佐新田、**松江**、広瀬、母里、浜田、津和野、岩国、徳山、長州、長府、清末、小倉、小倉新田、**福岡**、秋月、**久留米**、柳河、三池、蓮池、唐津、**佐賀**、小城、鹿島、大村、島原、平戸、平戸新田、**中津**、杵築、日出、**府内**、臼杵、**佐伯**、森、**岡**、熊本、熊本新田、宇土、人吉、延岡、高鍋、佐土原、飫肥、薩摩、対馬、五島（各藩名は版籍奉還時を基準とし、藩主家名ではなく、地名で統一した）

★太字は既刊

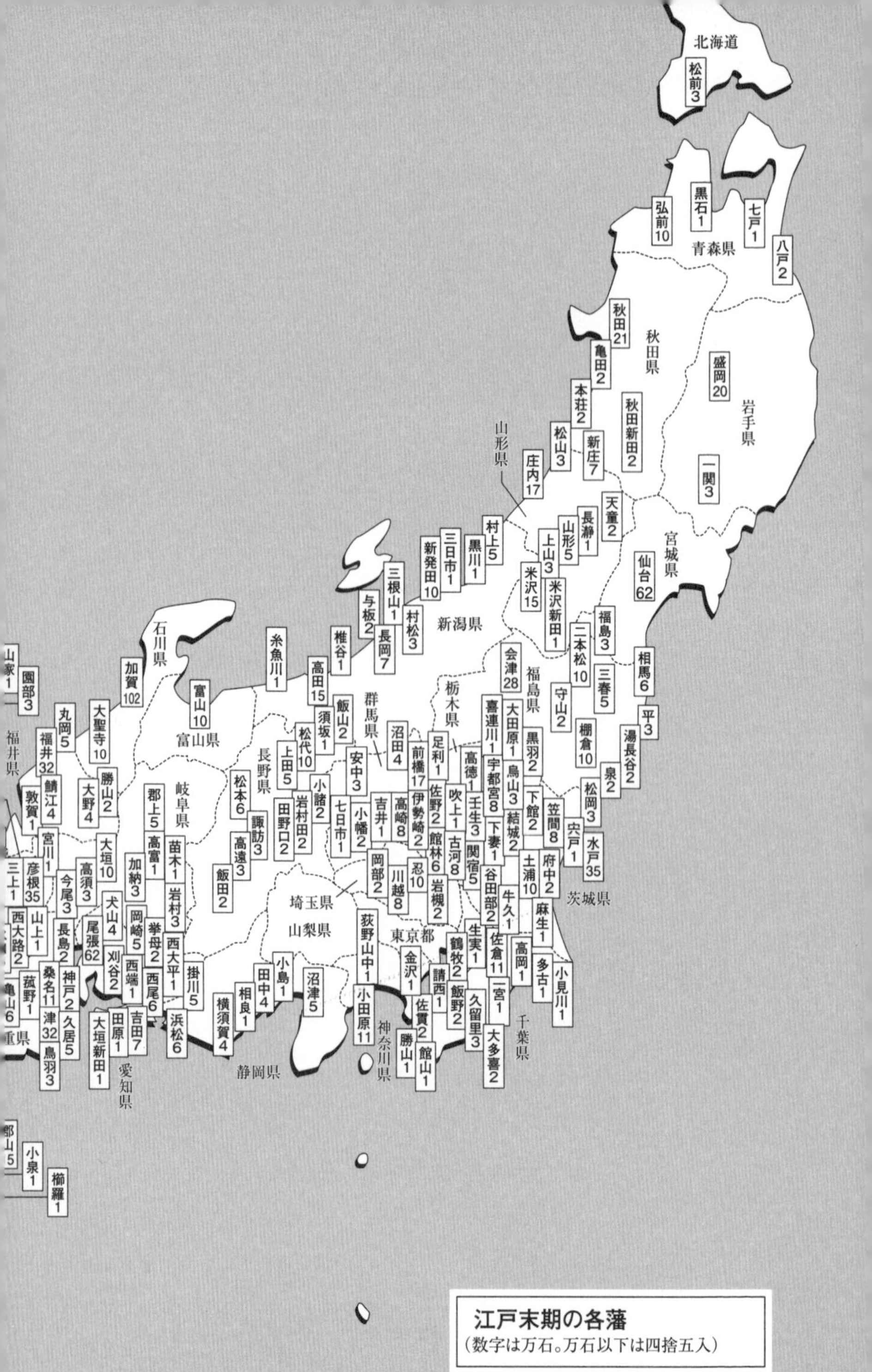

江戸末期の各藩
（数字は万石。万石以下は四捨五入）